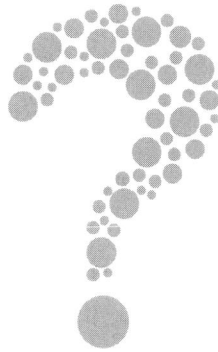

幼儿园保育教育质量

自我评估60问

黄　曦　高永红　巫小芳　主编

教育科学出版社
·北京·

出 版 人　郑豪杰
责任编辑　毕文芳
版式设计　沈晓萌
责任校对　贾静芳
责任印制　李孟晓

图书在版编目（CIP）数据

幼儿园保育教育质量自我评估 60 问 / 黄曦，高永红，
巫小芳主编 . -- 北京：教育科学出版社，2025.5（2025.5 重印）.
ISBN 978-7-5191-4458-6

Ⅰ. G617

中国国家版本馆 CIP 数据核字第 2025BD1050 号

幼儿园保育教育质量自我评估 60 问

YOU'ERYUAN BAOYU JIAOYU ZHILIANG ZIWO PINGGU 60 WEN

出 版 发 行	教育科学出版社				
社　　　址	北京·朝阳区安慧北里安园甲 9 号		邮　　编	100101	
总编室电话	010-64981290		编辑部电话	010-64989584	
出版部电话	010-64989487		市场部电话	010-64989009	
传　　　真	010-64891796		网　　址	http://www.esph.com.cn	
经　　　销	各地新华书店				
制　　　作	浪波湾图文工作室				
印　　　刷	保定市中画美凯印刷有限公司				
开　　　本	720 毫米 ×1020 毫米　1/16		版　　次	2025 年 5 月第 1 版	
印　　　张	19.25		印　　次	2025 年 5 月第 2 次印刷	
字　　　数	247 千		定　　价	68.00 元	

图书出现印装质量问题，本社负责调换。

编 委 会

序 言

　　《幼儿园保育教育质量评估指南》（以下简称《评估指南》）对幼儿园提出了建立常态化自我评估机制的要求。究竟什么是常态化的自我评估机制？如何在日常工作中建设这一机制使之有助于保育教育质量的提升？很多幼儿园在落实《评估指南》精神时对这些问题抱有困惑。我和我的团队自2017年起就开始研究有关学校自我评估的问题，这些年来有幸和全国各地的幼儿园开展共同探索和深入交流。2022年《评估指南》颁布以来，不断有更多幼儿园加入到这个研究领域中，让我对于自我评估的活力与魅力不断获得新的感受。

　　该如何理解自我评估呢？我觉得有"道""法""术"三个层次。"道"是指事物的根本规律和价值宗旨；"法"是指思路、方针和路径；"术"则是具体的行为和策略做法。所谓道以明向，法以立本，术以立策。在"术"的层面，幼儿园的自我评估可以有万千变化，要根据实际情况来决定具体对策。在"法"的层面，自我评估也有多种路径可以选择，殊途同归都可以起到提质增效的作用。但无论这两个层面有多少变化，万法都要归宗于"道"。那么，幼儿园自我评估的"道"，也就是其价值宗旨究竟是什么。这是回答关于幼儿园自我评估的一切问题时都绕不开的终极问题。其实谜底就在谜面上，这一问题的答案就在"自我评估"四字之中。评估作为一种提升工作质量的手段，所具有的最多只是工具性的价值。而"自我"二字所蕴藏的主体性，才是自我评估的价值旨归。自我评估的终极目标，在于唤醒和树立幼儿园教师的专业自觉，在于让每位教师在自我评估的过程中明晰自我认知、成就专业自信、养成专业自觉。用最简单直白的话来说，就是自己的事情自己做，自己的道路自己选，自己的疑问自己答。要会做、会选、会答，也要敢做、敢选、敢答。这些话说起来似乎很容易，但是当我们置身于纷繁复杂的教育改革场景之中时，却常常会发现对于专业自我的追寻和坚守很多时候并非易事。近几年，我或作为亲历者，或作为旁观者，看到《评估指南》精神在各地的落地践行，这可能是最为深刻也最为真切的一点感受。

2024 年 4 月，我有幸在鄢超云教授的引荐下认识了成都市双流区的一群热情奋进、敢想敢为、谦虚勤勉、智慧善行的幼教人。作为全国幼儿园保育教育质量提升实验区，双流区比较早地在自我评估方面开展了探索，其中的第一步成果就是大家现在看到的这本书，是教师们对于如何理解、如何践行《评估指南》精神的自我问答。如前所言，我认为自我问答的核心价值也不仅在于问答，更在于自我。面对尚未解开的问题，双流区的教师们没有等着专家们或领导们来耳提面命，而是勇敢积极地走上了自我解读《评估指南》精神的专业探寻之路。本书中所提出的 60 个问题，无一不是幼儿园实践中最需要解答和解决的问题。回答这些问题的最佳人选，恐怕并非专家，而是实践者本人——这就是我在阅读本书时的真实感受。对于书中的 60 个问题，也许广大同人都有各自的回答，也有更丰富的实践策略。但是只有超越策略之"术"，立于自评之"道"去审视本书，才能愈发认识到它的真正价值。希望广大幼儿园也能立于此道，在不断探寻专业自我的过程中实现保育教育质量的可持续提升。

刘昊

首都师范大学

2025 年 4 月

目 录

前　言

　　习近平总书记指出，要坚持把高质量发展作为各级各类教育的生命线，加快建设高质量教育体系。近年来，成都市双流区认真落实国家和省市关于学前教育高质量发展的系列工作部署，并于 2023 年成功申报全国幼儿园保育教育质量提升实验区，以此为契机，积极推动《评估指南》精神的落地和落实，旨在全面提升区域学前教育的整体质量。在此背景下，全区各幼儿园专注于开展提升保育教育质量的实践探索。然而，在实践过程中，各幼儿园在对保育教育工作开展自我评估的过程中产生了诸多疑问，如"开展自我评估时，是否每所幼儿园都要有一套自己的评估标准？自主建构的评估标准科学吗？""'一对一倾听'是对每一个幼儿倾听吗？如何实施有效的'一对一倾听'？"等。

　　对此，我们梳理并撰写成了《幼儿园保育教育质量自我评估 60 问》一书，全书围绕在幼儿园开展保育教育质量自我评估过程中常见的 60 个问题展开讨论。这些内容是我们在落实自我评估过程中形成的认识和理解，也正是在这样学习和探索的过程中，我们树立了自我认同，培育了自主理解能力，达成了专业自信，成就了专业自我。希望通过我们这样的经历能够启发全国的同人也有能力进行自我学习、自主思考、自主探索，从而引领幼儿园主动走向自我诊断、自觉反思、自主成长的高质量发展之路。

本书是双流区各幼儿园在开展自我评估工作中的探索、思考与实践结晶，表达了大家对某个问题的观点、理解、看法，与大家共同交流和探讨，并非标准，望大家择其善者而从之，择其不善者而论之，择其错误者而批判之。当然，若本书能为大家带来一丝启发，我们将倍感荣幸；若存在不足之处，也恳请大家不吝赐教，共同为提升学前教育保育质量贡献智慧与力量！

问题 1 / 幼儿园自我评估包括哪些内容?

幼儿园自我评估是幼儿园管理者、教师（含保育员）、幼儿、家长甚至社区等多元主体参与，是幼儿园的管理者对园所自身管理、运作及教育质量进行深刻洞察与自省的过程。幼儿园通过常态化的反思与改进，将自我评估内化为日常工作的一部分，对提升保育教育质量具有重要意义。

一个完善的幼儿园自我评估体系通常主要包括以下几个基本部分（见表1）。

表 1 幼儿园自我评估体系

基本部分	具体内容
评估目的	自我评估的主要目的是促进幼儿园的自我反思、自我诊断和自我改进，以提升保教质量和办园水平
评估主体	幼儿园自我评估是一个多元主体共同参与的过程，包括幼儿园管理者、教师（含保育员）、幼儿、家长甚至社区等
评估原则	1.儿童为本。针对评估结果，评估主体要思考如何为幼儿提供适宜的环境与活动支架，以促进幼儿身心健康发展 2.全员参与。幼儿园管理者、教师（含保育员）、家长、幼儿等能共同参与评估 3.全面评估。结合园所实际，覆盖办园方向、保育安全、教育过程、环境创设、教师队伍等多维度

基本部分	具体内容
评估原则	4. 全程跟进。各评估主体通过多元的方式进行对话，了解行为改进的程度以及遇到的挑战 5. 全面支持。全面支持评估主体自我驱动能力的提升，提升评估主体自评能力，助推幼儿园自我评估能够真正从"外引"转向"内生"
评估内容	包括幼儿园的办园方向、保育与安全、教育过程、环境条件、队伍建设、内部管理等。为了提高自我评估的有效性，建议幼儿园结合园所发展规划，采用自上而下、自下而上的方式选取评估内容，以此确定提升幼儿园保教质量的普适性问题与重点、难点
评估标准	评估标准是用以衡量"什么是好的及如何做得更好"的标尺，这是自我评估的核心。自我评估指标的建立可结合幼儿园发展实践阶段中的重点与难点，围绕幼儿园的办园方向、保育与安全、教育过程、环境条件、队伍建设、内部管理等方面构建自评指标
评估方法	主要包括班级观察、巡班指导、文本分析、调查问卷、访谈、班级自评、教师互评、教研反思、工作总结等，避免过度关注结果而忽视过程中的细节和变化。需要注意的是，要将自我评估工作融入幼儿园常规管理工作中，避免出现"两张皮"现象
评估路径	1. 营造常态化自评文化。通过研培、自主学习等帮助教职工理解为何自评、明确我要自评、掌握如何自评 2. 明确优势与不足。通过幼儿园各主体的自评诊断及集体诊断，分析幼儿园保教质量现状及下一阶段发展目标 3. 确立目标。通过集体讨论，明晰幼儿园发展中需要巩固的目标及需要改进的目标 4. 制订行动计划。将自我评估融入已有工作中，分阶段、分目标地改进不足，促进保教质量提升
反馈改进	管理者需要将评估结果及建议通过班务会、教研会、一对一指导等进行反馈，并以表彰奖励、交流展示、教研培等多种形式激励教师运用评估结果，持续改进教育行为

　　幼儿园的自我评估是一个不断完善与探索的过程，幼儿园需要营造自信自评、多元交流、民主开放的氛围，赋予教师权力，提升教师的自评能力，支持教师自我评估过程；不断理解"自评"二字，避免结果导向与量化思维，注重评估过程中的思考、交流与转变，通过常态化的反思与改进，改进保育教育工作，不断提升保育教育水平。

问题 *2* / 幼儿园如何将自我评估和外部评估进行有机结合，提升保育教育质量？

幼儿园外部评估是对幼儿园保育教育工作的一种客观评估和监督，通常由教育行政部门或专业评估机构进行，旨在全面了解幼儿园的整体情况，针对幼儿园的问题，提供切实可行的改进建议。幼儿园自我评估则是幼儿园内部自发进行的评估活动，主要目的是让教职工主动参与，通过集体诊断与反思来提升教育质量和教师专业能力。

外部评估与自我评估是相互促进、相互依存、互为补充的动态关系，它们共同构成了幼儿园质量评估的整体框架。幼儿园的外部评估和自我评估虽然各有侧重，但它们的共同目标是提升幼儿园的教育质量。外部评估可为自我评估提供权威性的标准和指导，而自我评估则是一种更为内在和持续的改进机制。只有将两者有效结合，才能更好地推动幼儿园的高质量发展。

幼儿园如何将自我评估和外部评估进行有机结合，具体实践可参考以下步骤。

步骤一：明确评估目的与标准，达成自我评估的共识。

确定评估目的。需要明确评估的具体目标、内容、范围等，以确保自我评估和外部评估能够围绕同一核心展开。

确立评估标准。根据评估目标，可参考相关文件，确立外部评估标准。需要说明的是，幼儿园的自我评估标准可根据园所实际直接使用外部评估标准或自主建构，形成教师能理解的幼儿园自我评估指标。

步骤二：实施自我评估，发现优势与不足。

培养自我反思能力。鼓励个人或组织养成自我反思的习惯，通过持续的自我审视，发现自身的优势以及存在的问题和不足。

运用评估工具。运用日常观察、反思等记录和分析自身的表现，形成自我评估结果。

为获取全面、客观的评估信息，幼儿园或者个人也可选择引入外部评估，选择合适的评估者，采用问卷调查、访谈、现场观察等多种搜集信息的方法，为后续的改进和提升奠定基础。

步骤三：制订改进计划，明确改进方向与措施。

制订改进计划。首先，对自我评估结果进行分析，明确需要保持与改进的地方；其次，明确改进的目标、措施、时间表和责任人等，制订具体的改进计划，确保改进工作的有序进行。如果有借助外部评估，则需要将自我评估结果与外部评估结果进行对比分析，找出两者之间的差异和共识点，明确自身在哪些方面需要改进和提升。

步骤四：持续反馈与改进，保障改进的有效性。

强化反馈机制。建立有效的反馈机制，确保评估结果能够及时、准确地反馈给相关人员，为他们的改进和提升提供有力支持。

持续常态改进。将自我评估工作融入日常保教管理中，在不增加教师额外工作负担的情况下，循环往复地进行观察、诊断、反思、改进、再反思……，保障改进持续有效。

案例1

幼儿园班级环境创设实践研究

班级教室作为幼儿在园生活的主要场所，其环境更是对幼儿的学习与发展有着不可忽视的影响。对幼儿园班级环境创设情况进行全面评估，能够帮助教师了解班级环境创设的现状与问题，找准改进方向，明确改进策略与方法。

什么是好的幼儿园班级环境呢？我园通过理论学习、小组研讨，梳理并确立了本园班级环境创设自我评估指标。

结合指标，我园班级教师、保教管理者共同开展了自评活动，发现各班普遍存在班级空间布局未满足幼儿发展需要、班级区域材料投放忽视幼儿兴趣需要、班级墙面布置不能支持幼儿等问题，导致班级环境在支持幼儿学习与发展的有效性上偏低。

为进一步提高我园自我评估的有效性、客观性，帮助教师获得专业的引领，我园在成都市一级幼儿园创建过程中，既迎接了上级主管部门的督导评估，同时也邀请了在班级环境创设方面具有丰富经验的专家来园进行全方位的诊断与指导。

起初，我园通过自我评估，初步认为班级环境创设可从空间布局、材料投放、墙面设置三方面进行改进。后来，专家结合我园现状及研究实际，提出环境应分为物质环境与人文环境。我园原有研究视角多集中在物质环境层面，但人文环境，如师幼关系、同伴关系等，对幼儿发展也同样重要。最后，我园在原有研究的基础上又新增了关系研究，进一步丰富了研究内容与策略。

结合实践，我园将环境创设自我评估融入幼儿园的保教日常巡班、教研活动、教师自我反思中，并通过案例研讨、评比等，不断地持续改进班级环境。

案例来源：成都市双流区永安幼儿园

【案例说明】

在本案例中，该园首先通过自我评估明确了幼儿园班级环境创设的外显问题；其次借助外部评估，该园拓宽了对班级环境创设的固定认知；最后通过自我评估与外部评估的对比分析、相互验证，该园进一步明确了班级环境创设改进的方向。外部评估与自我评估的有机结合，让外部力量与幼儿园内部力量形成共研关系，进一步提高教师的自我反思意识，改进自身行为，助推高质量保育教育的发展。

《评估指南》中为什么要强调 "过程性评估"？如何实施？

　　《评估指南》强调 "过程性评估" 这一方式，是为了扭转传统评估中 "重结果轻过程" 的倾向，呼吁评估主体要更加关注保育教育过程质量，关注幼儿园提升保教水平的努力程度和改进过程，这种评估方式有助于构建科学、全面、有效的幼儿园保育教育质量评估体系，推动学前教育高质量发展。

　　从幼儿园层面来说，过程性评估是伴随着教育过程进行的、对其组成部分（如生活照料、安全防护、活动组织、师幼互动、家园共育等）进行评估的一种方式，目的在于发现教育实践中存在的问题并及时调整，以确保保育教育工作的质量。[①] 终结性评估是指在学习任务或者教育活动结束以后，通过一定的标准对幼儿的发展水平和学习效果进行的综合评估。它重视的是结果，借以对被评价者做出全面鉴定，区分出等级，在一定程度上能够客观反映幼儿的学习成效，也可以助力教育决策的制定。

　　我们可从以下几个方面深入认识过程性评估与终结性评估的区别与联

---

① 冯晓霞. 关注教育过程 抓住质量核心：关于《评估指南》若干问题的笔谈 [J]. 幼儿教育，2024（1、2）：9–14.

系（见表2）。

表2 过程性评估与终结性评估的区别与联系

评估类型	过程性评估	终结性评估
评估目的	了解教育的有效性、适宜性，关注幼儿园提升保教水平的努力程度和改进过程，提高教育质量	了解学习成果和发展水平，检验教育目标的达成度
评估价值	发现教育实践中的问题，并及时进行调整与改进	衡量教育效果，了解发展水平
评估内容	办园方向、保育与安全、教育过程、环境创设、教师队伍等	关注幼儿在一段时期内的学习成果
评估时机	在日常保教活动中进行，具有持续性和即时性	学期末或学习阶段结束时进行，具有总结性和阶段性
评估方式	观察记录、访谈、作品分析等定性评价方法	等级评价、分数评价等定量评价方法
两者关系	过程性评估与终结性评估相辅相成，共同构建全面、有效的教育评估体系	

由此可见，在实施过程性评估的过程中我们也会关注幼儿园阶段性的保教质量成果，进行终结性评估，为改进教学提供依据。因此，在实践中，两者并不是完全割裂的，只有灵活使用两种评估方式，才能更好地促进幼儿园保教质量提升。

在幼儿园一日生活中实施过程性评估，可以采取以下措施。

1.完善评估主体对过程性评估的认识。

评估主体对过程性评估的理解将直接影响其参与评估的积极性，因此，帮助评估主体正确认识过程性评估是什么、评什么、如何评、为什么评，是实施过程性评估的一项重要内容。

2.优化评估时机。

根据过程性评估的评估内容和评估目的，调整评估时机，由单一的阶段性评估调整为连续评估、随机性评估与阶段性评估相结合，将评估贯穿于幼儿园的日常工作和活动中。

3. 多元化评估方式。

评估过程中要综合使用观察、访谈、作品分析、档案袋评价等多种评估方法，多途径、多形式地收集资料，全面了解影响幼儿园保育教育质量的因素、质量提升的过程、各阶段的质量提升成效等，科学地进行过程性评估。

4. 有效运用评估结果。

评估的目的并不是为了评估幼儿园的优劣，而是帮助园所发现自己的优势和不足，为进一步提升保教质量提供依据和指引，因此我们要充分运用评估结果，探寻改进教育实践的策略与方法，真正实现过程性评估的价值。

案例 2

从"外引"走向"内生"，唤醒教师专业自觉
——幼儿园入园活动过程性评估实践案例

教师在门口迎接幼儿，和家长沟通；大部分小朋友在玩桌面游戏，还有的小朋友在教室里漫无目的地走来走去；保育老师站在盥洗室门口看幼儿放书包、搬椅子、洗手……这样的场景似乎在入园环节中十分常见，老师们也习以为常，但高质量的入园活动是这样的吗？根据《评估指南》中对幼儿园自我评估的要求和建议，我园拟通过入园活动时的教师自我评估来转变教师对入园活动及自我评估的认识，提升幼儿园入园活动质量和教师专业素养。

一、双线并进，确定自评指标

基于入园活动过程性评估的目的，我园明确了"管理者＋教师＋专家"共同参与的指标构建三主体，通过"链接权威，结构化补白""链接经验，自主构建自评指标""链接现场，丰富优化指标"三条路径，通过自上而下与自下而上相结合的方式，构建了符合教师自身需求、体现教师智慧，教师能够读得懂、用得来、愿意用、能够用的入园活动自我评估指标。

二、理解实践，明确改进方向

1. 学习指标，达成理解共识。

通过教师自主学习、沙龙研讨、集体问答等形式对入园活动自我评估指标进行学习，深入理解每一条指标的含义及评估要求，达成对指标的理解共识，为进一步使用指标做铺垫。

2. 评估实践，分析优势与不足。

教师使用入园活动自我评估指标对班级入园环节进行评估，分析入园环节准备、设计与实施过程中的优势和不足，并主动改进入园活动的教育行为，提升入园活动质量。

三、运用结果，改进教育行为

1. 深入分析，了解活动现状。

教师和管理者对收集到的信息进行及时汇总和分析，发现幼儿在入园环节中存在长时间等待现象，而教师也存在入园活动中对幼儿的观察指导不够等问题。通过分析发现，教师对于"什么是好的入园活动"理解不够，教师观察、解读儿童的专业能力有待提升。

2. 交流反馈，提供有效支持。

我园将评估结果通过线上或线下的方式及时反馈给教师、家长和幼儿本人，并在交流的过程中更加准确地找出存在的问题和不足，制定相应的改进措施。

四、总结反思，提高实践成效

通过实践，教师对自我评估的价值与方法有了更清晰的认识，能够运用过程性评估反思一日生活活动的组织与实施，转变了教育观念，提升了评估能力，改进了教育行为，提高了幼儿入园活动的质量，促进幼儿良好生活习惯的培养和基本生活能力进一步发展，助推幼儿园保教质量自我评估机制的优化及路径建构。

案例来源：成都市双流区机关幼儿园

【案例说明】

本案例完整地呈现了该园在生活活动中实施过程性评估的流程和方法，有效地说明了在一日生活中实施过程性评估的必要性和价值。案例中，幼儿园通过确定评估指标、优化评估时机、运用多种方式收集幼儿和教师在生活活动中的行为表现，全面了解幼儿在生活活动中的发展状况及教师在生活活动中的组织现状，进一步探寻提升生活活动质量的策略与方法，为教师更好地开展生活活动提供支持，促进幼儿在生活活动中的良好发展。其思路和方法也可以为教师和管理者在一日生活的其他环节中实施过程性评估提供参考。

问题 4

怎样让家长有效参与到幼儿园自我评估过程之中?

在幼儿园内部，自我评估涉及管理人员、家长、幼儿及教师等多方主体，评估过程是各方共同参与、相互支持与合作的过程。家长参与幼儿园保教质量评估，一方面保障家长享有参与评估的权利，平衡幼儿园自评的偏差，体现家长教育监督和评估的主体地位；另一方面促使家长履行其义务，通过评估促进家长发自内心地参与家园共育，为提高幼儿园的保教质量贡献力量。因此，让家长参与到幼儿园自我评估中是十分必要的。然而在现实中，由于家长并非专业人员，缺乏相关认识与经验，容易导致家长无法识别评估内容、无法客观描述评估结果等问题。对此，幼儿园可采取相应措施，以提升家长参与评估的有效性（见表3）。

表3　让家长参与幼儿园自我评估工作的具体措施

阶段	具体措施
前期准备	1.通过家长会、讲座、日常交流等形式，与教师、家长代表等共同商议后形成家长参与幼儿园评估活动方案，帮助家长明确自身参与幼儿园自我评估的目的、内容、方式，确保评估工作的有序推进

续表

阶段	具体措施
前期准备	2. 将家长参与幼儿园自我评估工作融入日常家园协同育人工作中，组织开展丰富多样的家园活动，帮助家长全面了解幼儿园，了解班级活动的开展情况、幼儿发展情况，提升评估结果的客观性 3. 建立完善的家园沟通制度，除班级教师外，由专人负责家长工作，确保家长评估幼儿园的信息反馈渠道畅通
中期实施	1. 活动前为家长提供便捷、具有操作性的评估工具，让家长知道评估的内容与重要性。如家长开放日活动前为家长提供观摩指南导引单，让家长明确观摩要点与重点，减轻家长负担 2. 通过问卷调查、访谈、家长信箱、家长沙龙、线上交流等丰富多样的沟通渠道，以便家长及时反馈意见和建议，形成良好的互动关系和沟通氛围，加强家园合作
后期反馈	1. 整理和分析家长评估意见，总结幼儿园、班级保教质量、管理等的优势和不足，制订改进计划，明确责任人和时间节点，并邀请家长持续监督，定期组织家长参与幼儿园的复查和评估工作，确保改进工作的有效落实，形成家园共育的长效机制 2. 对积极参与评估的家长给予表扬，鼓励更多的家长参与到幼儿园的自我评估中来

通过以上三个阶段的实施，可以有效地促进家长了解参与幼儿园自我评估的意义、方式、内容，从而促进家园共育，提升幼儿园的保育教育质量和管理水平。

案例 3

有效参与，协同共育
——家长开放日活动中的家长参与幼儿园自我评估实践案例

家长开放日是幼儿园在特定时间向幼儿家长开放班级的各种教育教学活动。通过这种方式，家长不仅能够了解幼儿在幼儿园的学习和生活情况，还能从多个角度评估幼儿的表现，从而更好地支持幼儿的成长。同时，这也是增进家园沟通、提升家长的教育理念、积极参与育儿的重要活动。在以往的家长开放日活动中，我们发现家长存在不想评、不知道如何评或评得"泛"的现象。

为帮助家长更加科学地看待幼儿的学习与成长，在家长开放日前两天，班级教师结合观摩的活动内容，为家长提供了开放日观摩指南，以方便家长提前了解观摩要点。观摩指南主要包括户外游戏、集体活动两大环节，涉及习惯、安全、游戏水平、情绪情感、学习品质、能力等六个方面，以简单的单选题和判断题来帮助家长记录。

大班家长开放日观摩指南

班级：_____ 幼儿姓名：_____ 观察人：_____ 父母□ 祖辈□

观摩内容	幼儿表现		选择
户外游戏（单选，请在相应表现水平后画"√"）	习惯方面	1. 游戏时注意力集中，能有序取放材料，能在成人和同伴帮助下自己擦汗 ★★★	
		2. 愿意帮助老师和同伴整理材料，能在老师的提醒下擦汗、增减衣物 ★★	
		3. 游戏时注意力不集中，缺乏整理意识，需要在老师或同伴帮助下擦汗、收拾衣物和材料 ★	
	安全方面	1. 能自觉遵守户外游戏规则、具有较强的安全意识，能主动躲避危险，发现不安全因素时知道向老师和同伴求助 ★★★	
		2. 安全和自我保护意识弱，需要成人帮助才能及时躲避危险 ★	
	游戏水平方面	1. 能够自主选择玩伴、材料，能按照游戏计划进行游戏 ★★★	
		2. 尝试与同伴合作进行游戏，游戏结束后会自主整理游戏材料 ★★	
		3. 游戏中遇到困难时能自己想办法解决，与同伴发生冲突时能协商解决 ★★★	
	情绪情感方面	1. 能积极、主动并情绪愉快地参加户外游戏活动 ★★★	
		2. 愿意参加户外游戏，情绪较愉快 ★★	
		3. 在户外游戏中能与同伴友好相处 ★	

续表

观摩内容		幼儿表现	选择	
集体活动（请在"是"或"否"上画"√"）	习惯方面	1. 坐姿正确	是	否
		2. 能认真倾听老师、同伴讲话	是	否
	情绪情感方面	1. 喜欢和老师、同伴一起活动	是	否
		2. 能情绪愉快地参与手工活动	是	否
	能力方面	1. 感受音乐段落、图谱与《大象与小蚊子》故事情节的匹配，初步尝试用身体动作表现故事情节	是	否
		2. 在老师的引导下，运用大象散步、蚊子叮大象、大象赶蚊子等故事情节记忆动作顺序，学玩音乐游戏	是	否
	学习品质方面	1. 能专注积极地参与活动	是	否
		2. 能坚持做完自己的事情	是	否
		3. 遇到困难敢于自己尝试与挑战	是	否

在家长开放日活动当天，教师正常开展教育教学活动，在户外游戏活动中家长以参与者的身份体验感知，在集体活动中家长以旁观者的身份使用观摩指南进行记录。有了观摩指南的帮助，很多家长在观察时目标更加清晰，而不再只是为幼儿拍照，干扰幼儿活动的现象也有所减少。

活动结束后，班级教师先与家长们针对本次半日活动中幼儿的表现进行交流与讨论，再通过发放"家长开放日反馈单"，了解家长对本次活动的整体满意度，包括幼儿的表现、教师的教育教学表现、收获、建议等，为幼儿园进一步改进保教质量提供现实依据。

案例来源：成都市双流区协和红瓦幼儿园

【案例说明】

本案例展示了幼儿园在家长开放日活动中，通过为家长提供观摩指南、反馈单等简单易操作的评估工具，让家长对班级教育教学活动进行客观评估的全过程。在本案例中，班级教师事先做好充足准备，并为家长提供相应策略支持，从而提高了家长参与幼儿园自我评估的主动性与有效性。

问题 5

《评估指南》中的评估指标以考查要点呈现，为什么不直接提供量化标准以便幼儿园实施操作？

　　《评估指南》从 5 个方面，用 15 个关键指标和 48 个考查要点，构建了引领幼儿园高质量发展的评估指标体系。首先，《评估指南》从宏观角度为幼儿园保教质量的评估提供了方向性的指导，强调了引领性、针对性、发展性和操作性。其次，考虑到各地的实际情况存在差异，《评估指南》鼓励各地要结合实际，根据自身特点完善本地质量评估具体标准，而不是采用一刀切的量化标准。

　　如果直接采用统一的量化标准，虽然可以简化评估过程，实现操作的标准化和统一化，但这种做法容易忽视教育的个体差异性和复杂性。固定的量化标准可能难以适应教育实践中的动态变化，限制幼儿园在教育教学中的创新和特色发展。此外，对于一些抽象的、不易量化的教育活动内容，强行提供量化标准可能会增加教师和管理者的工作负担，使评估过程变得复杂。因此，《评估指南》通过考查要点的形式来呈现评估指标，既保留了评估的灵活性和适应性，又避免了单一量化标准可能带来的局限性。

　　另外，我们认为《评估指南》中的评估指标以考查要点呈现，背后有多方面的考虑（见表 4）。

表 4 《评估指南》中的评估指标以考查要点呈现的考虑因素解读

考虑因素	因素解读
尊重幼儿身心发展规律和学前教育规律	1. 幼儿的学习以直接经验为主，主要是在日常生活和游戏中进行。因此，评估幼儿园保育教育质量需要尊重幼儿的学习特点和成长规律，珍视幼儿生活和游戏的独特教育价值 2. 量化标准往往难以全面、准确地反映幼儿在日常生活和游戏中的学习和发展情况，而考查要点则更注重过程和情境，能够更贴近幼儿的实际生活和学习环境
避免引发强化训练的非科学做法	如果直接提供量化标准，可能会导致幼儿园为了达到这些标准而进行强化训练，从而忽视幼儿身心发展的整体性和连续性。这种非科学的做法不仅不利于幼儿的健康成长，反而可能加剧家长和社会的焦虑情绪。考查要点则更注重评估幼儿园在保育教育过程中的努力程度和改进过程，鼓励幼儿园遵循幼儿发展规律和教育规律，提供适宜的支持和引导
提高评估的灵活性和适用性	不同地区的幼儿园在办园条件、师资力量、幼儿发展水平等方面存在差异。直接提供量化标准可能难以适应所有幼儿园的实际情况，导致评估结果的不公平和不准确。考查要点则更具灵活性和适用性，可以根据不同幼儿园的特点和需求进行适当调整和完善，确保评估结果的客观性和公正性

案例 4

"乱耍区"——激发幼儿创造力与合作精神的自由探索空间

一天，在大一班的区域游戏时间，甲老师注意到小明、小溪没有按照常规的方式进入区域进行游戏，而是巡视一圈教室后，小明去建构区拿了一些纸箱、纸盒，小溪拿了几根布条和绳子。一开始小明在大纸箱里钻来钻去，说："这是我的帐篷。"小溪则将绳子来回系在两把椅子上，说："我在建安全网。"大约 10 分钟后，两人开始用纸箱、布条和绳子一起搭帐篷。

小明和小溪的游戏吸引了其他幼儿的注意，很快，更多的幼儿加入了进来。有的小朋友从美工区中用彩色纸剪出形状各异的图形，说："我们来帮你们装饰一下帐篷吧！"有的小朋友从建构区搬来积木，正在尝试用木块搭建一座高塔。他们小心翼翼地叠放每一块木头，每当塔倾倒时，他们会重新调整策略，继续尝试，直至成功搭建出一座稳固的高塔。还有的小朋友从美工区拿来了黏土、画笔，在纸箱上自由创作。在最后的游戏分享环节，小明、小溪和其他小朋友一起上了台，大家给这个角落取了一个名字叫"乱耍区"，这个提议也得到了全班小朋友的认可。

游戏中甲老师观察到，尽管孩子们没有按照预期的方式和规则参与区域游戏，但他们在"乱耍区"中展现出了极高的创造力和合作精神。孩子们在游戏中自主探索、相互协作，通过实践学习解决问题。基于对幼儿游戏行为的深入观察和分析，大一班在室内尝试创设了一个没有明确界限、没有固定玩法、材料多样、数量随机的游戏区，即"乱耍区"。这个区域旨在提供一个供孩子们自由探索、创造、实验的空间，让他们在游戏中根据自己的兴趣和需要选择材料和活动方式，充分发挥他们的主动性和创造性。

经过一段时间的实施，"乱耍区"证明了其价值。它受到了孩子们的极大欢迎，也得到了家长们的认可。这个区域成了孩子们释放天性、展现创造力的乐园，也为幼儿园教育提供了一种新的探索和实践的方向。

案例来源：成都市双流区立格幼儿园

【案例说明】

在本案例中，该园大一班"乱耍区"的设置，让我们看到了一种与传统游戏环境截然不同的新尝试。从量化指标的角度分析，如材料的投放、区域划分、规则设定等方面，这一区域的设置显然不符合常规的评估标准。然而，根据《评估指南》的考查要点提出的"因地制宜为幼儿创设游戏环境，提供丰富适宜的游戏材料，支持幼儿探究、试错、重复等行为，与幼儿一起分享游戏经验"，这个"乱耍区"的设置充分展现了对幼儿个体差异和兴趣爱好的深度理解和尊重。通过提供多样化的材料和开放的空间，幼儿在这个区域内可以自由选择探索路径，自主进行探索和尝试。这种开放式的游戏方式不仅可以促进幼儿在探索、尝试和错误中学习，也有助于培养幼儿的社交能力、解决问题能力以及坚持性和耐心。

本案例清晰地展示了《评估指南》中考查要点的灵活性和适用性，同时强调了学前教育的规律性和特殊性。自主游戏更多关注的是幼儿在过程中的体验和内在发展，而不是外在的结果。因此，如果用量化指标去考核幼儿的自主游戏，可能会忽视游戏本身的价值和意义，导致教育活动变得机械化和功利化。因此，《评估指南》中提出的评估指标以考查要点的形式呈现，旨在鼓励幼儿园根据自身特定的环境和资源进行创新和调整，而不是盲目追求统一的量化标准，从而忽视幼儿园本身的特点和以儿童为本的基本原则。这种灵活性和创新性是未来学前教育发展的重要方向。

问题6 / 开展自我评估时，是否每所幼儿园都要有一套自己的评估标准？自主建构的评估标准科学吗？

　　评估都需要参照一定的标准，这一标准在自我评估过程中起着标尺的作用，确保所有参与评估的人员（包括评估者和被评估者）都能达成共识，共同建立评估基准。它不仅为幼儿园的保教工作质量提供了明确的衡量尺度和方向指引，还是确保评估活动有效性和推动幼儿园持续发展的重要基石。在进行自我评估时，每所幼儿园应该根据自身的实际情况（如园所文化、硬件设施、师资力量、幼儿发展状况等）来自主地制定适合本园的"园本自评标准"，① 但不是毫无基础的创新，而是在借鉴已有标准的基础上进行研讨与建构。

　　关于"园本自评标准"的科学性，我们是这样理解的：在权衡绝对科学性和相对适宜性时，我们更倾向于后者。在追求科学化的同时，我们也注重标准的本土化和适用性。一方面，"园本自评标准"的制定深植于对权威标准的深刻理解和积极借鉴，以确保其具备科学的基础；另一方面，我们充分结合本园的教师、幼儿及环境等实际情况，充分调动教职工的积极

----

① 刘昊.《评估指南》精神指引下的幼儿园自我评估探索 [J].幼儿教育，2024（1、2）：15-19.

性，请他们参与"园本自评标准"的建构，保障其适用性。因此，在评估实践中，适度的主观性和模糊性被视为可接受的，这有助于更全面地揭示幼儿园的实际状况，并与外部严格、精确的评估标准相辅相成，而非相互抵触。

幼儿园在自主建构评估标准时，主要有以下三条路径可供参考（见表 5）。

表5　幼儿园自主建构评估标准的路径

路径	具体阐述
路径一：细化重组	选取现有评估工具，对其指标进行深入拆分，以满足更细致的评估需求，然后根据园所需求重新排列指标，使其更适合园所使用习惯
路径二：框架填充	先确立逻辑框架或维度，然后在这些框架下填充具体条目，构建符合园所现状的评估体系
路径三：集体创构	组织全体教师进行集体头脑风暴，先自由提出重要指标，再进行合并、归类、提炼，最终形成整体评估体系，强调集体智慧和实用性

案例5

幼儿园环境创设自评指标建构
——以"细化重组"路径为例

我园在建构"班级环境"板块自评指标时，采用了"细化重组"这一实施路径。首先，我们认真学习了《评估指南》中的《幼儿园保育教育质量评估指标》；其次，结合园所实际情况对环境创设中关于玩具材料的其中一条考查要点"玩具材料种类丰富，数量充足，以低结构材料为主，能够保证多个幼儿同时游戏的需要"进行了分解细化。部分内容如下：

玩具材料种类丰富、数量充足	角色游戏区	投放场景类、装扮类、食物类、工具类、玩偶类及其他辅助材料
		材料的材质多样，包括仿真类材料、真实的材料和自然材料

续表

玩具材料种类丰富、数量充足	角色游戏区	小班材料种类可以相对较少，但是体积要稍大，数量要多，到中大班逐步增加材料的种类，每种材料的数量可以相对减少
	阅读区	投放帐篷、地毯、沙发、靠垫、桌子等材料营造温馨的阅读环境，提供看、听、说和前书写相关材料，以及操作辅助类材料
		图书数量按人均不低于 10 册投放，并根据幼儿活动情况及主题内容不定期进行更换

案例来源：成都市双流区机关幼儿园

【案例说明】

在本案例中，该园基于《幼儿园保育教育质量评估指标》的考查要点要求，结合幼儿园的实际情况，针对不同年龄段及不同区角的特征，通过教研对"环境创设"中的考查要点进行分解细化，这一案例为园所建构园本化的自评指标提供了参考，说明幼儿园也可以结合园所实际情况对评估指标进行重组。

如何开展有效的班级观察?

　　班级观察是评估者沉浸在某个幼儿园班级教师和幼儿正在进行的游戏和活动中,观察并系统记录信息,对幼儿园和班级环境、教师和幼儿正在进行的游戏和活动达到一定程度的理解,发现问题,然后有依据地做出评估决策。班级观察不仅是幼儿园保教质量外部评估的重要手段,也是幼儿园内部管理人员或教师进行自评与教育改进的重要手段。

　　班级观察的目的不是为了找出问题并加以批判,而是通过发现问题,提出改进措施。那么在实践过程中,如何进行有效的班级观察呢?

　　1. 准备阶段。

　　(1)确定班级观察目标。幼儿园可根据教育目标和当前存在的问题,明确观察的具体目标,如了解幼儿的学习状态,评估教师的教学质量,观察班级环境创设等。

　　(2)制订观察计划,包括观察的时间、地点、对象、内容、方法等,确保观察活动有序进行。同时,可以制定班级观察指标,明确关键指标和考查要点。

　　(3)准备观察工具,如记录表、录音笔、录像机等,以便及时、准确地记录观察结果。

2. 实施阶段。

（1）确立观察的原则。

①儿童为本。班级观察关注的是幼儿在班级中的实际表现和需求，强调以幼儿为中心，关注每个幼儿的差异和发展潜能。

②全面观察。观察的内容不仅包括教学活动，还包括幼儿的日常行为、师幼互动、环境设施等方面，以全面了解幼儿园的教育教学质量。

③客观评估。观察者在观察过程中要保持客观公正，避免主观臆断，以确保评估结果的准确性。

④持续进行。班级观察不是一次性的活动，而是需要持续进行的。定期的观察和评估，有助于及时发现问题，调整教育教学策略。

⑤动态观察。班级观察是一个动态的过程，需要观察者在一段时间内对观察对象进行多次观察，重点关注幼儿和教师的发展变化。

（2）进入观察现场。观察者应按照计划进入班级，选择合适的观察位置和角度，减少对幼儿的干扰。

（3）及时记录。在观察过程中，要及时、准确地记录观察结果，包括文字描述、图表记录、录音录像等多种形式。

3. 整理与分析阶段。

（1）整理观察资料。将收集到的观察资料进行整理，分类归档。

（2）分析观察结果。运用教育学、心理学等相关理论，对观察结果进行深入分析，找出存在的问题和不足，提出改进意见和建议。

4. 反馈与应用阶段。

（1）反馈观察结果。将观察报告反馈给班级教师、园长及有关管理人员，以便他们了解班级实际情况，采取相应的改进措施。

（2）应用并持续改进。根据观察结果和建议，明确教学优化策略、班级管理改进方向等，以提高幼儿园的保教质量。

案例 6

聚焦小班班级日常情况的内部评估

一、案例背景

幼儿园的管理层希望了解小班班级日常情况,以便改进教学方法和班级环境布置。因此,他们决定进行一次系统的班级观察。

二、观察内容

观察幼儿在自由玩耍时的社会交往情况;观察教师如何引导和参与幼儿的游戏活动;观察班级环境对幼儿活动的支持程度。

三、观察方法

使用定性观察法,具体使用的是记录法。观察时间安排在上午的自由游戏时段,持续观察约 1 小时。观察者通过文字描述、拍照、录像等方式详细记录幼儿社会交往、教师参与、班级环境布置等方面的相关情况,如幼儿交往过程中的行为、语言,教师参与时的语言等。然后,将观察记录的结果进行分类整理、对比分析。

四、观察结果

幼儿的社会交往。大部分幼儿能够自由地选择玩伴和玩具。观察到有几个幼儿经常一起玩耍,显示出较强的社交联系。然而,也有少数幼儿在观察时段长时间独自玩耍,与同伴互动较少。

教师参与。教师主要扮演支持性角色,偶尔介入指导或帮助幼儿解决问题。教师的介入通常是积极的,能够有效地促进幼儿之间的合作与分享。

班级环境布置。教室内设有多个活动区,包括建构区、美术区、角色扮演区等。大多数区域材料丰富,能够激发幼儿的兴趣和探索欲望。但是美术区的材料较少,导致该区域时常出现幼儿争夺材料的情况。

五、建议

一是建议教师为那些经常独自游戏的幼儿设计小组活动,鼓励他们加强与其他幼儿的交流和合作；二是建议增加美术区的材料，确保每个幼儿都能充分接触各种材料；三是建议幼儿园继续加强对教师观察能力和支持策略的培训，特别是促进幼儿在社会交往方面的能力提升。

案例来源：成都市双流区机关幼儿园

【案例说明】

本案例借助班级观察，捕捉了真实场景下师幼的行为与环境细节，审视了幼儿社会交往、教师角色及班级环境支持三个方面的具体情况。观察结果既展示了幼儿自主选择和教师介入的积极面，也指出了"孤独"幼儿现象和美术区材料不足的问题，并基于此提出了针对性的改进措施，旨在提升幼儿社会交往能力，提升教师能力，并优化环境资源，为幼儿园的持续改进提供了有力支持。由此可见，聚焦班级的全面、持续、动态的观察不仅可以提供很多有价值的信息，还可以更加全面地评估观察对象的发展状况。

幼儿园如何在不增加教师工作负担的基础上开展自我评估工作?

幼儿园在不增加教师工作负担的基础上开展自我评估工作需要实现"自我评估常态化"。"自我评估常态化"指的是将自我评估作为一种常规、持续的活动融入日常工作中,使其成为提升教育质量和管理水平的重要手段。幼儿园要实现"自我评估常态化",可以考虑从以下几个方面着手。

首先,将理论学习与教研、培训相结合,帮助管理者和教师明确自我评估与日常管理、常规工作的区别与联系,转变管理者和教师自评与日常工作各行其是的思维,创设常态化的自我评估机制,激活教师自我评估的内驱力。

其次,管理者要运用"合并同类项"的思维方式,将自我评估纳入幼儿园管理的整体架构,作为日常工作的一部分。如,管理者可以通过进班指导(巡班、查班等),在真实的班级场景中对保育教育活动的水平做出判断并给予现场反馈,从而指导教师改进工作;班级可以通过定期召开班务会的形式开展以班级为单位的教研反思,教师根据日常工作中的观察、记录进行分析、讨论,发现并解决问题等。

最后,幼儿园可以通过创设激励机制、营造宽松的自评氛围、向教师提供有效的评估方法等形式，进一步激发教师参与自评的内驱力，鼓励教师主动将自我评估工作与日常工作相结合，让教师愿意评，能够评。

　　常态化的自我评估可以有效地避免给教师增负，激活教师自我评估的内驱力，更好地发挥自我评估的价值。

案例 7

班务会议中的自我评估实践

　　班务会议是幼儿园班级教师之间沟通的重要途径，也是班级常规工作之一，在班级管理和教育实践中具有重要的价值。

　　我园以往的班务会议主要包括上周工作回顾、下周工作安排两方面内容，而教师往往存在对上周工作内容分析不全面、未结合学期班务计划进行有效分析、对下周工作安排内容不明确、改进措施不具体等问题。为了充分发挥班务会议在班级管理中的重要作用，我园在不增加教师负担的基础上，积极开展班务会议中的自我评估实践。具体措施如下：通过链接学期班务计划，保障总结反思的及时性和连续性；将班级工作划分为卫生保健、安全防护、活动组织、家园共育等方面，为班务会议研讨提供支架，让教师的总结和反思更加全面、深入；完善班务会议形式，加入工作总结、经验分享、重点问题研讨等，通过反思和讨论发现班级日常工作的优势和不足，形成具体的改进方法、策略或方案，及时解决问题，提高班级管理工作的效率，提升班级活动质量，促进幼儿和教师发展，实现自我评估与常规工作的融合。

		班务会议研讨记录表	
班级：大一班		时间：2024.9.13	记录人：××老师
内容	教师总结	收获与不足	改进措施
家园共育	1. 学习反馈与沟通。及时向家长反馈幼儿在园活动情况 2. 劳动习惯培养。通过家园劳动手册，与家长共同记录幼儿在劳动方面的进步 3. 健康管理。对因病缺勤的幼儿进行追踪，及时了解幼儿的情况并做好记录	1. 收获。家长参与幼儿园教育教学活动的积极性显著提高。除了线上活动外，还有四位家长主动报名参加下周的升旗仪式展示活动，表明家长对家园共育工作的认可度在不断提升 2. 不足。在与家长沟通的过程中，发现部分家长由于工作繁忙，无法及时关注班级群内的信息，导致一些重要通知和学习资源不能及时传达	一方面采用多种沟通方式灵活沟通，如电话通知、短信提醒等，确保信息能够及时传达给每一位家长；另一方面请幼儿回家后主动提醒家长，培养幼儿的任务意识

案例来源：成都市双流区立格幼儿园

【案例说明】

在本案例中，幼儿园将自我评估融入班级日常管理工作中，班级利用每周的班务会议时间开展自我评估工作，以小切口开展班级自评，探寻改进策略，使教师的自我评估工作与班级管理、日常教育教学相融合，提升活动质量，为幼儿园开展常态化的自我评估提供了参考。

问题 9

幼儿园如何建立常态化的自我评估机制?

常态化意味着日常、固定和长期,指某事物逐渐转变为一种平常、稳定、持续的状态或行为,可以理解为一种趋向正常的状态。常态化自我评估是一种持续、定期的评估机制,即幼儿园在日常工作中持续、定期地对自身各方面情况,如教育教学、师资队伍、卫生安全等,进行自我反思和自我诊断,发现优点,识别需要改进的内容,设定新的目标,并制订实现这些目标的计划,以促进不断改进和发展,是一个持续的动态过程。每学期开展一次自我评估是幼儿园常态化管理的重要组成部分,幼儿园通过对自身的教育工作进行全面、系统的回顾和反思,及时发现问题、总结经验,并不断改进和优化教育教学质量和管理水平,有助于幼儿园形成较为系统的自我评估机制。

为做好自我评估工作,建立适宜的、常态化的自我评估机制,幼儿园可以采取以下措施。

1. 明确评估目标与标准,正确认识自我评估。

(1)明确评估的目的。结合幼儿园的教育理念和发展规划,通过不断学习提高对自我评估的正确认识，明确自我评估的目的是为了帮助自己认识工作状态，反思工作中的不足，及时了解各项工作的进展情况和存在的问题，进行自我诊断，从而有针对性地进行调整和改进，更好地规划下一步的工作方向。

（2）制定评估目标与标准。认真研读与幼儿园教育相关的法律、法规和政策，结合幼儿园实际情况，通过与教师进行对话交流，整合教师的经验和想法，在学习、借鉴外部评估标准的基础上，共同研究制定具体、可操作的园本自我评估标准。

2. 落实常态化的自我评估，明晰自我评估的层次。

（1）构建多元评估主体。幼儿园自我评估包括多种主体，不同主体之间构成了多种关系，评估的方式也不同。在开展评估工作时，应根据需要邀请多主体参与，以确保评估的实效性。

（2）制订适宜的评估计划。根据评估的目的，在评估前需要制订详细的评估计划，包括评估的时间、地点、具体方式、参与评估的人员以及需要收集的信息等，以确保评估工作的有序开展。

3. 采用多元方法，开展自我评估，找出问题和不足。

根据评估的需要，全体成员协同参与自评工作，并在开展评估的过程中选择合适的方法确保评估结果的准确性，具体可采取问卷法、谈话法、观察记录等方法，找出工作中存在的真实问题。

（1）问卷法。参考有关评估的书籍资料，制定与评估主题内容相关的调查问卷以收集相关人员的意见和建议，了解幼儿园保育教育质量的整体情况，发现其中存在的问题。

（2）谈话法。根据谈话目的，选择合适的谈话对象，通过面对面的交流了解相关信息。谈话过程中要注意观察对方的表情、语气等，获取更多非言语信息。

（3）观察记录。通过巡班、评课、活动观摩等方式观察、记录日常保教工作中存在的问题，进行自我反思和自我诊断，及时调整教育教学策略，以促进幼儿发展。

4. 适时反馈评估结果，进一步明确改进方向。

（1）定期回顾和反思。安排固定时间进行共同讨论交流，反馈近段时间的表现，思考自己在哪些方面做得好，哪些方面还需要改进。

（2）制定改进措施。针对评估中发现的问题和不足，制订具体的改进措施和计划，明确具体的方法，确保问题得到解决，推动工作的有序开展。

5. 加强培训与指导，提升评估能力和专业素养。

（1）增强评估能力。通过专业培训、研讨交流等形式，学习和讨论与评估相关的内容，提升幼儿园管理层和教师的评估能力和专业素养，助力评估工作在常规工作中的推进。

（2）邀请专家指导。邀请专家对幼儿园的自我评估工作进行指导，提出改进建议，提高评估的适宜性，不断提升幼儿园保育教育质量的整体水平。

6. 营造民主开放的评估氛围，促进信息的共享。

（1）树立正确评估观念。帮助教职工明确自我评估能帮助改进自己的工作，强化团队合作意识，建立"每个人都有能力为幼儿园带来积极改变"的共同信念，正确认识自我评估的重要意义，从而营造良好的评估氛围。

（2）鼓励开放与沟通。鼓励教职工、家长、幼儿之间就幼儿园保育教育质量方面的问题进行坦诚交流，保持开放的态度，促进信息的流通和共享。

案例 8

幼儿园美工区游戏活动的自我评估

我园根据近期幼儿游戏的情况，决定开展一次关于幼儿园自主游戏的自我评估。

首先，通过问卷调查了解幼儿园班级自主游戏的现状，结合实际分析，确定以"幼儿园美工区游戏活动的自我评估"为主题开展自我评估，并制定了详细的美工区游戏活动自我评估方案。

其次，通过园本培训的方式让教师对幼儿园美工区游戏的定义和内容有了深入的了解，树立正确的自我评估意识。

再次，组建了包括园长、总务主任、党政办负责人、安全办主任、保教处主任、科研主任、年级组长和部分教师代表的自评小组，通过教研梳理形成了《幼儿园美工区游戏自我评估表》，明确了美工区的自我评估内容主要有空间布局与氛围营造、材料投放、教师观察指导与评估、幼儿游戏情况四个板块，老师们还根据评估内容讨论出相关评估要点。随后，班级教师围绕《幼儿园美工区游戏自我评估表》，通过班级讨论交流对美工区游戏活动进行自我评估，发现问题后及时调整。自评小组则利用每日巡班，通过观察法和档案袋评价法，对各班美工区的空间布局与氛围营造、材料投放、教师观察指导与评估、幼儿游戏情况四个方面进行再次评估和分析，提出改进建议，引导教师创设适宜的美工区环境，合理组织美工区游戏，并科学评估和分析幼儿的游戏情况与发展水平，提高幼儿的游戏水平。

最后，自评小组成员汇总整理评估中存在的具体问题，梳理总结出美工区游戏的改进策略，形成《幼儿园美工区游戏自我评估报告》，并组织自评小组和其他教师再次以教研的形式回顾美工区自我评估标准，不断完善《幼儿园美工区游戏自我评估表》，以便在后续的工作中不断改进幼儿园美工区的游戏活动，提升游戏活动的质量。

案例来源：成都市双流区怡心第九幼儿园

【案例说明】

在本案例中，该园结合园所实际情况，以"幼儿园美工区游戏活动的自我评估"为主题开展了自我评估。首先，通过问卷调查、制定自我评估方案，明确了自我评估的主题和方向。其次，通过园本培训，树立了正确的自我评估意识，了解了评估的流程和方法。再次，组建了以园长为引领的自评小组，并通过教研的方式梳理形成《幼儿园美工区游戏自我评估表》，明确了评估内容和评估要点。随后，结合评估内容，班级教师和自评小组分阶段通过观察法、档案袋评价法开展了一系列的自我评估，班级教师根据改进建议对美工区环境进行了优化，不仅提升了教师的游戏指导与评估能力，也提高了幼儿的游戏水平。相信，通过持续对幼儿园美工区进行自我评估和改进，该园美工区游戏质量会不断提升。

问题 *10* / **如何理解"相信每个幼儿都是有能力的学习者"?**

　　要理解"相信每个幼儿都是有能力的学习者",首先要认识到每个幼儿从出生起就具备学习和探索世界的内在动力,拥有天生的学习潜能。这种潜能不仅体现在智力上,还包括情感、社会交往、创造力和身体运动能力等方面。幼儿期是人类一生中发展最为迅速的阶段,他们通过各种活动来认识世界,充满了好奇心和探索欲。同时,我们还要看到每个幼儿都拥有独特的学习风格和学习优势领域。有的幼儿可能在语言表达上表现出色,有的幼儿则在空间感知或音乐节奏上更为敏感,这种独特性要求我们在教育实践中要充分尊重和发掘幼儿的个性,以个性化的教学方法来促进幼儿的全面发展。

　　"相信每个幼儿都是有能力的学习者"这一观点体现了儿童观和教师观的变革——从将儿童视为"等待教育的无知容器",转变为儿童是"积极主动且有能力的学习者";教师角色的定位也从"真理的掌握者,致力于向儿童传授真理"转变为"童年的守护者,以开放的心态向儿童学习,陪伴并支持他们的成长"。相信并支持幼儿作为有能力的学习者,我们应该做到以下方面。

1. 为幼儿创造一个充满爱、尊重和信任的心理环境。

教师需要具备爱心、耐心和智慧。在与幼儿的互动中，教师应做到温声细语、态度温和，多用"老师相信你可以的""你很努力""你做到了，真棒"等语言鼓励幼儿，帮助幼儿建立自信心。在日常生活中，教师要多关心幼儿当下的情绪，了解其游戏或学习的故事，认真倾听幼儿的分享，并为幼儿提供具有挑战性的任务，相信他们并支持他们完成任务。当幼儿犯错时，教师要鼓励他们正视错误，并从错误中寻找学习机会，帮助他们改正错误，而不是一味地批评与指责。

2. 提供丰富的游戏和学习材料，为幼儿创造一个充满挑战的物质环境。

结合幼儿真实的生活经验，教师可以在幼儿园设置娃娃家、小厨房、餐厅、快递站、商场、医院、加油站等角色游戏区，让幼儿在游戏过程中了解社会角色，学习社会规则和人际交往技巧，也可设置木工、泥塑、扎染、国画、编织、科学探索等区域，提供丰富且以低结构为主的材料，支持幼儿探索和发现，并习得新技能。

3. 鼓励幼儿自主学习，在学习过程中自主决策。

自主学习不仅能够增强幼儿的自信心，还能培养他们的责任感和解决问题的能力。教师可以通过启发式提问和适时引导，鼓励幼儿在活动中自主选择材料、学习方式，在多次尝试和反思中不断调整学习方法和学习进度。在自由而充满挑战的学习氛围中，幼儿逐渐学会独立思考，勇于面对困难。

4. 关注幼儿学习过程，鼓励幼儿不断尝试、探索和反思。

学习是一个逐步积累和发展的过程，幼儿在探索和尝试中所获得的经验和技能要比单纯的成果更为重要。在教育活动中，教师通过追踪观察、持续记录的方式关注幼儿在学习过程中的努力和进步，鼓励他们不断尝试、探索和反思，而不是仅仅关注他们是否达到了某个标准或完成了某项任务。通过过程导向的教学，让幼儿学会如何学习，提高其自主学习的能力。

5. 为幼儿提供积极的反馈和支持。

积极的反馈能够增强幼儿的学习动力，让他们感受到自己的努力得到了认可。教师可以在活动中通过语言或非语言的方式进行即时反馈，也可以在活动后利用一对一的交流、成长档案、评估表等方式给予幼儿鼓励和肯定，帮助他们建立积极的自我认知。需要注意的是，当幼儿在学习中遇到困难或失败时，教师需要引导他们分析问题、寻找解决方案，以此培养幼儿面对挫折的勇气和解决问题的能力。同时，教师要注意反馈的针对性和具体性，让幼儿了解自己的长处与需要改进之处，从而更好地激发幼儿持续进步的动力。

案例 9

"快乐号"小船诞生记

我园户外有一片天然的玩水乐园，树木葱郁，流水潺潺。为了充分利用这片自然乐园，老师和幼儿共同创设游戏环境，投放了丰富的游戏材料，制作"快乐号"小船的活动正是在这里展开的。

前期，孩子们画了小船的设计图，并在幼儿园里找到大量的矿泉水瓶，用大矿泉水瓶做船底，小矿泉水瓶做船围，做出了"快乐号"小船。

1. 第一次试航：以失败告终

"咦，怎么回事？我们的船怎么东倒西歪的？还在往下沉！""可能是我们用的瓶子不够多，船不够大。""因为小朋友太重了，载不动。""因为放的塑料瓶太小了，所以浮不起来！"孩子们没有气馁，决定将小船拉回岸边，进行修补与改造。

2. 持续改进：给小船加点料

怎么改造小船呢？甲老师组织了一场谈话以启发幼儿思考问题解决之策。"给小船加一对可以浮的翅膀，帮助它浮起来！""给小船再绑点塑料瓶，把它做大一点！""还有泡沫也可以加上去，发洪水时小狗靠泡沫箱子浮在水面上得救了！""加点木头。""加竹子。"……接着，孩子们去寻找改造小船的材料，最终将六张泡沫垫子放在小船底部，一个超大号的矿泉水瓶绑在前面当作船头，增加了小船的浮力。

3.再次试航："快乐号"成功啦

最后，孩子们将改造后的小船再次小心翼翼地放进水中，并邀请了一个勇敢的小朋友坐上"快乐号"。小船稳稳地在水面上航行着。"成功了！我们的'快乐号'终于成功了！"孩子们围在小船周围欢呼雀跃。甲老师："恭喜你们成功了！现在的小船还可以怎么继续完善让它更好玩呢？还有什么材料可以做小船呢？"在老师的启发下，孩子们并没有满足于现状，而是提议给现在的小船制作船桨、加船桅，同时还在思考用木头再制作一艘小船。

案例来源：成都市双流区协和幼儿园

【案例说明】

在本案例中，在整个制作"快乐号"小船的过程中，教师充分尊重幼儿独特的学习方式，相信每个幼儿都是积极主动、有能力的学习者。坚持"幼儿先行、教师在后"的理念，做到有目的地关注游戏进程，放手让幼儿探索，让幼儿在游戏中不断尝试、失败、再尝试，这种过程不仅锻炼了他们的动手能力和问题解决能力，也让他们学会了如何与他人沟通与合作。在选择制作小船的材料时，幼儿能积极调动关于常见物体浮沉特点的经验，做出合理的选择，并大胆尝试。在制作过程中，幼儿能主动思考小船制作中的工具使用、材料用量等问题，思考能力得到进一步提升。在第一次试航失败后，幼儿没有选择放弃，而是积极寻找问题的根源，并且能快速想到泡沫这一可替代的浮沉材料，具备基本的科学思维能力。本案例以发现幼儿、相信幼儿、追随幼儿为主线，说明教师充分相信幼儿的学习能力，基于幼儿的真实生活、游戏经验和游戏水平，为幼儿创设充分探索的机会，激发幼儿不断猜想、尝试，帮助幼儿养成积极主动、专注坚持、团结合作等良好品质。

如何理解幼儿学习与发展的整体性？

　　《3—6 岁儿童学习与发展指南》中指出要"关注幼儿学习与发展的整体性"，并强调在日常教育中"要注重领域之间、目标之间的相互渗透和整合，促进幼儿身心全面协调发展，而不应片面追求某一方面或几方面的发展"。

　　幼儿学习与发展的整体性主要包含过程具有整体性和各个方面具有整体性两层意思。[①] 其中，过程具有整体性是指学习与发展虽然是两个过程，但两者关系紧密，难以分割，学习推动着发展，但又受到发展的制约，任何超越幼儿发展的学习都是拔苗助长；各个方面具有整体性是指幼儿各个方面的发展并不是彼此孤立进行的，各方面的发展之间有着不可分割的联系，不仅要关注每个方面的发展，更要注重各个方面之间的相互关联与影响。以下是体现幼儿学习与发展各个方面关联性的一些具体内容（见表 6）。

---

① 侯莉敏 . 关注幼儿学习与发展的整体性 [J]. 教育导刊（下半月），2013（12）：51-53.

表6 幼儿学习与发展各个方面关联性表现示例

关联点	要点阐述	示例
个性与认知发展	幼儿的认知能力是个性发展的基础，只有认知能力得到充分发展，幼儿的个性才能得到充分的展现	好奇心强的幼儿可能更愿意探索环境，从而促进其认知能力的发展
认知与情感发展	幼儿的认知与情感发展是相互交织并彼此影响的复杂过程。认知发展为幼儿提供了理解和解释周围世界的能力，直接促进了幼儿的社会性和情感发展	当幼儿能够理解他人可能拥有和自己不同的情感状态时，他们就开始发展同理心和更复杂的社会交往技能
身体与个性发展	幼儿的身体（如大肌肉、小肌肉）发展与个性（如自信心、独立性）发展是相辅相成的，而个性发展又影响着身体活动的选择和参与度	身体强壮的幼儿通常具有更好的体能和耐力，这使得其更愿意参与各种挑战活动，更易增强自信心，更加具有探索精神
语言与社会性发展	幼儿的语言发展为其社会性发展提供了工具，而社会性发展又促进了语言发展，通过社交实践能丰富语言词汇和提高表达能力等	组织幼儿参加小组活动，鼓励他们与同伴合作与分享交流，可以有效提升其语言表达和人际交往能力
美感与创造性发展	幼儿的美感与创造性发展之间存在密切联系，美感提供一种审美感知基础，让幼儿能够欣赏和感受不同材料带来的色彩、质感和形状变化等，同时，创造性的发展又允许幼儿将这些美感体验转化为个人的创作	在"心中的小学"美术活动中，幼儿使用水彩笔感受颜色的流动性和色彩感，使用油画棒体验颜色的浓郁和覆盖性；而在创造性表达时，幼儿可能会用水彩笔绘制幼儿园的操场，用黏土塑造教室的小模型，或者用彩色纸拼贴出小朋友们在幼儿园中活动的场景
情绪情感与心理健康	幼儿时期的情绪情感是心理健康的直接反映。积极情绪有助于幼儿建立稳定的心理状态，促进心理健康发展。相反，消极情绪如果得不到妥善处理，可能导致心理问题的产生	幼儿在帮助同伴之后，不仅得到了老师和同伴的肯定，还获得了自我肯定。长此以往，有助于幼儿形成自主自信的积极心理

为了在日常教育中促进幼儿学习与发展的整体性，教师可以遵循以下两个原则。

第一，从整体视角看幼儿发展。教师应关注幼儿身体、认知、情感、社会性等多方面的发展成长，以整体视角看待幼儿的发展，并理解它们之间相互交织、共同促进的内在联系。

第二，尊重个体差异的发展。每个幼儿都有自己的发展速度和方式，教师应尊重幼儿的个体差异，了解每个幼儿的特点并设计个性化教育方案，给予幼儿情感支持与积极反馈，携手家长助力幼儿按照自身节奏成长。

教师在遵循整体视角与尊重个体差异两大原则的基础上，还需注意以下几个关键点，以进一步优化和完善教育实践。

1. 创设综合多元的学习环境，激发幼儿的兴趣和创造力，促进全面发展。

幼儿的学习和发展受周围环境的影响，幼儿园应为幼儿创设一个综合、多元的学习环境，支持幼儿以多种方式进行学习，并通过直接感知、亲身体验和实际操作来探索世界、发展自我，为其终身学习和全面发展奠定坚实基础。

（1）综合环境的体现。

①教育目标的综合。环境创设应围绕幼儿全面发展目标，包括认知、情感、社会性和身体等多方面发展。例如，通过设置不同活动区域（如科学区、益智区、艺术创作区、角色扮演区等），促进幼儿在科学、艺术、社会等多个领域的学习和发展。

②教育资源的综合。综合利用幼儿园内外各种教育资源，如图书、玩具、场地以及社区资源等，为幼儿提供综合性的学习材料和机会。例如，可以组织幼儿参观社区图书馆、博物馆、公园等，丰富社会经验，开拓视野。

（2）多元环境的体现。

①物质环境的多元。幼儿园的环境布置应充满色彩、形状、材质等多元化的元素，以刺激幼儿的多感官发展。例如，可设置色彩丰富的墙壁装

饰，提供不同材质（如木质、塑料、布料等）的玩具和教具，布置多样化的活动区域（如安静区、活动区、休息区等）。

②文化环境的多元。尊重并展示不同的文化和传统，让幼儿在多元文化的氛围中成长。例如，可以在教室里设置"世界文化角"，展示不同国家和地区的服饰、手工艺品、节日庆祝方式等，引导幼儿了解和尊重多元文化。

2. 注重领域之间的整合，实现知识与技能的跨领域融合，培养幼儿的综合素养。

在教育活动中，注重各领域之间的整合，将五大领域内容有机联系、相互渗透，不能把五大领域的教育内容割裂开来，也不能简单地将其像做拼盘一样拼凑在一起。例如，开展科学活动时，只涉及科学领域的教育内容，而无视其他领域的教学内容，甚至进行分科教学，或侧重某些领域学习活动的开展，这些都是不适宜的。

3. 加强家园沟通与合作，统一教育理念，形成教育合力。

通过建立良好的家园合作关系，幼儿园和家庭达成一致的教育理念，共享教育策略，确保幼儿在两个环境中接收信息的一致性，实现教育价值最大化。

4. 提供个性化教学策略，根据每个幼儿的独特需求，因材施教。

教师根据每个幼儿的兴趣、能力和需求，制订个性化的学习计划和活动，采用个别化或小组化的教学方式，以更好地满足每个幼儿的学习需求，促进幼儿个性化发展。

5. 加强评估与反馈，及时调整教学策略，提高教学质量。

建立持续观察和常态化的评估机制，及时记录幼儿取得的进步和遇到的挑战，并根据这些信息及时调整教育策略以满足幼儿不断变化的需要。

通过以上这些注意事项的落实，教师可以更加全面、深入地理解幼儿的发展需求，为幼儿的整体性发展提供更加有力的支持和保障。

案例 10

悦享午餐，光盘行动

快到午餐时间了，今天吃什么呢？餐前美食播报活动中，幼儿A以播放课件的方式开启了今天的味蕾之旅。幼儿A先是介绍了今天的菜单，并介绍了黑黑的木耳、翠绿的青笋、绿油油的韭菜等食材的营养价值。他自信大方、有条不紊地完成了美食播报。随后，甲老师以"食物对对碰"小游戏引导幼儿根据食材组合及幼儿园日常食谱猜测今日美味菜肴，今日食谱也在幼儿的讨论中新鲜出炉。

幼儿玩"食物对对碰"游戏

饭菜就绪，幼儿开始有序自助取餐，甲老师鼓励幼儿尝试多样食物，并提醒幼儿吃多少拿多少，不浪费粮食。进餐时，甲老师细心关注每个幼儿的饮食习惯，鼓励幼儿不挑食，养成细嚼慢咽的进餐习惯。餐后，甲老师提醒幼儿在自主整理餐具和清洁桌面后不要忘了给自己点亮"光盘行动"灯。

案例来源：成都市双流区黄龙溪幼儿园

【案例说明】

进餐环节看似简单和日常，实则是一个融合了健康、语言、社会等多领域的综合教育活动，充分展示了幼儿学习与发展的整体性。在本案例中，在开始进餐前，幼儿Ａ以美食播报的方式让全班小朋友了解了不同食材的营养价值，既涵盖了健康领域的教育，又涉及了科学领域的内容，同时还锻炼了幼儿Ａ的语言表达能力。通过组织幼儿参与"食物对对碰"小游戏，提升了幼儿的语言表达能力和想象力；游戏过程中的合作与讨论，加强了幼儿的社交互动能力，培育了团队合作精神和社会交往技能。进餐时，教师着重培养幼儿良好的饮食习惯，从自助取餐到鼓励尝试多样化食物，再到提醒适量取食、细嚼慢咽，这些细节均旨在帮助幼儿形成健康饮食的意识和行为习惯。进餐结束后，教师提醒幼儿自主整理餐具和清洁桌面，进一步培养了幼儿的自理能力和责任感，更是体现了在健康领域中对幼儿生活自理能力和良好生活习惯的培养要求。最后，点亮"光盘行动"灯，进一步提高了幼儿节约粮食的意识，逐步帮助他们养成不浪费的好习惯。

问题 *12* / **幼儿有意义的学习是什么? 教师应该如何支持?**

幼儿有意义的学习是以直接经验为基础,与外部知识进行主动建构的过程。幼儿有意义的学习并非刻意为之,一日生活中任何一个环节,每一次偶发事件,都可能发生有意义学习。幼儿产生有意义的学习包含以下三个条件:首先,幼儿认知结构中必须具有能够同化新经验的原有经验;其次,幼儿应当具有积极主动地将新旧经验联系起来的倾向性;最后,幼儿要使新经验与旧经验发生相互作用,使认知结构得到完善。

教师可以从以下三个方面支持幼儿有意义的学习。

1. 丰富幼儿原有经验。

(1)教师通过与幼儿谈话、与家长沟通了解幼儿的已有经验。例如,教师提问"你们见过什么有趣的动物?""你是怎么坑的?",为后续引入新经验找到落脚点。

(2)提供多样化的体验活动促进幼儿多方面感知。例如,在班级教学中开展美术、音乐、运动、科学等多种活动。

(3)利用游戏活动丰富生活经验。例如,通过创设小超市、医院等创造性游戏,引导幼儿在扮演收银员、医生等角色中了解相关职业。

（4）提供与生活经验相联系的活动，将学习内容与幼儿的生活实际相结合，使学习更加贴近幼儿的原有生活经验。例如，在学习童谣《胖娃胖嘟嘟》时，为了帮助幼儿体会诗歌中"撵铁环"的情境，教师提前在班级区域投放铁环游戏材料，丰富幼儿的生活经验。

2. 激发幼儿的主动性。

（1）为幼儿创设一个充满趣味、富有挑战的多样性环境，能够激发幼儿的好奇心和求知欲。

（2）教师给予幼儿选择玩伴、选择材料、选择玩法的权利，让幼儿知道自己所有的探究行为都是被允许的，所有的需要都是能够得到回应的。

（3）教师给予幼儿正向反馈，让他们感受到学习的乐趣和成就感，从而更愿意去学习，如"我看到你尝试了不同的方法，真的很棒"。即使失败也要给予幼儿鼓励和支持，让他们知道失败是成功的一部分。

3. 帮助幼儿建立新旧经验的联系。

（1）利用幼儿熟悉的事物和情境来类比新经验，使新经验更加具体、生动。例如，运用"烹饪蛋糕"来类比"科学实验"，引导幼儿理解准备材料、按步骤操作、调整条件以及享受成果的过程。

（2）通过实物展示、提问、回顾、绘制图表等方式帮助幼儿对比发现新旧经验之间的相似性和差异性，帮助幼儿更好地理解新经验。如"你觉得这个新游戏和我们之前玩的哪个游戏很像？为什么？"。

（3）活动结束后，幼儿开展小组讨论活动，回顾活动中的核心问题与关键经验。讨论话题包括目标达成度、关键技能或知识点的掌握、问题解决策略等。

（4）教师利用思维导图、流程图等工具，引导幼儿梳理成功经验与失败经验。

（5）鼓励幼儿用绘画、手工、语言等方式表达自己的创意和想法，表征新旧经验联系的结果。教师可以提出设立"创意展示角"或定期举办

"小小分享会"，让幼儿有机会在同伴面前展示自己的作品和想法。

案例11

竹篮打水

游戏的起因是幼儿想把水从水区运到沙区，他们选择了经常用来运沙的材料——竹篮。第一次尝试后，孩子们发现，用了很大力气打起来的水，很快就漏掉了。这时，老师抛出了这样的问题："是什么原因导致漏水的呢？"于是孩子们停下来开始了讨论，幼儿A说："因为篮子是漏的。""可是篮子没有洞啊。"幼儿B不认同她的观点，"我们用它装沙子的时候是不漏的啊。"

老师说："如果竹篮没有洞，水是从哪里流出来的呢？我们可以拿到有水管的地方试一试，观察一下，水是从竹篮的哪个地方漏出来的。"

于是几个幼儿开始了实验。在观察之后孩子们发现，原来这个篮子里有很多缝隙，水是从这些缝隙流出来的！老师对幼儿的发现进行总结："原来，竹篮的洞都是藏起来的，我们把它叫作缝隙，那如何才能保证水不从这些缝隙中流出去呢？""用东西将它堵住！"孩子们说。

第一次，孩子们找来的是垫板，他们尝试了不同尺寸的垫板，最后选择了和竹篮底部差不多大的垫板，并开始了尝试。结果水还是漏掉了，于是孩子们继续寻找材料。与此同时，老师在班级美工区中投放了各式各样的塑料袋。

第二次，孩子们找来了胶泥，塞满竹篮的底部，大家欢喜地进行尝试后，发现竹篮依然在漏水。孩子们分析原因，是因为天气炎热，抹上的胶泥一碰到水就浮起来了，所以没有将缝隙堵住。这时，有幼儿发现竹篮四周也有缝隙，于是他们又开始去寻找新的材料。

这时，老师提示："教室里应该有一些可以装东西的物品，你们再找找。"然后孩子们开始在教室里到处搜索，发现了美工区的塑料袋。老师心中有数，但是她什么也没说，等着孩子们自己去验证。一开始，孩子们把塑料袋套在了竹篮的外面，但是因为水特别重，塑料袋就直接断了，于是大家再一次进行调整，把塑料袋放到了竹篮里面，这一次终于成功了。

最后，老师组织幼儿回顾失败和成功的经历，并进行分析和总结。幼儿总结经验如下：要具有不漏水、不浸水、沉于水下、柔软到能贴合竹篮四个特点的材料才能保证竹篮运水成功。之后，孩子们又找来了薄膜、塑封纸等材料进行再一次尝试……

案例来源：成都市双流区怡心第六幼儿园

【案例说明】

竹篮打水一场空，从结果导向来说，并不是大家喜欢的结局，但幼儿在不断明确问题、分析、尝试解决问题的过程中，有效提升了自己对材料的认知以及动手实践和分工合作的经验。教师也充分扮演了支持者的角色，为幼儿创设"如何将水运到沙区"的问题情境，适时引导幼儿观察造成漏水的原因，提供垫板、塑料袋等多样化材料满足幼儿的探索欲望，鼓励幼儿大胆尝试新的方法和思路等。在教师的帮助下，幼儿在每一次问题的解决过程中都充分调动了原有经验并吸纳了新的经验，不断建构和丰富自己的认知体系，真正展现了有意义学习的魅力。

教师如何促进幼儿主动学习?

主动学习是指幼儿在与周围环境中的事物、同伴以及事件的互动中建构新的认知结构的学习行为倾向，包括主动参与、主动发现、主动探索、主动交往和主动合作五个维度。[①] 当面对喜欢的活动时，幼儿会产生强烈的好奇心，会主动参与，并且专注力强；当参加不喜欢的活动时，幼儿会表现出缺乏积极性、情绪不高，需要教师不断进行提醒和引导。在日常的教育教学活动中，教师要尊重幼儿的个体差异，知道幼儿在各领域的发展速度和程度上存在不同，客观看待幼儿在各领域上发展的不平衡，采用科学的教育教学策略，激发幼儿的学习兴趣，促进幼儿全面发展。

教师可以采取以下措施，以激发幼儿的学习兴趣。

1. 深入了解和尊重幼儿的兴趣，鼓励幼儿深入探究。

教师通过观察幼儿在日常活动中的行为表现、与家长沟通等方式了解幼儿，发现幼儿的兴趣所在，为幼儿提供更加符合其个性特点的活动，激发他们的学习动力。此外，教师要尊重幼儿的想法和选择，可以利用过渡

[①] 凌慧锋 .STEM 教育活动中教师培养幼儿学习主动性的个案研究 [D]. 昆明：云南师范大学，2022.

环节、谈话环节等与幼儿深入交流，倾听幼儿对活动的想法，鼓励幼儿在感兴趣的领域深入探究。

2. 组织多样化、有趣味的游戏活动，激发幼儿的学习兴趣。

（1）提供多样化的游戏材料。给幼儿提供丰富多样的游戏材料，确保这些材料涵盖不同的领域，满足幼儿不同的兴趣与需要，促进幼儿在身体、认知、情感等方面的发展。如，面对个别不喜欢艺术领域的幼儿，教师投放丰富、多样的艺术类材料，有目的地创设艺术氛围浓厚的活动环境，增加可视、可玩、趣味性强的游戏材料，激发幼儿主动参与。此外，教师可以根据季节、节日和教育目标的变化，定期更换游戏材料和内容，带给幼儿新鲜感，满足其学习兴趣。

（2）创设舒适的精神环境。良好的幼儿园文化和班级文化氛围能够对幼儿的可持续发展起到重要的引领作用。教师可以创设适宜的精神文化环境，将精神环境与物质环境有机融合，帮助幼儿在轻松愉悦的环境氛围中形成并发展学习的主动性。[①] 如，面对个别不喜欢在集体面前主动表演的幼儿，教师在鼓励幼儿的同时，还可邀请其他积极主动且表现力强的幼儿参与，共同完成表演。

（3）组织多样的游戏活动。幼儿的学习以游戏为基本形式。游戏是幼儿的天性，游戏中蕴含着促进幼儿生长发展的内驱力。教师可以通过观察幼儿的兴趣，设计符合他们兴趣的游戏活动，用游戏的方式开展教育教学活动，激发幼儿主动参与活动，帮助幼儿提升经验。如，在阅读活动中，增加角色扮演游戏，加深幼儿对故事内容的理解，增强阅读活动的趣味性。通过故事表演的方式激发幼儿主动参与活动。

（4）趣味化地呈现活动内容。将幼儿不喜欢的领域活动内容以趣味化的方式呈现给幼儿。教师使用动画、音频、视频等技术手段向幼儿展示

---

① 何婧云 . 促进幼儿主动学习策略的教学路径分析 [J]. 知识文库，2023（17）：159–162.

活动内容，吸引幼儿的注意力，增强活动的趣味性，激发幼儿的兴趣和好奇心。

（5）将学习内容融入生活实践。"生活即教育"，通过生活化的实践活动还原生活情境，将抽象的知识具体化、生活化，充分支持幼儿调动已有生活经验展开体验学习，进一步提高幼儿的自主学习能力，让幼儿在生活经验的引领和驱使下，独立思考，自主探索，提升幼儿学习的自主性与创造力。[①]例如，在认识纸币后，引导幼儿尝试用纸币自己购买东西，进一步加深对人民币的认识。

（6）创设问题情境，进行探究学习。借助问题探索引领幼儿主动学习，引导幼儿主动发现、提出和解决问题。让幼儿在探索问题的过程中，深入感受、思考和体会探究的乐趣，提高幼儿自主学习的能力，帮助幼儿实现多样化的自主实践与操作。[②]例如，在探究科学活动"橘子的秘密"时，引导幼儿在做实验的过程中对"剥皮的橘子沉下去"和"不剥皮的橘子会浮起来"这两种现象产生好奇；然后提出问题"为什么剥皮的橘子会沉下去，而不剥皮的橘子会浮起来？"；接着教师提供多种材料引导幼儿积极探寻问题、找出缘由、得出结论并验证结论。

3. 家园合作，共同激发幼儿的学习热情。

家庭环境对幼儿的发展有一定的影响，教师要注重与家长之间的积极合作，充分发挥家庭的作用，促进幼儿身心发展。[③]教师要和家长沟通，了解幼儿不喜欢某些活动的原因，和家长交流如何鼓励并引导幼儿尝试参加缺乏兴趣的活动。教师还要结合具体的教学活动，实现与家长的有效合作，协力提高幼儿主动学习的品质，促进幼儿的可持续发展。

[①] [②] [③] 何婧云 . 促进幼儿主动学习策略的教学路径分析 [J]. 知识文库，2023（17）：159-162.

讲述中的成长

我园中班的甲老师发现幼儿A参与建构游戏时，表现出了极大的兴趣和热情。幼儿A会在自主游戏时主动选择这类游戏，发挥想象力创造出各种独特的造型和结构，并主动向其他幼儿展示自己的搭建作品。有时他还会主动向其他幼儿分享自己的搭建经验，开心地与其他幼儿一起合作搭建。但是，当幼儿A参与讲故事的活动时，经常出现注意力不集中、离开座位、与其他幼儿讲话、频繁上厕所等现象。

甲老师发现幼儿A对两种活动的态度和参与度不同时，意识到幼儿A可能更喜欢建构等趣味性强、操作性多的活动，对于需要安静倾听和思考的活动缺乏学习的动力和兴趣。

为了激发幼儿A参与讲故事活动的兴趣，甲老师采取了一系列措施。首先，在幼儿A玩建构游戏时，适当地进行指导，引导幼儿建构更高难度的作品，提升幼儿的建构技能。其次，甲老师根据幼儿A的兴趣，在建构过程中有意识地引导幼儿讨论并构建故事中的角色、场景等，让幼儿通过自己动手操作体验理解故事；在讲故事活动中，鼓励幼儿讲述或复述与建构作品相关的故事片段。再次，甲老师还采用手偶、道具等辅助材料增加故事讲述活动的趣味性，同时鼓励幼儿用辅助材料尝试将故事内容表演出来。随后，当幼儿A对讲述的故事表现出兴趣时，甲老师适时地给予正面的反馈，增强幼儿A的自信心，提升其对讲故事活动的兴趣。最后，甲老师还通过与幼儿A的家长沟通，了解幼儿A在家中的阅读习惯和亲子阅读情况，共同寻找适合幼儿阅读的故事资源，同时建议幼儿A的家长在家坚持与幼儿进行亲子阅读活动，并尝试将故事与游戏结合，通过角色扮演的方式来讲述故事，给幼儿A提供更多参与阅读活动的机会。

一段时间后，幼儿A能够和同伴一起合作完成难度更高的建构作品，在讲故事活动中也能逐渐安静地坐在位置上认真听老师讲述故事，有时还会主动举手回答老师的提问。

案例来源：成都市双流区怡心第九幼儿园

【案例说明】

从本案例中可以看出，教师在发现幼儿对不同活动有不同态度时，并没有忽视这种现象，而是在尊重幼儿兴趣的同时，巧妙地将建构游戏与讲故事活动相结合，引导幼儿通过在建构活动中建构故事中的角色、场景来理解故事内容。教师将幼儿不喜欢的领域活动与幼儿感兴趣的活动结合起来，鼓励幼儿通过直接感知、实际操作、亲身体验等方式探索不喜欢的领域。此外，教师与家长保持密切沟通，家园携手，激发幼儿对故事讲述活动的兴趣。

问题 14 / 游戏中的"自主"是否等同于完全放任幼儿自由? 教师如何支持幼儿的自主游戏?

　　自由是一种外显的特征或状态,而自主是不依附他人、不受他人控制的意识和能力,既具有外显的行为特征,又具有内隐的意识和素养。因此,游戏中的"自主"并不等同于完全放任幼儿自由,而是给予幼儿充分的自由选择的权利、自由计划活动内容和游戏进程等。自由与自主是相辅相成的,自由是自主的基础和权利的保障,自主能力的提升又会让幼儿拥有更多的自由。①

　　在幼儿园自主游戏中,教师为帮助幼儿实现自己的游戏愿望,积极、巧妙地为幼儿提供相应材料和创造有利条件,满足幼儿的兴趣和需要,为幼儿的表达、展示提供平台。这种适宜且有力的支持有利于游戏的开展,有利于幼儿的主动性、积极性、创造性等的发展,有利于幼儿身心各方面能力的全面发展。教师可以参考以下几点方法与建议,以更好地支持幼儿的自主游戏。

---

① 董旭花,韩冰川,阎莉,等.自主游戏:成就幼儿快乐而有意义的童年 [M].北京:中国轻工业出版社,2021.

1.情感支持——尊重与信任幼儿，给予幼儿自主游戏权利。

（1）尊重幼儿的主体地位。游戏是幼儿的天性，教师要重新审视幼儿在自主游戏中的角色地位，充分尊重幼儿的游戏权利，坚信游戏是幼儿的学习和工作，相信幼儿才是真正的游戏专家，让幼儿成为游戏的主人。为此，教师一是要确保幼儿每天有充分的自主游戏时间，让幼儿有机会和时间玩自己发起的游戏；二是要从儿童视角、儿童立场出发，审视幼儿园室内外游戏环境、材料以及反思自己的观察、介入等。

（2）尊重幼儿个体差异。充分了解每个幼儿的个性、兴趣以及差异化需求，并有针对性地引导每个幼儿发挥其潜在的创造力和学习动力，促进他们在游戏中得到更全面的发展。

（3）尊重与信任幼儿。尊重、相信幼儿是有能力的主动学习者，相信游戏可以激发他们的无限潜力，相信他们能够通过自己的力量获得成长。因此，在游戏前、中、后三个阶段教师都要给予幼儿充分的自主权，鼓励幼儿自主选择游戏内容、材料和玩伴，自主制订游戏计划、商议游戏玩法等。同时，教师还要根据幼儿游戏兴趣灵活调整时间，如当幼儿游戏兴趣比较高、很难立刻结束游戏时，在不对其他环节造成太大影响的前提下可以适当延长幼儿的游戏时间。

2.物质支持——创设并提供适宜的游戏环境与材料，激发幼儿主动参与游戏。

（1）创设适宜的游戏环境。幼儿主动参与游戏是自主游戏的基础，适宜的游戏环境会吸引幼儿主动参与游戏，激起他们的游戏兴趣。适宜的环境除了要具有美感、安全感、舒适感，也要具有自由和开放性，还要根据幼儿在游戏中的问题和经验的变化而动态调整。如班级游戏环境中注重空间的可变性，可以在玩具柜、儿童床底部安装万向轮，方便幼儿、教师根据需要移动、搬运以调整游戏空间。环境的自由和开放性还体现在幼儿可以参与环境的创设和调整，如基于儿童的视角，利用马赛克法调整优化班级区域环境，支持幼儿用绘画、拍照、小组讨论等形式表达对班级环境的意见和建议，并与幼儿一起调整。

（2）提供适宜的游戏材料。幼儿是在与材料的互动中进行学习的。良好的材料能够引发幼儿不断地探索、交往和表现。在对材料进行选择和操作的过程中，幼儿的自主意识也得以加强。因此，投放数量充足、多样化、开放性、操作性强的适宜游戏材料，不仅给了幼儿自主选择的机会，还能激发幼儿参与游戏的欲望。如提供"看得见、拿得到、放得回"的游戏材料，或在美工区提供各种低结构的自然材料、生活材料，或者在角色区提供一些可以多种方式组合的轻质木盒子，可以用来当板凳、当床，也可以当门、当舞台等。同时适宜的材料还需要教师基于对幼儿的观察与分析，有目的地与幼儿一起收集、调整游戏材料，让幼儿保持持续游戏的积极性。

3. 行动支持——建构高质量的师幼互动，促进幼儿自主游戏的纵深发展。

（1）建立尊重、平等的师幼互动关系。幼儿在园的一日生活中，教师随时都会与幼儿发生互动，互动的质量决定了幼儿发展的质量。研究表明，营造温暖、轻松的心理环境，可以让幼儿形成安全感和信赖感。尊重平等的师幼互动关系可以让幼儿的精神更放松、心情更愉悦，有助于其更加专注、投入地进行游戏。幼儿在积极的情绪下通过操控材料和与环境的互动，更能达成游戏目标。在幼儿的游戏过程中，教师可以运用恰当的语言引导和有效的行为示范与幼儿进行互动，促进幼儿游戏的推进和发展，从而提升幼儿自主游戏水平。如教师可以用积极的口头语言（温和的声音、询问的语气、鼓励性的词语）和肢体语言（如微笑、鼓励的眼神、点头、注视、拥抱、倾听等）让幼儿感受到被接纳、被关爱、被支持和被欣赏。

（2）用心观察，充分分析，提供适宜的"支架"。观察是调整游戏环境与材料的重要依据，是为幼儿游戏提供支持的基础。教师需要在游戏前、中、后三个阶段用心观察幼儿的游戏水平、了解幼儿的真实兴趣和需要，同时还需要教师明确自主游戏的分析维度，并针对不同幼儿灵活采用不同的观察方法和观察内容，以便更好地在游戏中了解幼儿已有的经验和最近发展区，为后续的介入和引导提供依据，以延续幼儿游戏的真实意图，支持和推动幼儿用自己的方式去追寻和探究。

（3）重视游戏后的反思总结。经验分享是幼儿成长的重要途径。在游戏结束后，教师要组织幼儿进行集体或小组回顾与讨论、交流与分享，帮助幼儿回顾游戏过程、梳理经验、发现问题，引发和推动幼儿的自我反思与集体反思，实现游戏经验的共享。幼儿在讲述自己的游戏经历和体验、思考和问题及游戏故事时，其他幼儿可以从中学习到不同的游戏经验和技巧、问题解决办法，从而推动幼儿的学习和发展，也为后续的游戏开展提供更有效的动力。同时，游戏后的总结过程也是教师的自我反思过程，教师对幼儿进行的"一对一倾听"可以让他们更准确地了解幼儿的游戏意图、兴趣点以及需求，有助于教师不断提升自己的游戏素养和游戏指导能力。

案例 13

"好朋友超市"打造记

中二班正在开展"我们的社区"主题活动，在了解社区周围的建筑时孩子们对超市产生了兴趣。幼儿 A 说："老师，我们也想在教室里开一家超市！"幼儿 B 说："我也想开，这样我们玩区角游戏的时候就可以去买东西了。"幼儿 C 说："我也想开，我想当收银员。"……从幼儿的谈话中能够感受到他们对于超市很感兴趣，也能够看出来他们对于超市已有基本了解和超市购物的经验。于是老师决定满足幼儿的兴趣和需要，开一个属于中二班的超市。

开一家超市需要准备什么呢？幼儿 A 说："要有货架，还要很多东西。"幼儿 B 说："还要一个收银员。"幼儿 C 说："还要取个名字呢，不然别人就不知道是卖什么的超市。"幼儿 C 说完，其他幼儿也纷纷表示同意，于是我们用投票的方式先确定了超市的名字：好朋友超市。

超市要开在哪里呢？超市里要有什么呢？幼儿以小组为单位，讨论确定了超市的位置、卖的东西，并用图画形式记录下来。从他们的设计中可以看出，幼儿想在教室的建构区旁开超市，准备用玩具柜、纸箱来当货架，想卖的商品有糖果、玩具、零食、蔬菜、水果。有的组还画了商品的价格。

但是这些东西从哪里来呢？"我们美工区有很多黏土呀，可以做棒棒糖。""老师，我家有很多瓶子，我明天带来。""我家有薯片桶，我也带来。""我有很多玩具，我也带来。"……第二天，孩子们带来了很多商品、购物袋，还设计了价格标签，然后在区域游戏时间开始了第一次超市游戏。第一次游戏，超市可热闹了，扮演收银员的幼儿用一个鞋盒做收款机，顾客们开心地进进出出，不一会儿货架上的商品一扫而空，地上还散落着很多商品。

老师没有捡起地上的东西，等到游戏时间结束后，老师和幼儿开启了对话。老师："小朋友们，你们第一次玩超市游戏感觉怎么样？有什么发现吗？"幼儿 A 说："我买了很多东西，很开心。"幼儿 B 说："太多人了，我不想进去。"幼儿 C 说："超市地上好多东西，差点我就摔跤了。"幼儿 A 说："是 C 没有收，他是收银员。"幼儿 C 说："我只当了一会儿收银员，买东西的人太多了，有的人都没有付钱就把东西拿走了，我不想当收银员了。"

买东西的人太多怎么办？东西掉在地上怎么办呢？没有付钱的东西可以拿走吗？幼儿 A 说："大家可以排队进去买东西。"幼儿 B 说："自己弄掉的自己捡，或者收银员捡。"幼儿 D 说："我们给收银员做个牌子吧，选了当收银员就要坚持，还要把东西收好。""我们可以再增加一个收银员，专门看着大家拿东西。"幼儿 E 说，"我们还可以做一个无人收银机，自己扫码付钱。"……

从幼儿的交流中可以看出，他们已经想到了解决办法，于是老师带着幼儿一起制作了收银牌、排队线、无人收银机等。就这样，"好朋友超市"的材料越来越丰富了。

　　案例来源：成都市双流区怡心第四幼儿园

【案例说明】

　　在本案例中，教师在发现幼儿的游戏兴趣后决定满足幼儿的游戏需要，于是确定了开超市这一游戏主题。在创设超市环境和准备游戏材料时，教师始终相信幼儿，给予幼儿自主游戏的权利。通过对话、讨论的形式，教师引导幼儿计划在哪里开超市，用什么材料玩超市游戏，怎样玩超市游戏，并与幼儿一起想办法收集超市材料，减少了游戏的盲目性，也激发了幼儿参与游戏的兴趣。当第一次玩超市游戏时，面对混乱的场面，教师没有过早介入，而是在游戏结束后与幼儿一起总结，请幼儿回顾自己的游戏过程，既体现了教师对幼儿的尊重，是正确儿童观的表现，也说明教师在游戏中充分观察了幼儿的游戏行为。这样的总结推动了幼儿的创造性的发展，提升了幼儿的游戏经验。教师还和幼儿讨论了游戏的常规，这为下一次游戏的顺利开展提供了保障。同时，在游戏总结后，教师带领幼儿制作了新的材料，为幼儿的自主游戏提供了帮助，也拓展了幼儿的经验。

问题 *15* / 如何平衡幼儿决策和教师支持之间的关系，以更好地促进幼儿的发展？

幼儿决策是指幼儿在面对选择时，能够进行自主思考并做出判断的过程。幼儿决策能力包含四个方面：一是日常生活的决策能力，即幼儿在自我照顾和自我保护等方面的决策；二是游戏的决策能力，即幼儿对游戏内容、游戏环境布局、游戏玩伴的决定等；三是学习活动的决策能力，即幼儿对学习内容、时间安排等的决策；四是社会交际的决策能力，即幼儿合理表达自己的想法，和玩伴一同分享交流，与周围环境的交互；等等。①

幼儿一日生活的各环节都充满了自我决策的机会与可能，支持幼儿参与一日生活中与自己有关的决策，是培养幼儿自主性和责任感的重要途径。在保障安全的前提下，教师可以在一日生活中鼓励幼儿表达自己的意愿和需求，并尊重他们的选择，与幼儿共同制订规则和计划，给予幼儿更多的自主决策权，帮助幼儿提高自我决策能力。具体内容参考如下（见表7）。

---

① 邢保华.浅议幼儿独立决策能力的培养[J].学前教育研究，2004（4）：26-27.

表7 一日生活中的自我决策

活动类型	关键环节	重点自我决策项目
生活活动	晨间活动	自选晨谈主题
		自选座位
		自选同伴
		自选劳动
	过渡环节	自主如厕
		自主喝水
	餐点环节	自定食量
游戏活动	区角游戏	自选区角
		讨论制定游戏规则
		自定游戏主题
		自定游戏玩法
		自定游戏活动
		自定游戏进程
学习活动	教学活动	自选小组
运动活动	体育游戏	自选材料
		自选运动项目

在日常活动中，通常安全问题、时间约束、资源限制、幼儿发展水平、课程要求、家长和社会期望等因素会影响幼儿的自主决策，教师应当观察和了解每个幼儿的个性和能力，调整支持的力度，寻找幼儿自主决策与教师支持引导之间的平衡点，既不过度干预，也不放任自流，从而更好地促进幼儿的独立性和责任感的发展。要做到平衡幼儿自主决策与教师支持之间的关系，教师可以从以下方面着力。

1. 创造安全的环境，营造支持的氛围。

（1）确保环境和材料安全。教师要确保所有游戏材料和活动区域都是安全的，如没有尖锐边缘等潜在危险，为幼儿自主决策做好安全保障。

（2）营造宽松、支持的氛围。在日常活动中，教师要给幼儿提供做决定的机会，如让他们决定玩什么游戏、阅读哪本书等。

2.提供多样化的游戏材料，鼓励幼儿自主探索玩法。

（1）准备丰富多样的材料。教师应准备多种类型的游戏材料，包括积木、绘画工具、角色扮演服装等，以满足不同幼儿的兴趣和需求，并定期更换或添加新的游戏材料，为幼儿自主决策提供更多的可能。

（2）鼓励自由探索。在提供材料的同时，教师应鼓励幼儿自由探索这些材料的不同玩法，而不是严格规定使用方式。

3.把握自主的度，建立明确的规则和界限。

（1）建立规则意识。虽然鼓励自主决策，但教师也需要帮助幼儿理解并遵守基本的规则和界限，建立规则意识。

（2）共同制定明确合理的规则。明确规则能够帮助幼儿理解哪些是自己可以做的行为，哪些是不可以做的。在涉及全班的活动时，教师可以邀请幼儿共同参与制定活动、游戏规则，这样他们会更愿意遵守。

4.引导幼儿参与决策过程，给予幼儿自主决策的机会。

（1）讨论日常安排。教师可以与幼儿一起讨论一天的活动安排，让他们提出建议或投票决定某些活动的顺序。

（2）反思和评估。活动结束后，教师可以引导幼儿进行反思，讨论哪些决策是成功的，哪些还需要改进。

5.用提问的方式启发幼儿思考，而非直接替幼儿做决定。

（1）提出建设性问题。当幼儿面临决策时，教师可以通过提问的方式引导他们思考，而不是直接给出答案。"你想玩什么？怎么玩？"这种问题能激发幼儿深入思考。

（2）提供适当的反馈。教师应及时给予幼儿反馈，指出他们决策中的优点和不足。这样的反馈应该是建设性的，以便帮助幼儿改进决策过程。

6.鼓励幼儿自我反思，让自我决策更加明智。

（1）定期进行回顾。教师可以定期与幼儿一起回顾他们的决策过程，讨论哪些决策是成功的，哪些还需要改进，这有助于幼儿养成自我评估的习惯。

（2）记录成长历程。教师可鼓励幼儿记录自己的决策经历和感受，这样可以帮助他们看到自己的进步和成长。

案例 14

我的图书区我做主

在区角游戏中，参与图书区活动的幼儿总是很少，如何提高图书区的吸引力呢？为了解决这个问题，老师带着大班的孩子们一起讨论他们喜欢什么样的图书区以及图书。老师问："你们想怎样布置我们的图书区？"幼儿A说："我想放一些花做装饰。"幼儿B说："我想放很多书。"幼儿C说："放一把椅子，我想坐在椅子上看书。"幼儿D说："我想坐软软的板凳看书"……老师又问："你们喜欢看什么书呢？"幼儿A说："我喜欢看恐龙、鲨鱼的书。"幼儿B说："我喜欢看'照电筒'的书。"幼儿C说："我喜欢看《水浒传》《西游记》《三国演义》。"幼儿D说："我喜欢看公主的书。"老师说："接下来，让我们一起来设计和改造我们的图书区吧！"接着老师又带着大家一起设计图书区，探讨使用的材料、环境的位置等。

讨论后，幼儿围在一起商量分工，开启了创建图书区的工作。有的幼儿负责找材料，有的幼儿负责图书分类，有的幼儿负责标识制作，有的幼儿负责材料摆放。经过两周的时间，幼儿自己动手创建的图书区建成了，大家对自己创设的图书区感到骄傲和自豪，此后参与图书区活动的幼儿明显多了起来。

案例来源：成都市双流区空港第三幼儿园

【案例说明】

在本案例中，教师充分调动幼儿的积极性，支持其改造图书区的想法，为其提供了时间、资源、技术支持，平衡了教育目标和课程的要求，积极引导幼儿讨论并支持幼儿决策，如图书区的创设与阅读材料的选择，发挥了幼儿的主动性与创造性。在教师的引导下，幼儿参与图书收集、材料准备与环境布置，共建图书区。环境的改变营造了阅读氛围，激发了幼儿的阅读兴趣。此举不仅促进了幼儿自主性、责任感、交往与合作能力的发展，也为幼儿的终身发展奠定了基础。

问题 **16**

如何提升教师的观察能力?

　　观察是教学开展过程中一种常见的行为,是指教师根据自己的目的,借助感官、仪器或工具获取事实的信息或资料,并进行专业、合理解释与判断的行为。教师的观察能力不仅是开展教育工作的基本技能,也是教育工作的一个重要方面。要转变教师对观察的认识、提升教师观察能力,具体可以从以下方面着手。

　　1. 正确认识观察的价值。

　　教师的观察伴随着教育教学行为的始终,是一种积极有效的师幼互动。教师需要认识到,观察是了解幼儿、指导幼儿、促进幼儿全面发展的重要手段。它不仅仅是一个简单的行为记录,而是一种专业的教育策略。教师要消除对观察的误区,将观察与评估区分开来,明确观察的目的在于促进幼儿的学习与发展而非进行单纯的评判。

　　2. 明确观察的目的与内容。

　　(1)明确观察目的。一是教师需要确立长期的观察目标,即观察应服务于理解幼儿的长期发展,帮助教师准确把握每个幼儿的成长脉络和需求;二是教师需要设定具体的、短期的观察目标,即根据班级和幼儿的实际情况，明确短期观察的具体目标，如观察幼儿在特定活动中的互动能力或材料使用情况。总之，要强化观察的行动计划导向，即教师需根据观察结果制订相应的教育计划和策略，确保观察与教学实践紧密相连。

（2）确定观察内容。观察的内容决定了对后续观察的分析与对最终观察结果的反思。因此，观察什么样的内容至关重要。在观察过程中，教师应提前"预设"目的性问题，如"我想通过此次观察了解什么信息或发现什么问题？"。同时，教师在观察时要注意把握观察的重点，用客观的视角、严谨的思维和科学的方法回应观察目的。

3. 采用多元的观察方法。

观察时，教师可根据观察目的、对象、情境的需要，灵活选择扫描观察、定点观察、跟踪观察等方法。

（1）扫描观察法。扫描观察是指教师在固定的时间段里对观察对象依次轮流进行观察。这种方法能够帮助教师粗线条地了解全体幼儿的活动状况，确保所有幼儿均在自己的视线范围内。

（2）定点观察法。定点观察指的是教师在固定的立足点上，按照一定的空间顺序进行观察。这种方法要求教师在观察过程中保持立足点不变，但视角可以上、下变化，目光可以向前、后、左、右各个方向移动。

（3）跟踪观察法。跟踪观察是指对观察对象进行长期的观察，从而获得发展性资料的过程。这种方法是有目的、有计划、有方向的知觉活动，在幼儿园一日生活中十分常见。追踪观察通常伴随着幼儿一日生活而随时随地发生，并通过追随事物变化的踪迹，由始至终把握变化的来龙去脉，从而掌握幼儿在活动中的表现和发展情况。

除此之外，选择合适的观察方法后还需确立观察记录的方法。幼儿园常见的观察记录形式有逸事记录、事件记录、影像记录和图表记录等。

4. 在实践中持续提升。

在日常的教学活动中，可通过观摩示范、同伴互助等形式，为教师提供实时的观察指导和反馈;鼓励教师运用各种观察工具和辅助设备,如观察记录表、摄像机等,提高观察的效率和质量。

案例 15

建构游戏中提升教师的观察与解读能力

在幼儿园教育中,观察是教师组织开展教学活动的重要技能之一,为进一步提升教师观察及解读幼儿游戏行为的能力,我园以建构区游戏观察为切入点,开展了系列教研活动,旨在提升教师的观察能力。

一、任务清单——自学自查,聚焦问题

教研开始前,我们组织教师学习了关于建构区游戏与观察的理论知识。提前一周发布任务清单,提醒教师自学相关内容,查阅相关文献,梳理自己在观察活动中存在的问题与困惑。调查结果显示:教师在建构区观察难度大,存在所选观察方法运用效果不佳等问题。

二、头脑风暴——点燃激情,经验碰撞

首先,保教主任抛出了"你了解哪些观察方法?""你认为教师在游戏中的观察重要吗?"两个问题,引导参研教师思考交流;其次,通过小组分享,了解教师的理论学习情况;最后,通过专题分享,引导教师更加系统地理解游戏中观察、解读、介入的方法。

三、示范观察——案例分享,揭秘观察

当教师在面临"如何进行建构区游戏的有效观察与记录?"难题时,幼儿园的骨干教师为其他教师带来了一场关于"建构游戏观察前、中、后:我的做法"的案例分享。骨干教师详细分享了在观察前的准备、观察中使用的工具、对观察记录重难点内容的思考等内容,如幼儿在建构区游戏中的行为、语言、表情及分析和解读的依据等,让其他教师了解了实际观察的过程和方法,实现了教师观察理论与实践的进一步链接。

四、实践观察——分组探索，共察共析

将全体教师分成小组，每组教师根据各自负责观察的建构区游戏场景制订观察计划，选择观察工具和方法，并进行实际的观察记录。在观察过程中，他们相互协作，共同分析幼儿的行为和发展状况。

五、结果分享——共话观察，共促成长

全体教师进行讨论和交流，分享自己的经验和收获。通过这次活动，他们对建构区游戏的观察有了更深入的认识和理解，也提升了自己的观察能力。

案例来源：成都市双流区机关幼儿园

【案例说明】

在本案例中，该园以建构区游戏中教师的观察为切入点，通过理论的学习、骨干教师的分享、多次的亲身实践等系列教研活动，让教师学会了如何制订明确的观察计划、选择适当的观察工具和方法，以及如何进行系统的记录和分析。这使得教师的观察更加有目的性、条理性和科学性，也让教师意识到观察分析不仅能准确地评估幼儿的发展状况和需求，也能有效地识别出自身教育教学的优势和需要改进的方面，为其制定个性化的教育方案提供了有力的支持。

问题 17

活动中教师如何做好观察记录?

　　幼儿观察记录是一种系统的记录和分析幼儿在日常生活和学习中的行为、情感和社交互动等的方法。其主要目的是捕捉和了解幼儿在自然情境下的行为和反应。通过幼儿观察记录,教师可以深入了解儿童的心理发展、社会能力及认知进步等。这些记录不仅有助于教师做出客观、全面的分析,还能帮助教师及时发现个别儿童在成长过程中可能遇到的问题,提供有针对性的支持,为制定个性化的教育策略提供依据。同时,这种记录方法也是与家长沟通幼儿情况的重要依据,有助于家园共育。

　　在日常活动中,面对幼儿多样的行为、语言信息、个体差异,教师可能感到迷茫,无法抓住记录的契机,不确定记录的必要性,以及如何有效地进行记录。为解决上述问题,以下是一些关于做好观察记录的要素、要点及建议(见表8)。

表 8　教师做好观察记录的要素、要点及建议

要素	要点	建议
记录内容	兴趣	观察幼儿的特殊兴趣、偏好或天赋,如专注度、参与度、兴趣点

续表

要素	要点	建议
记录内容	新知	记录幼儿新技能、新知识的获取和应用情况
	挑战	注意幼儿面临的问题和挑战（如学习、行为、社交障碍等），及其应对态度和策略
	作品	关注幼儿作品及其完成过程中的表情、动作和语言
	材料	分析幼儿与材料互动的频率、兴趣点和情绪表现
记录方式	文字	1. 逸事记录。它可以详细地记录幼儿的行为表现、语言表达以及相关情境、一天中重要的活动或经历的事件等，如活动中幼儿的想法、兴趣、完成活动的情况等 2. 日志 / 日记记录。通过日志或日记的方式对发生的重要事件进行记录
	图表	行为检核表。根据记录的目标设计检核表内容，并主要以简单的符号标识来进行记录，如打"√"、画"○"等，确保记录的快速和准确。如，幼儿每日主动喝水的情况记录，幼儿每周进图书区的情况记录，等等
	照片 / 视频	可利用照片、视频等，直观地记录幼儿的活动瞬间，后续结合文字进行说明和分析
记录时机	活动后	当教师发现没有幼儿需要帮助和指导时，可以花一点时间，把看到的幼儿行为记录下来，或者先观察幼儿的行为表现，思考要记录的细节，观察结束后，尽快把自己的所见记录下来
	同幼儿在一起时	教师观察到比较重要的信息，如幼儿的某个行为可能符合某个典型表现时，可以立即把这一刻的事件记录下来
	随机	教师随机捕捉幼儿的关键信息进行记录，可使用便签纸、手机备忘录等工具进行记录，并使用关键词、短语或简短的句子进行描述
	午休	可以通过日志的方式记录活动中幼儿的想法、兴趣、领导权的轮换、完成活动的情况等
	特定时间	班级教师可以进行分工，如一位教师负责组织活动，其他教师负责进行观察记录

案例 16

是蜗牛还是田螺?

在户外活动时间,大一班的几个幼儿在花坛旁边玩,甲老师关注着孩子们的游戏和安全,这时,幼儿 A 举起了手心里躺着的一个"动物壳"问甲老师:"这是什么?"甲老师看着这个"动物壳"说:"咦,这是什么呢?有小朋友知道吗?"这时幼儿 B、幼儿 C 凑了过来,纷纷发表意见,甲老师也提出了自己的疑惑:"这真的是蜗牛吗?会不会是田螺呢?"同时,甲老师拿起手机,把小朋友们讨论的过程和语言通过视频和照片记录了下来。

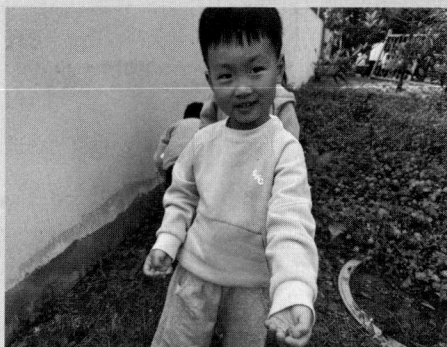

活动结束后,甲老师通过回看视频和照片,并借助观察记录表,将参与本次活动的幼儿、活动的主要情况、对幼儿发展的分析评估及教育策略等记录了下来,形成了以下观察记录表。

观察对象	大班幼儿	年龄	5 岁	观察地点	户外
观察者	甲老师	观察日期	2024.3.26	观察时间	9:00—10:00
观察目标	捕捉幼儿在户外活动中的兴趣点、问题以及面对问题的行为表现等,为分析估价幼儿和后续的课程设计提供信息				
记录方式	逸事记录、拍照片、录视频、活动后记录				
情景描述	在户外活动中,大班的幼儿们正白由地玩耍。幼儿 A 在墙角的草丛边找到了一个蜗牛壳,问:"甲老师,这是什么?" 幼儿 B:"这是蜗牛的壳。"				

续表

情景描述	甲老师:"这真的是蜗牛吗?会不会是田螺呢?" 幼儿 C:"我觉得这是蜗牛,蜗牛是有生命的动物。" 幼儿 D:"我觉得这是田螺,蜗牛不是这样的。" 幼儿 E:"这里也有,是蜗牛。" 乙老师:"是蜗牛壳吧?我也不确定是什么。" 甲老师:"我们去问一问其他老师,听听她们怎么说。" 小朋友们一行五人手里拿着找到的蜗牛,来到其他老师身边,询问"这是蜗牛还是田螺"。 丙老师:"这是田螺,它的颜色有点深,我觉得这个是田螺,不是蜗牛。" 丁老师:"这是蜗牛,田螺的房子是圆锥形的,蜗牛的房子是椭圆的。" 甲老师:"究竟是蜗牛还是田螺,它们之间有什么区别呢?我们还有什么办法可以知道它们的区别呢?"
分析评估	在户外活动时间,幼儿在墙角发现动物的壳时,提出了问题:这是什么?在教师的引导下,共同游戏的幼儿参与到这项探讨中来,通过提出自己的看法、询问其他教师的方式发起了对"蜗牛壳是什么样的"的探究和讨论。活动中,幼儿积极参与,充分展现了幼儿对动物的兴趣以及喜欢探究的年龄特点。《3—6 岁儿童学习与发展指南》指出,5—6 岁的幼儿对自己感兴趣的问题总是刨根问底。作为教师应当支持和引导幼儿寻求解决问题的办法,促进幼儿观察能力、探究能力、问题解决能力的提升
教育策略	1.抓住幼儿对蜗牛外形特征的兴趣,继续引导幼儿进一步探寻和认识蜗牛 2.通过发现和比较,探寻蜗牛和田螺的特征与异同,发展幼儿分析、比较、判断的能力 3.结合幼儿兴趣,可通过"饲养蜗牛""寻找幼儿园里的蜗牛""我发现的蜗牛"等活动进一步探索蜗牛的生长习性等,激发幼儿对大自然的兴趣

案例来源:成都市双流区空港第三幼儿园

【案例说明】

本案例中,教师以录像、照片记录了幼儿探寻的过程,事后以逸事记录的方式记录了幼儿的行为和语言,详细记录了他们的对话、行为和想法,生动呈现了幼儿探索与讨论的过程及教师的分析评估和教育思考。教师基于幼儿对探究兴趣的观察记录,下一步可以引导幼儿探寻和认识蜗牛,发现蜗牛和田螺的特征和异同,发展幼儿分析、比较、判断的能力;后续的生成活动

"饲养蜗牛""寻找幼儿园里的蜗牛""我发现的蜗牛"等可支持幼儿深入探索蜗牛的生长习性，激发幼儿对大自然的兴趣。

　　观察记录对于精准把握幼儿的成长需求与特点具有不可替代的重要性。它为教师提供了制订个性化教学计划的必要信息，确保每个幼儿都能获得最适合其发展的教育支持。因此，持续、细致的观察记录是优化幼儿学习体验和促进其全面发展的关键。

如何看待幼儿的重复行为?

重复行为是一个总称,泛指相同的行为发生的频率较高。在实际生活中,人们会将儿童的刻板行为、儿童的重复游戏、儿童的重复练习、儿童的自我刺激行为都称为重复行为。[①] 为了帮助教师更好地理解四者及其区别,我们可以从行为表现上进行区分(见表 9)。

表 9　儿童重复行为的分类及表现

重复行为分类		概念界定	表现
特殊幼儿	儿童的刻板行为	是指以完全相同的方式重复地消耗幼儿大量时间、精力,从而阻碍其适应性行为和技能发展的、若强行中止则引发幼儿激烈抗议的行为	无目的地反复甩手、摇晃身体、开关门等
正常幼儿	儿童的自我刺激行为	聚焦于自己身体的、重复的行为	幼儿因为紧张、受挫出现反复咬指甲、抠手等行为

---

① 那朝霞 . 被忽略的价值:论图画书阅读中重复的力量 [J]. 宝鸡文理学院学报(社会科学版),2022(5):125–130.

续表

重复行为分类		概念界定	表现
正常幼儿	儿童的重复练习	儿童与环境进行互动时自发产生的、持续过程中高度专注的行为过程，结束时伴随不同程度愉悦情绪的重复行为	重复拍球，重复在一个台阶上从上往下跳
	儿童的重复游戏	是指儿童自发的、持续较长时间的、有特定情节的重复行为	重复地让父母讲同一本书，一直扮演区域中固定的角色，把玩具装进一个盒子里后再全部倒出来

不同类型的重复行为有不同的支持策略，以下是一些策略参考。

1. 特殊幼儿出现的重复刻板行为。

特殊幼儿出现的重复刻板行为是出于幼儿自身心理和生理因素产生的，应该由特殊教育从业人员或医护人员进行专业干预。

2. 儿童的自我刺激行为。

儿童的自我刺激行为受到幼儿紧张等心理因素影响，教师可以教给幼儿一些放松技巧以缓解紧张情绪，如做深呼吸、想象游戏或简单的伸展运动。此外，可鼓励幼儿通过讲故事、角色扮演或简单的对话表达自己的情绪和感受，做好情绪管理。当发现幼儿准备咬指甲或抠手时，及时提供其他有趣的活动或玩具，以转移他们的注意力，如涂鸦、玩泥巴、听音乐等。

3. 儿童重复练习 / 重复游戏。

幼儿往往通过重复行为来学习、记忆事物，他们在重复练习中能够逐渐领悟到自身动作与探索对象之间的关系，不断印证自己对事物发展、动作结果的预测与判断。而且年龄小的幼儿比年龄大的幼儿更需要通过重复来学习，所以教师不应该在幼儿出现重复行为时就直接干预。[1] 但随着幼儿不断深入理解事物及掌握动作的水准达到熟练，这样的重复行为会让幼儿

---

[1]　陈辉.幼儿行为问题应对：0—6 岁儿童养育专家全知道 [M].北京：北京理工大学出版社，2015.

出现简单、机械重复的倾向，教师可以从以下几个方面进行支持。

（1）观察与诊断。

教师需要持续一段时间观察幼儿的重复行为，通过他们在动作中的情绪、语言、表情等细微变化来判定幼儿的重复行为是否出现不满足其发展需求的情况。如，幼儿活动时出现眼神涣散、心不在焉等状态；幼儿的动作和行为机械重复；游戏缺少目的性和挑战性；幼儿处在被动游戏的环境中；等等。

（2）分析简单、机械重复行为出现的原因。

①游戏内容太简单。游戏内容简单，幼儿对此类游戏感到无聊，缺失兴趣。

②游戏难度过大。游戏难度过大，幼儿不知道该如何进行下一步的探索，时常感到挫败、无力，会影响幼儿的参与度和积极性。

③环境因素。幼儿会因为被动接受在自己不喜欢的区域进行游戏而产生"假装"玩游戏的重复行为。

④幼儿身心状况。幼儿可能由于前一晚睡眠不足或当天活动过多而感到疲劳，所以会出现手上摆弄玩具但思维没有跟上的状况。

（3）在明确幼儿即将处于简单、机械重复游戏时，教师应选择适宜策略对幼儿游戏进行支持。

①情感支持。当幼儿遇到困难时，教师应及时给予安慰和鼓励；当幼儿在游戏中取得成功时，教师应及时给予肯定。

②材料支持。根据幼儿的游戏需要，教师适时提供新材料或调整现有材料的组合方式，激发幼儿的兴趣和创造力，促进他们进一步探索和发现。

③行动支持。教师可以通过平行介入、语言提示、示范等方式，向幼儿展示新的游戏策略或游戏玩法，帮助幼儿拓展游戏内容和深度。

④氛围支持。教师营造自主的环境氛围，帮助幼儿有意识地选择自己感兴趣的游戏。

案例 17

夹 弹 珠

新学期开始了,为了提高中班幼儿的动手能力和手眼协调能力,甲老师精心准备了一系列富有挑战性的游戏材料。其中,筷子夹弹珠的游戏因其既简单又富有挑战性,成了孩子们的新宠。

开学初,当教师将筷子和五彩斑斓的弹珠摆放在区域时,幼儿A立刻被这份新奇的材料所吸引。他兴奋地跑到游戏区,拿起筷子,开始了他的夹弹珠之旅。起初,弹珠总是在幼儿A即将成功夹起的那一刻溜走,这让他有些沮丧,但眼中仍然充满着兴趣与渴望。

在接下来的四天里,幼儿A每天都会利用自主活动的时间开展夹弹珠游戏。教师在一旁默默观察,发现幼儿A在不断调整策略:他调整了自己的握筷姿势,让手指更加灵活;他在尝试控制力度,避免弹珠因用力过猛而弹出;他的神情依旧专注。随着时间的推移,幼儿A夹起弹珠的成功率越来越高,移动弹珠的速度也越来越快,他脸上的表情也由最初的紧张、专注逐渐转变为轻松、自信。

教师敏锐地捕捉到了幼儿A在重复游戏中的进步和变化,于是,她在一堆木质筷子中悄悄增添了一双铁筷子。铁筷子的重量、质地与木质筷子截然不同,这无疑为幼儿A带来了新的挑战。

第二天,当幼儿A再次来到游戏区时,那双铁筷子立刻吸引了他的注意。他好奇地拿起铁筷子,眼中闪烁着兴奋与期待。一开始,他感到有些不适应,但很快便调整了自己的状态,再次投入到夹弹珠的游戏中。这一次,他的表情更加专注,每一次尝试都充满了对未知的探索与渴望。

案例来源:成都市双流区怡心第六幼儿园

【案例说明】

可以看出，本案例中幼儿 A 出现的重复行为属于重复游戏类型。教师在面对幼儿出现重复游戏时，选择了静观其变而非直接介入，展现出了高度的专业素养。通过连续五天的细致观察，教师不仅记录了幼儿行为表现的渐变，更深刻洞察了幼儿在游戏过程中自我思考与技能提升的微妙过程。直至敏锐地捕捉到幼儿的神情说明其已基本掌握游戏技巧时，教师才适时介入，通过增添铁筷这一新材料，巧妙地提升了游戏难度，有效激发了幼儿进一步发展的潜能。

在多数情况下，幼儿重复行为的出现要求教师不仅要具备长时间的耐心等待，更关键的是要进行深入的观察。合理的支持策略是促进幼儿成长与发展的关键，这需要教育者展现出极高的专业素养，并在综合多方面的分析之后才选择是否进行干预和指导。

问题 19

教师应该什么时候介入、怎样介入，才能让幼儿在游戏中获得及时的支持和经验的提升？

教师的介入是指在幼儿活动的过程中，教师基于自身的观察、分析、评价及幼儿的兴趣和需要[①]，通过语言、动作等方式参与幼儿活动，从而影响幼儿活动的效果，对幼儿的发展产生一定影响。其中，不合时宜的介入可能会导致出现干扰幼儿的自主性、挫伤幼儿的自信心、影响幼儿的创造性思维、造成幼儿对教师的依赖等负面情况。因此，教师在观察幼儿的活动时，应恰当把握介入的时机，有所"为"，有所"不为"。

当幼儿在活动中专注、好奇、积极主动，能够持续学习时，或教师需要更多时间观察、理解儿童时，往往不需要介入幼儿的活动（见表10）。

表 10　教师介入幼儿游戏"四不为"一览

时机	要点
幼儿注意力集中时	幼儿在注意力集中时，往往处于主动学习和探索状态，如果这时候被打断会分散其注意力，从而影响其后续的学习动力。此时教师不应介入过多，应积极为他们创造条件，提供资源，并引导他们进行有意义的探究活动

---

① 卢迎新. 幼儿园自主游戏中教师有效介入研究 [D]. 济南：山东师范大学，2016.

时机	要点
幼儿创造性思维闪现时	在艺术、科学等类型的活动中，幼儿往往会产生许多新颖、奇特的想法，如果此时教师忽然介入，会打断幼儿的思考，影响其创造性思维的连贯性和深度发展
幼儿尝试自己解决问题时	幼儿通过自己解决问题，能培养其独立性、自主性。当幼儿尝试挑战自我或自主解决问题时，教师若直接介入会影响幼儿自信心、逻辑思维能力的发展，导致幼儿对成人产生依赖心理
幼儿的行为动机无法理解时	幼儿的行为动机往往受到多种因素的影响，并不总是直观的或易于理解的。当教师没有看懂幼儿当下的行为动机时，不应立即介入，而应持续观察并进行分析、判断，找到合适的时机再介入

在活动中，幼儿除了会出现专注、勇于探索、独立解决困难等情况，也可能出现游离游戏之外、游戏简单重复、存在安全隐患、游戏时不文明、游戏中出现交往困难等情况，这时需要教师及时介入，以支持幼儿的发展（见表 11）。

表 11　教师介入幼儿游戏"七为"一览 [1]

需介入的场景	具体表现
游离游戏之外	当幼儿无法融入其他幼儿或者对游戏材料、活动不感兴趣时，幼儿会在游戏中出现徘徊、闲逛、无所事事、左顾右盼等游离在游戏之外的情况
游戏简单重复	当游戏情境、材料不符合幼儿当下年龄段时，幼儿会出现机械式、重复性行为，无法提升其能力
存在安全隐患	游戏中因人、因物出现明显安全隐患，容易让自己和他人受伤
游戏时不文明	游戏来源于生活，幼儿游戏时可能会呈现出成人世界不文明的言行，如骂人等，这将影响幼儿的良好行为习惯的养成
严重干扰游戏	个别幼儿情绪易激动或以自我为中心，在游戏中容易出现情绪失控或过激行为，会严重干扰游戏秩序，影响其他幼儿的游戏

---

[1]　李萌浦. 大班幼儿自主游戏中的教师介入现状与改进策略研究 [D]. 信阳：信阳师范大学，2024.

续表

需介入的场景	具体表现
多次尝试未果	幼儿在游戏中频繁出现材料操作困难，多次尝试未果，或遇到知识技能瓶颈时，容易产生挫败感，逐渐失去自主探索的欲望
游戏中出现交往困难	个别幼儿较内向、胆小，或者交往能力较弱，在游戏中容易出现交往困难的情况

为了更好地适应幼儿游戏发展的多样性，尊重幼儿的个体差异，应对游戏情境的动态变化以及实现教育目标的导向性，在介入幼儿活动时，教师应采取合适的介入方式，为幼儿提供引导、支持，以促进幼儿的发展。常见的介入方式有以下三类①。

1. 以垂直介入的方式直接干预幼儿。

当幼儿在游戏中严重违反规则或出现危险行为时，教师应采用垂直式干预的方式，对幼儿的游戏进行直接干预。如，在区角活动中，当幼儿在角色区出现秩序混乱时，教师应直接进入区角，及时制止幼儿的"违规"行为，提醒幼儿遵守活动规则。

2. 以平行介入的方式隐性引导幼儿。

平行介入是指教师在幼儿旁边玩相同的材料或不同的材料，用隐性的方式引导幼儿模仿与学习，从而推进幼儿游戏进程的一种干预方式。

（1）当幼儿在生活方面需要帮助时，教师可采用平行介入的方式，如中大班幼儿午睡后叠被子时，教师在旁边进行缓慢而细致的叠被子操作，引导幼儿观察模仿、总结调整。

（2）当幼儿兴趣发生转移但仍有较大发展空间时，教师可通过语言、动作等方式重新吸引幼儿的注意。如，在种植区，教师采取较夸张的语气、动作讲述自己发现的萝卜，唤回幼儿逐渐消失的兴趣，激发幼儿对种植的

---

① 李萌浦.大班幼儿自主游戏中的教师介入现状与改进策略研究[D].信阳：信阳师范大学，2024.

兴趣。若发展空间已经较小，教师就支持幼儿新的兴趣点。

（3）当幼儿出现对材料不感兴趣、不会玩、只喜欢玩某一类游戏而不喜欢玩其他游戏的情况时，教师可以在一旁用平行角色的身份参加游戏，隐性地引导幼儿，激发幼儿的游戏兴趣，促进幼儿的观察，培养幼儿的思考能力。

（4）当幼儿反复重复原有的游戏行为或出现游戏技能困难，无法进一步延伸或扩展有困难时，教师在观察幼儿、分析问题后，再根据幼儿的游戏水平、特点和能力，选择平行介入的方式参与幼儿游戏，用语言或非语言的形式，侧面引导、启发幼儿解决当下问题。

3. 以交叉介入的方式间接指导幼儿。

当幼儿需要教师参与或教师认为有必要介入时，可由幼儿邀请教师作为游戏中的某一角色或教师自己扮演某一角色进入幼儿的游戏，通过角色间的互动，起到指导幼儿游戏的作用。

（1）教师主动介入，如当幼儿情绪消极、低落时，教师可以用语言、动作安抚幼儿情绪，并鼓励幼儿表达情绪。

（2）当幼儿主动发起互动时，教师顺势加入游戏或活动，以角色的身份及时提供具体的反馈与引导，有效地支持幼儿的社会性、情感和认知发展。

教师对幼儿游戏的介入行为，包含了教师对幼儿发展的期待和对幼儿需要的判断。教师应尊重幼儿的自主性，根据幼儿的反应灵活调整介入策略，与幼儿建立信任关系，确保介入行为有效且能促进幼儿的全面发展。这种精心设计的介入不仅是支持幼儿的学习，也是培养他们独立性和创造力的重要一环。

案例 18

建筑区的搭建与指导

在建筑区里，幼儿 A 和幼儿 B 准备按照设计图搭建一座三层高的城堡。他们拿着积木，从下往上进行搭建。两个幼儿用长方体积木快速搭建完城堡的第一层，接着拿起四根大小相同但细长的圆柱体，竖立在地板的四个角落当支撑柱，随后尝试搭建城堡的第二层。

幼儿 A 拿起地上的厚木板，对比长度后，直接放在支撑柱上，"轰"的一声，城堡塌了！两个幼儿扶起倒塌的木板和柱子，进行了第二次搭建。一声"哎呀"声传来，又塌了。幼儿 A 和幼儿 B 再次扶起倒塌的木板和柱子，一边搭建一边嘀咕"轻一点儿放"，可是手刚离开，城堡再次倒塌。他们又进行了第四次、第五次，均搭建失败。

幼儿尝试搭建

甲老师在旁观察到两个幼儿搭建了五次、倒塌了五次，虽然一直在调整，但始终未发现立柱的承重力问题。经过分析后，甲老师拿起一套积木，坐在幼儿 A 和幼儿 B 附近，开始搭建一座类似的城堡。在搭建过程中，甲老师分别拿着细长的圆柱和较粗的圆柱，自言自语："我是用这个细长的圆柱，还是粗短的圆柱当城堡支柱呢？细长的搭得高，但粗短的应该会更稳……"最终，教师尝试了细长的圆柱支柱，倒塌后换成了粗短的圆柱支柱。

当教师进行搭建时，旁边的幼儿专注地倾听、观察着，也尝试着更换了支柱，进行了第六次搭建。（此时，甲老师适时地停下了手中的积木，退回到旁边，继续观察建筑区内其他幼儿的游戏情况。）在这一次的搭建中，两个幼儿依然注意轻拿轻放及支柱的摆放位置……在一声欢呼中，他们的三层城堡终于搭建成功了！

教师介入幼儿游戏

幼儿搭建成功

案例来源：成都市双流区机关第一幼儿园

【案例说明】

本案例展示了在区角活动中教师观察到幼儿游戏的情况后，通过平行介入的方法引导幼儿、支持幼儿的全过程。在案例中可以发现，教师在平行介入前，不仅对幼儿的游戏情况进行了持续观察，还分析了出现问题的原因，为了不直接打断幼儿的游戏、影响幼儿的持续探索，最后才以平行介入的方式进行了指导。在整个过程中，教师以示范性搭建、自言自语的描述，间接引导幼儿观察和学习，这样的方法不仅培养了幼儿的自主学习能力，也提高了幼儿解决问题的能力。

问题 **20** / **"一对一倾听"是对每一个幼儿倾听吗？如何实施有效的"一对一倾听"？**

在幼儿园教育中，"一对一倾听"是指教师与幼儿之间建立起密切的关系。[①] 教师尊重和理解幼儿，倾听幼儿的思想、感受和需求，以真诚的态度认真听取幼儿的各种表达（语言表达和非语言表达），并做出及时反馈。[②] 在幼儿园，"一对一倾听"是一种教育方法，最终目的是为了读懂儿童内心的想法和感受，实施更加符合他们的个性化教育，提高师幼互动质量，进而提高保育教育质量。

"一对一倾听"会因为活动需要或幼儿发展需要，出现教师和一个幼儿在一起、教师与小组幼儿在一起及教师与所有幼儿在一起等多种场景，但在倾听中总是一个对一个有序进行着交流、沟通。另外，"一对一倾听"是一种灵活的教育策略，教师可根据实际需要，在一个周期的不同时间段或固定时间内倾听完所有幼儿的想法并做好相应记录。

要促进"一对一倾听"的有效实施，可以从保障倾听时间、捕捉倾听

---

① 崔靓靓.新时期幼儿园教育中开展"一对一倾听"的实践及研究 [J].考试周刊，2024（24）：155-158.

② 徐雨桐.幼儿教育中"一对一倾听"的实践与反思 [J].教育界，2024（5）：113-115.

时机、运用倾听技巧等方面着手。

1. 优化一日作息安排，定时、不定时地倾听幼儿，保障"一对一倾听"时间。

（1）优化过渡环节，减少转换时间。幼儿园制定合理的一日生活作息时间表，教师严格按照作息时间表进行活动的组织与安排。要保证活动组织的有效性，精简活动流程，减少幼儿消极等待以及集体转换的时间，确保有充足的时间开展"一对一倾听"①。

（2）固定倾听时段。合理制订"一对一倾听"计划，坚持在晨间接待、过渡环节等固定时段倾听，减少其他任务对"一对一倾听"的干扰。

（3）弹性管理倾听时长。教师在"一对一倾听"时要根据幼儿的反应和需求灵活调整倾听时长，尊重幼儿的节奏，不急于打断或催促，给予幼儿足够的时间组织语言和思维。

2. 捕捉日常活动、集体活动、游戏活动中的倾听时机，明确可以倾听的内容，让倾听既有序又能更全面地了解幼儿。

（1）抓住日常活动中的自然倾听时机。

①入园和离园时间。幼儿在入园和离园时，通常心情较为放松，愿意向教师分享家庭趣事或表达情绪。教师可以利用这段时间与幼儿进行简短的一对一交流，了解幼儿的生活状态和情况。

②过渡环节。在晨间接待、午餐前后等相对安静的过渡环节时，教师可以与幼儿交流他们在活动中的感受或遇到的问题。

（2）利用集体教学活动中的针对性时机。

①集体互动时。在教学活动中，教师提出开放性的问题，引发幼儿的思考和表达，倾听幼儿对于教育内容的理解和个人观点，并对幼儿的发言给予积极的反馈和肯定。

②个别指导时。活动中当幼儿进行操作实践遇到问题时，教师可与幼

---

① 陈蔼. 幼儿园开展一对一倾听的实践和反思 [J]. 家长，2024（14）：4-6.

儿进行一对一沟通，了解幼儿遇到的问题，进行个别化指导。

③作品分享时。在艺术类活动中，赏析幼儿作品时，教师可"一对一倾听"幼儿对作品的表达，并做出回应。

（3）把握游戏活动中的互动时机。

①游戏前倾听了解。在游戏开始前，教师"一对一倾听"幼儿的游戏计划并提出游戏建议等。

②游戏中观察互动。在游戏过程中，教师"一对一倾听"幼儿，观察幼儿在游戏中的角色分配和游戏情况等。

③游戏后交流总结。游戏结束后，教师"一对一倾听"幼儿分享游戏过程，如在游戏中的体验以及克服困难的方法等。

3. 观察幼儿的情绪情感及行为表现，根据幼儿的发展状况及实际需求，及时进行"一对一倾听"。

（1）幼儿情绪、情感出现变化时，需及时倾听。教师需要敏锐地观察幼儿的情绪变化，当幼儿表现出高兴、悲伤、愤怒等情绪时，教师应通过"一对一倾听"询问幼儿原因，对幼儿提供安慰或鼓励幼儿表达情绪。

（2）幼儿行为出现变化时，需及时倾听。面对幼儿的行为变化，教师应保持耐心，避免情绪化的回应，通过"一对一倾听"与幼儿建立信任关系，让他们感到安全和被理解。

（3）幼儿想要表达时，需马上倾听。当幼儿想向教师表达自己时，教师可以"一对一倾听"幼儿的感受与想法，在倾听过程中不打断幼儿并给予积极的反馈和肯定。

4. 运用"一对一倾听"的技巧，有效提高保育教育质量。

（1）营造一个相对私密的空间，确保"一对一倾听"环境安静，避免其他幼儿或成人的干扰，让幼儿感到他们的谈话是被尊重的。

（2）在日常活动中温柔、耐心，让幼儿感受到教师愿意倾听自己、能够倾听自己。建立幼儿对教师的信任感，让他们相信教师是一个安全、可靠的倾听者。

（3）倾听过程中，教师要始终尊重幼儿的意见和感受，专注且用心地聆听幼儿的发言，可通过眼神接触、点头和适当的口头回应等简单方式来向幼儿表明自己在积极倾听，让幼儿感受到被重视和被关心。

（4）倾听中，与幼儿进行情感共鸣。在"一对一倾听"时，教师不仅要听幼儿说了什么，更要关注他们说话时的情绪变化，如语调、表情和身体语言。在幼儿表达情绪时，教师可提供情感上的支持，让幼儿知道他们的情绪是被接受和被理解的。

（5）倾听中，鼓励幼儿表达，引导幼儿思考。教师通过提问、追问等方式，鼓励幼儿更多地表达自己的想法和感受；通过引导和鼓励幼儿提出问题、思考解决方案，培养他们的批判性思维和问题解决能力。

（6）当幼儿表达结束后，给予幼儿反馈并确认自己的理解是否准确。在"一对一倾听"时，为了确保对幼儿发言的理解正确，教师可以进行澄清和确认。教师可通过理解和描述幼儿的发言或提出简洁的问题来确认理解是否准确，这有助于避免误解和混淆。[①]

（7）一边倾听一边简要记录重点信息。在倾听过程中，教师可利用笔记本、录音设备或电子设备等记录幼儿表达的关键点，如他们的感受、想法、需求和问题等。

（8）倾听后，反思整个倾听过程。回顾幼儿在倾听过程中的反应，评估幼儿是否感到舒适，是否愿意分享，幼儿表达的需求是否得到了满足，等等；评估教师在"一对一倾听"中使用的沟通技巧，包括提问方式、倾听姿态和反馈方法是否适宜。

（9）倾听后，应对幼儿进行持续关注。"一对一倾听"后，教师要制订具体的改进计划，包括目标、策略和时间表；在实施改进计划后，教师要

---

① 崔靓靓 . 新时期幼儿园教育中开展"一对一倾听"的实践及研究 [J]. 考试周刊，2024（24）：155–158.

持续关注幼儿的反应和变化，评估改进措施的效果。

（10）倾听后，及时进行家园沟通。"一对一倾听"后，教师要及时与家长分享幼儿在园的表现和感受，交流幼儿在园与在家的行为差异，认真听取家长的意见和建议，将他们的观点纳入幼儿发展的考虑之中，与家长一起制订支持幼儿发展的计划。

案例 19

爱画洞洞的小男孩

幼儿 A，一个四岁的小男孩，对周围的世界充满好奇，平时性格比较内向。幼儿 A 对画画有着浓厚的兴趣，与其他幼儿相比，他画的都是一些凌乱的线条和"黑洞洞"。一天，幼儿 A 正在美工区专心地画画。他用黑色的蜡笔在白纸上涂抹了很多小圈圈，边画边说："轰轰轰，看我的超级无敌飞机，这里再来一个战斗机。"他继续用黑色蜡笔涂涂抹抹："哇，起火了，起火了！"幼儿 A 的声音吸引了其他小朋友的注意，他们围过来一看："你画得好难看，这画的是什么呀？""这个黑黑的像便便一样。"幼儿 A 马上大声喊道："不准你们看！"他拿着自己的画跑到了午睡室，将画藏了起来。

甲老师发现，后续两天幼儿 A 一直站在美工区外徘徊，并未进入区域内游戏，情绪低落。于是，甲老师主动询问幼儿 A："你怎么最近不画画了？"幼儿 A 一听，眼泪啪嗒啪嗒地落下来，边哭边说："他们说我画得不好看。"甲老师说："你愿意将你的画和我分享吗？"幼儿 A 跑到午睡室，从自己的枕头下将画拿了出来。甲老师说："哇，你的画好有意思的样子，可以给我讲讲吗？"幼儿 A 低下头，小声地说："这是我画的我们的战斗机，它飞到了海边。这边有个敌人的飞机，它要来干坏事，被我们的飞机打下来了，爆炸了，冒出了黑色的烟，这些火把大海都要烤干了。"甲老师边听边点头微笑，说道："原来你画的是一个有趣又爱国的故事呀！小朋友们肯定不知道这个精彩的故事，如果你愿意把你的作品和大家进行分享，相信大家会很喜欢的。"

区角游戏后，在甲老师的鼓励下，幼儿 A 将自己的作品进行了分享和展示，得到了小朋友们的掌声。后来，幼儿 A 又回到了美工区。

案例来源：成都市双流区机关第一幼儿园

【案例说明】

本案例展示了游戏活动中教师发现幼儿行为发生变化后，通过"一对一倾听"了解幼儿、引导幼儿、支持幼儿的全过程。案例中，教师通过持续观察幼儿的游戏行为，发现幼儿情绪低落时选择"一对一倾听"的方式，耐心倾听幼儿描述自己的作品，及时了解幼儿的想法，倾听幼儿的内心世界，理解幼儿的行为及表现，并以语言和非语言的方式给予其正面的评价，肯定了幼儿的创作能力，为幼儿提供了情感支持。同时，针对幼儿对绘画感兴趣但性格内向、缺乏自信的情况，教师及时地肯定、鼓励幼儿，并在游戏结束后为幼儿搭建作品分享平台，鼓励幼儿在集体面前介绍、展示自己的作品，最后幼儿获得了认可，重拾了自信。

通过这个案例，我们可以看到"一对一倾听"是一个动态的、多维度的过程。它需要教师在合适的时机为幼儿提供个性化的关注，通过深度互动理解幼儿的需求，并在倾听后提供持续的支持和跟进。这样的倾听不仅能够促进幼儿的情感发展，还能帮助他们在同伴交往和学习上取得进步。

幼儿的表达表征仅仅是"讲"和"画"吗？

幼儿表征是幼儿将脑海中原有的物体对象或认知内容，通过认知加工形成一种与之对应的思维形式，并自主选择图画、符号、语言、动作等通用信息模式，向外界传递或交流自己的认知、感受、问题与想法的过程。[①]

在幼儿园中，如果我们将"表征"局限于幼儿的绘画和语言，就大大窄化了表征的内涵。不论是生活中还是游戏中，幼儿唱歌跳舞、角色表演、辩论交流、动手操作等都是对表征的运用。根据布鲁纳的分类，表征可以分为动作表征、图像表征和符号表征。从广义上来看，文字、动作、图形、绘画、雕塑、拼贴、舞蹈、戏剧或音乐等一切人类文化的表现形式都属于表征（见表12）。

[①] 马娥，张岩岩.破立之际：《评估指南》下儿童表征的困境与转向 [J]. 教育导刊，2024（4）：31-36.

表 12　幼儿表征类型的定义与特征 ①

表征类型	定义与特点
语言表征	语言通常是幼儿表达交流和表征世界的重要工具。幼儿通过说话来表达自己的所见所闻、体验和感受，提高了幼儿的语言表达能力和思维逻辑能力
动作表征	动作表征是指幼儿通过身体动作、手势和面部表情来传达信息、表达情感和思想
艺术表征	艺术表征是一种通过雕刻、绘画、模型、装置等艺术形式来表达自己情感、想法和思想的方式，能提高幼儿的创造能力和想象能力
符号表征	幼儿以符号为基础，进行信息传递与交流。幼儿的符号表征通常包含图像符号表征和符号表征两个层面：幼儿图像符号表征是指常见的图形表征，字母表征；符号表征是指语言文字符号、数字符号等，如汉字、标点、阿拉伯数字等

　　图像表征和语言表征是目前幼儿园用得较多的两种表征方式，相对直观、方便。但是，幼儿也不必每次活动都进行"画"和"讲"。不同的表征方式各有各的价值，不同年龄段的幼儿也会选择不同的表征方式（见表13）。教师要正确掌握不同年龄阶段幼儿的表征方式，以更好地支持与引导幼儿发展。

表 13　不同年龄阶段幼儿的表征方式一览

年龄阶段	表征方式偏向
小班	小班幼儿身体各项机能发育不完善，多偏向身体动作、线条涂鸦等简单表征方式
中班	中班幼儿随着身体机能发育逐渐完善、认知水平提升，能够更好地运用各种身体动作和工具进行表征，如拼贴、音乐、角色扮演等多种方式
大班	大班幼儿各方面发展更加成熟，能够更好地控制自己的身体和工具，表征趋向精细化和复杂化，可以用前书写、戏剧、科学实验、手工制作等更为复杂的方式进行表征

---

① 毛乐 . 幼儿图像符号的意义生产研究 [D]. 成都：四川师范大学，2023.

案例 20

"六一"创想节

六一儿童节快到了。"六一,你想怎么过?"围绕这一话题,小、中、大班的幼儿展开了一系列的计划与准备。

小班的老师用引导和激励的方式鼓励幼儿大胆想象。幼儿 A 用手比画了一个大大的圆圈,说:"我想吃蛋糕。"幼儿 B 用手指着门外说:"我想玩滑梯。"

中班的幼儿不仅用水彩笔画出了一幅幅五颜六色的图画来表达自己的想法,还在建筑区内用积木搭建出了滑板车比赛的赛道,以及在表演区内模拟玩水的情景。

大班的幼儿则制订了一张较详细的计划表,用简单的图加文或列表描述着心中的六一儿童节:有想义卖的,计划着义卖的摊位和物品,还跟着进行了扎染活动,制作了玩偶、发带等物品;有想把班上的皮影戏带给小伙伴欣赏的,自发地设计《三打白骨精》这一情景剧的材料并开始排练;还有的觉得可以进行游园活动,在计划中设置了各种游戏活动。

最后,通过倾听幼儿对"六一"活动的愿望表达,经过多轮的讨论,六一儿童节当天,幼儿园开展了一次别开生面的"义卖游园会":有展现班级特色、民族风味的制作铺,有讨价还价、二手买卖的杂货摊,有可看表演的话剧馆,还有可以清凉一下的水果摊、果汁摊……,这些幼儿自己准备的活动让这个"六一"过得快乐又有意义!

案例来源:成都市双流区机关第一幼儿园

【案例说明】

幼儿的表征是自主、自发的,不是被强迫的,幼儿有权选择自己喜欢的、适合自己的表征方式。[①] 而教师也要充分考虑幼儿年龄特点和能力，引导幼儿使用不同的表征方式来表达自己的想法。

本案例围绕"六一，你想怎么过？"引导不同年龄阶段的幼儿采用多样化的表征方式将自己的所思所想进行了记录与分享。在案例中，小班幼儿更多使用的是肢体动作的表征方式；中班幼儿则利用图像、模型等方式展示了他们的想法；大班幼儿以较详细的图文、数字等制订了详细的计划表，同时结合富有逻辑性的语言、行动、手工制作等多种表征方式来呈现他们想要的"六一"。

在本案例中，我们发现不同年龄段的幼儿会自主选择表征方式，而教师需要做的就是尊重幼儿、倾听幼儿，并及时给予认可与鼓励，进一步提升幼儿的思考能力、表达能力等。

---

① 张亚杰，胡恩慧. 对幼儿表征的思考 [J]. 幼儿教育（教育教学），2024（3）：14-16.

幼儿需要对自己经历过的所有游戏、观察等活动进行表达表征吗?

　　幼儿表达表征具有普遍性和自发性,它是一种无处不在、自然而然的学习过程。在幼儿的日常生活和学习中,无论是玩耍、观察还是与他人交流,幼儿都在不断地进行表征活动。幼儿作为表达表征的主体,有选择表征形式和内容的自由。同时,幼儿的表征也具有适用性和目的性,它是幼儿有效的学习方式和沟通手段。因此,教育者可以根据具体情境和需要设计和组织教育活动,从而引导幼儿进行有意义的表征活动。

　　幼儿在所有活动中都有可能进行自主自发的表达表征,但并不是所有的活动都需要幼儿进行表达表征。对于幼儿每天重复性的生活常规活动以及经历过的短暂且无意义的活动,就不需要进行刻意的表达表征。

　　第一,在进行日常常规活动时,尤其是在进行常规且重复性的活动时,往往不需要表达表征。如吃饭、睡觉和洗手等日常活动,通常是通过习惯和重复来提升生活经验的。

　　第二,短暂且无意义的经历通常缺乏深刻教育意义或学习价值,对幼儿的发展影响不大,因此不需要通过表达表征来进一步加工或记忆这些信息。如,在户外游戏时发现并清理了一小片垃圾,或者活动中看到一只白色蝴蝶飞过，等等。

除了以上的情况不需要表达表征外，教师可根据教育目标、幼儿的兴趣和参与度、活动的性质和特点，来判断是否需要幼儿表达表征或引导幼儿进行表达表征。另外，还需注意筛选适宜的表达表征方式，具体如下。

1. 如果某个活动对实现教育目标具有重要意义，那么可以考虑引导幼儿进行表达表征。

如，教育目标是培养幼儿的观察能力和语言表达能力，那么教师可以设计"小小观察家"活动，带领幼儿到户外观察自然环境，让他们用自己的语言描述所看到的景象和发现的细节。

2. 当幼儿对某事物或现象有强烈的好奇心并有持续探索学习的意愿时，这时的表达表征可以加深幼儿对活动内容的理解和体验，进一步激发幼儿的学习动力与兴趣。

如，幼儿观察到蚂蚁搬家的现象并展开探讨或持续观察后，教师可引导幼儿对于自己发现的蚂蚁的力量、秩序、喜好等多方面进行表达，引导其更深入地探索蚂蚁搬家的原因，了解蚂蚁的生活习性，从而进一步激发他们探索自然界的好奇心和学习动力。

3. 一些需要通过制订计划、反思和总结等方式，帮助幼儿厘清思路、积极思辨、积累经验的活动，可通过图画、符号、语言等多种方式表达表征。

如，科学探索活动中对于自己的疑问、发现等运用符号记录表达，可帮助幼儿对比、总结，促进幼儿的观察和思考，还能培养认真、细致的科学态度。又如，进行创作活动前幼儿进行较详细的计划或设计方案制订，以这种表征方式让自己的创作思路更加清晰，更具计划性。

4. 在鼓励、引导幼儿进行表达表征时，还需要根据幼儿发展水平，选择适宜的表达表征方式，避免要求过高导致幼儿产生挫败感，或要求过低无法激发他们的潜能。[①]

　　如，对小班的幼儿，可以鼓励他们用语言表征、绘画表征和动作表征来表达自己的想法和感受；对中班的幼儿，可以引入更复杂的表征方式，如引导幼儿用角色扮演、简单的手工制作等方式进行表达表征；对大班的幼儿，可以鼓励他们使用简单的文字符号、图像等方式进行表达表征。

案例21

幼儿园里有多少种树？

　　又一年春天，幼儿园里的树增加了很多，很快长得郁郁葱葱、花香扑鼻，这无疑成为了幼儿的热门话题。"快看，这棵树开花了，是白色的。这是樱桃树还是李子树？""幼儿园有几种树啊？"幼儿们一直讨论着树的芽、花、果、叶等，还自主地收集掉落的树叶进行绘画创作，或者把发现的关于树的新鲜事记录在自己的本子上，表达对幼儿园树木的好奇与喜爱。

　　大班的甲老师观察到这一现象，发现幼儿对树的讨论较广但不够深入，如：谈到树的种类和特征时，只是简单聊到这两棵树不一样；聊到花时，也只是说颜色等。由此，教师引导幼儿开展了"树"的系列主题活动，发起了"幼儿园里有多少种树"的探索活动。在探索的过程中，甲老师鼓励幼儿收集了各种树叶进行叶脉画和拓印，还鼓励幼儿用图画和说明性语言表征树木的外形特征，制作每棵树的"身份证"，帮助他们更好地分辨树木的种类，清楚树的特征。

　　在统计树木的种数的过程中，各组幼儿采用了不同的记录方式，但最后的统计结果却五花八门。"为什么大家最后统计的结果都不一样？"对此，教师引导幼儿进行反思、总结，交流彼此在统计树木中使用的方法，探寻问题所在。经过交流、分析，大家发现，每个小组划分出来的区域均不一样，

---

① 陈婷.教师支持幼儿游戏的三个关键点[J].福建教育，2017（20）：17–19.

起始计数的位置也不一样，大多出现了多数、漏数等现象。"那么如何才能更清楚地知道幼儿园的各个地方、各个方向都有哪些树，每种树分别有多少棵呢？"甲老师又引导幼儿对整个幼儿园内的树木绘制平面图。在甲老师的鼓励、支持下，幼儿一起统一划分幼儿园的区域，并分小组合作，走遍幼儿园的每个角落，通过图加文的形式将每一棵树都画在图纸上，并标注出它们的位置和种类。经过一段时间的努力，幼儿完成了幼儿园的树木布局图；同时，结合之前为树木制作的"身份证"，完成了对各类树木的编号统计。

通过系列主题活动的开展，幼儿对园内各种树木的特征有了深入的认识，对于方位的感知、表达能力、交往合作能力以及分析问题的能力等都有了一定提升。

案例来源：成都市双流区机关第一幼儿园

【案例说明】

在本案例中，教师从幼儿互动中提取到关键信息，意识到这是一个引导幼儿进行深入探索和学习的好机会。在一系列的活动中，幼儿采用了多种不同的表达表征方式来记录和分享自己观察到的树木的特征，这些表达表征方式都是幼儿对树木独特的理解和感受。教师也深刻体会到了判断和支持幼儿表达表征方式的重要性。

幼儿是表达表征的主体，我们需要尊重幼儿自主选择表达表征内容和形式的权利，又需要恰当地参与，进行有意义的引导，形成教育者和幼儿共同参与并调整表达表征的样态。只有充分尊重和理解幼儿的表达方式和创意想法，才能更好地引导幼儿进行深入探索和学习，促进幼儿的全面发展，从而提升教育质量。

问题 23 / 用"你真棒""你真聪明""你真厉害"等来回应幼儿，这种回应是有效的吗？

有效回应是指在沟通、教学或互动过程中，教师给予幼儿积极、恰当、有针对性的反馈或回答，有助于建立积极的师幼关系，进一步激发幼儿的兴趣与学习动力，促进幼儿思维发展，提升幼儿的经验。

但在实践过程中，部分教师由于教育观念落后或专业能力不足等原因，往往直接运用"你真棒""你真聪明""你真厉害"等笼统而敷衍的语言来回应幼儿。虽然这样的鼓励能够给幼儿带来一定的正面感受，但对于幼儿来说，具体而深入的反馈和支持，更能让幼儿感受到自己的努力和进步被认可，还能够激发他们进一步探索和学习的欲望。

教师要做到有效回应，首先要认真倾听并理解幼儿，再综合运用各类回应方式，提高师幼互动质量，以促进幼儿智力与非智力因素的全面发展。常用的教师有效回应的策略有欣赏激励式回应、归纳提升式回应、追问拓思式回应、顺应推动式回应、修正补充式回应5种[1]（见表14）。

---

[1] 刘赛. 例谈幼儿园教学活动中教师的有效回应 [J]. 东方娃娃·保育与教育，2021（1）：55–56.

101

表 14 教师有效回应的策略

类型	具体表现	示例
欣赏激励式	教师对幼儿的回答进行积极的评价,有针对性地予以表扬和激励,指出幼儿在哪些方面做得好,为什么做得好	在大班语言活动中,为了让幼儿感受绕口令《扁担长板凳宽》中"an"的韵脚,教师引导幼儿尝试快速数出 10 个蛋。有的幼儿为了求快,数到 5 个蛋时开始出现停顿、口齿不清。教师回应道:"你能连贯地数到 5 个蛋,我能感觉到你在努力地提高速度,想要完成这个超高难度的挑战。"
归纳提升式	教师对幼儿的回应不是简单的重复,而是紧密围绕既定目标,对幼儿的行为或语言进行归纳与深化,这样可以让幼儿更加清楚地认识到自己的优点和努力方向	在大班语言活动中,幼儿说到兔子的特征:"它还喜欢吃胡萝卜。"教师回应道:"很棒,你说到了兔子的生活习性。你还知道它的其他生活习性吗?"幼儿通过教师的回应,明确了动物喜欢吃什么、生活在哪里等生活习性
追问拓思式	当幼儿回答问题或表达想法时,教师可以通过追问的方式引导幼儿深入思考、探究问题。这不仅可以帮助幼儿更好地理解问题,还可以培养他们的思维能力和探究精神	在小班社会活动"玩具交换会"中,教师发起讨论:"怎样才能换到自己喜欢的玩具?"有幼儿说:"好好跟他说。"教师追问:"怎么说才是好好说呢?"教师通过一系列的追问,给幼儿提供了模仿学习、表达思维的机会。幼儿在相互交流中发现了交换玩具的办法,而教学的重点问题也在教师的步步追问中得到了有效解决
顺应推动式	当幼儿的回答偏离活动主题时,教师可顺应幼儿的兴趣,并顺势推动幼儿回到原活动之中	在小班户外体育游戏"小青蛙跳荷叶"中,空中突然飞来几只蜻蜓,立刻吸引了幼儿的注意。他们中断正在玩的游戏,开始追着蜻蜓跑。教师没有制止幼儿,而是参与到"欢迎蜻蜓"的行列,热情地跟蜻蜓打招呼:"蜻蜓你好,你是来看小青蛙们跳荷叶的吗?原来你想当小裁判啊!"幼儿一听,立刻来了精神,纷纷回到小青蛙的角色中继续游戏
修正补充式	当幼儿语言零碎、表达不清时,教师应耐心倾听并对幼儿的回答予以修正,或鼓励同伴予以补充	一个幼儿在表达他认为公交车是绿色出行方式的理由时说道:"公交车只有一点点尾气,拉人很多。人不坐公交车,尾气更多、更不好。"其他幼儿则争辩道:"有尾气就不是。"这个幼儿急得小脸通红,却又不知道该如何反驳。教师连忙回应道:"你是想说,虽然公交车排放尾气,但是它能承载很多人。如果坐公交车的人都改成坐小汽车出行,就会排放更多尾气,所以你认为公交车是绿色出行的方式,是这个意思吗?"这个幼儿赞同地点点头

案例 22

中班语言活动：一园青菜成了精（片段）

（通过集体阅读、自主阅读等方式，幼儿阅读了图画书《一园青菜成了精》之后）

教师："你最喜欢书里的哪种蔬菜？"

幼儿 A（小声说）："我喜欢大蒜。"

教师："你反应真快，我才问完你就想好并说出来了。你为什么喜欢大蒜呢？"

幼儿 A（较大方且流畅）："大蒜炒菜很香，它被打得裂了瓣的样子还很漂亮。"

教师："你表达得真清楚，从大蒜的味道和外形说出来喜欢的理由。其他小朋友呢，喜欢谁，为什么呢？"

幼儿 B："我喜欢当大王的胡萝卜。"

教师："说得真好，你说出了胡萝卜在书里的角色是大王，那当大王的胡萝卜看起来怎么样？"

幼儿 B："很神气！"

教师："所以你喜欢当大王、看起来很神气的胡萝卜，是吗？"

（幼儿 B 连连点头。这时幼儿 A 举了一下手，又放了下去，教师注意到他并进行了回应。）

教师："你还有什么需要补充的吗？"

幼儿 A："我还喜欢紫色的茄子，它挺着大肚皮，特别可爱。"

教师摸了摸幼儿 A 的头，笑着说："哇，你说得越来越完整了，不仅说出了它的颜色、形状，还提到了你的感受，觉得茄子非常可爱！"

（孩子们继续踊跃发言，好几个幼儿都表示喜欢茄子，说茄子特别可爱。）

教师："还有其他的吗？"

幼儿C："我最喜欢冬瓜。"

其他幼儿："没有冬瓜呀，书里没有冬瓜……"

（其他幼儿七嘴八舌地"指责"幼儿C乱说，幼儿C看起来有些局促。）

教师："我挺好奇的，能说说看你为什么喜欢冬瓜吗？"

幼儿C："因为它成精之后比歪嘴葫芦更厉害，可以把这些全部砸死。"

（这样的回答让小朋友们都很意外。）

其他幼儿："才不对，这本书里面明明没有冬瓜，歪嘴葫芦才是最厉害的。"

教师："我倒是觉得这个想法还蛮不错的呢。你们都说得不错，书里面是歪嘴葫芦最厉害，但是想一想，我们的菜园里是不是只有书上说的那些菜呢？"

所有幼儿："不是，还有很多菜。"

教师："是呀，除了书上说的蔬菜，生活中还有许多许多的蔬菜，也包括C小朋友刚才说的冬瓜。如果它们也加入战斗，会不会有不一样的故事呢？我们可不可以试一下，让书里的故事变得更长，或者自己创编一个新的'蔬菜成了精'的故事呢？"

孩子们从教师的回应中得到启发，开始描述着各种不同的蔬菜可能出现的情景，随后逐渐形成以小组合作的方式创编童谣或自制图画书等活动。

案例来源：成都市双流区机关第一幼儿园

【案例说明】

每个幼儿都是独特的，他们有自己的思考方式和表达方式。作为教师，我们的目标是理解和尊重他们，同时引导他们发展出更好的沟通和思考能力。在回应幼儿时，教师应根据不同情境和幼儿不同的性格采用不同的回应方式，并通过灵活运用这些回应方式，更好地满足幼儿的需求，促进幼儿的全面发展。

本案例围绕"你最喜欢书里的哪种蔬菜？"展现了一次具有较高质量的提问及回应的全过程。案例中，教师善于观察幼儿的行为表现，发现幼儿"反应真快"的亮点，用欣赏激励式回应让幼儿获得认可，营造敢说的氛围。其中，对于幼儿的回答，教师并未简单重复，而是采用归纳提升式的回应方法，把幼儿描述的喜欢蔬菜的理由归纳为"味道、外形、感受"等方面，既让幼儿感受到了被认可，又能很好地引导幼儿从不同角度思考问题、抓住问题的核心，并用简洁明了的语言表达自己的观点，从而逐步培养幼儿的思维能力。

在日常教育活动中，常常会出现幼儿"答非所问"或者不在当时所交流的学习内容之内，比如案例中"冬瓜"的出现。此时，教师应分析幼儿是未听懂问题还是有新奇、独特的想法。若是前者，那么教师需要对原本的问题进行变式追问；若是后者，教师可根据实际情况采用合理的方式，如，给予正面反馈——"谢谢你分享了你的想法，虽然它不完全是我们正在讨论的内容，但你的思考很有趣哟！"；或者鼓励幼儿分享——"你这个想法真有趣，你能说说看，它和我们现在讨论的话题有什么联系吗？"；或者如案例中一样，既鼓励幼儿进行了分享，又巧妙地引导幼儿拓宽了思路，从而增加了幼儿主动学习的深度。

问题 24

在日常活动中，幼儿可能会提出一些超出教师专业知识范围的问题，这时教师应如何回应幼儿?

好奇、好问、好探索是儿童与生俱来的特点。呵护幼儿的好奇心，尊重幼儿好问的天性，有助于幼儿对周围世界保持持续的探究欲望，不怕困难，积极主动学习。保护幼儿的好奇好问，是培养他们创造力、探索欲和持续学习动力的关键；但是，幼儿提出的"十万个为什么"，难免会有超出教师专业知识范围的情况。此时，有效回应作为一种积极的、有意识的、有目的的教育策略，可以保护幼儿的好奇心，帮助教师与幼儿建立良好的师幼关系，进而助力幼儿建立良好的情感和认知基础，增强幼儿的自信心和自我认知能力，促进幼儿身心健康、和谐发展。

为了保护幼儿的好奇心、支持和拓展幼儿的学习，教师可以采取以下策略。

1. 积极倾听与鼓励，激发幼儿的探究兴趣。

教师保持开放和尊重的态度，耐心倾听幼儿的问题，观察他们的好奇行为，给予积极的反馈和鼓励。教师可以通过眼神交流、微笑和肯定的语言，如"这是一个有趣的问题，老师暂时还不太清楚，我们可以一起学习。""哇，你对这个很感兴趣呢，老师也很想知道！"，让幼儿感受到自己的提问得到了重视和认可，以激发幼儿进一步探索的欲望。

2. 启发思考与发现，引导幼儿分析问题。

当幼儿提出问题或表现出好奇时，教师可以通过提问的方式引导
他们进行更深入的思考和探究。如，可以询问幼儿"你有什么不同的发
现？""你是怎么样思考的？"等问题，激发幼儿的思考，培养幼儿的想象
力和创造力，帮助他们学会分析问题，深入思考。

3. 多元探索与实践，帮助幼儿解决问题。

（1）自主学习探究。给予幼儿足够的自主权和选择权，让他们根据自
己的兴趣和需求进行自主探索。教师可以为幼儿提供丰富多样的材料和环
境，鼓励他们动手尝试、自由探索，让幼儿在自主探索的过程中提高认知，
主动建构知识与经验。

（2）同伴互助学习。鼓励幼儿分享自己的发现和体验，通过小组讨论、
集体分享等形式，促进幼儿之间的交流和合作，增强幼儿的自信心，提高
幼儿的表达能力，让他们在探索与分享中学习更多的知识，掌握更多经验。

（3）教师多元支持。教师可以利用这个机会，和幼儿一起通过查阅图
书、上网搜索或者请教相关人员等方式解决问题，帮助幼儿解决问题，并
在这个过程中了解寻找和获取信息的途径。此外，教师还可以组织幼儿开
展与问题相关的主题或项目活动，通过直接感知、亲身体验、实际操作等
方式围绕问题进行深入探究，发现知识，建构认识。

（4）家长支持肯定。在幼儿遇到问题和困难时，教师可以利用家长资
源帮助幼儿解决问题，如引导家长肯定幼儿积极的学习态度，给予幼儿鼓
励和支持，为幼儿提供图书、视频等资源，鼓励幼儿自主学习和探索，培
养幼儿的好奇心和求知欲；还可以和幼儿一起探索未知，合作解决问题。

夏日找虫

某小班的甲老师在组织开展"夏日找虫"活动时，带领孩子们到幼儿园的角角落落寻找并认识各种各样的虫子。走到骑行区时，幼儿 A 发现了一只虫子，高兴地喊道："老师，我找到虫子了，你快看！"说着就跑到老师身边，把老师带到发现虫子的地方。甲老师和幼儿 A 一同观察着虫子，幼儿 A 突然问："老师，这个虫子叫什么名字？"因为之前甲老师也没有见过这种虫子，一时回答不上幼儿的问题。甲老师微笑着回应道："有小朋友知道这是什么虫子吗？"幼儿 B 说："我在公园玩的时候看到过这种虫子。"其他小朋友纷纷摇头。幼儿 A 问："我们可以把这个虫子带回教室吗？"于是在老师的帮助下，孩子们把虫子带回了教室。

孩子们一直围着虫子观察、讨论。甲老师见孩子们对虫子的兴趣浓厚，便问大家："我们怎么才能知道这是什么虫子呢？"幼儿 C 小声地说："书上有。"幼儿 D 大声说："可以问爸爸妈妈。"甲老师听了后笑着说："是的，我们可以通过看书、上网搜索、问爸爸妈妈等方式查找关于这只虫子的信息。小朋友们今天回家后，可以用这些方法去寻找这只虫子的名字、生活习性等信息，明天我们再一起交流你们的发现！"

第二天谈话活动时，幼儿 C 和幼儿 D 向小朋友们分享了虫子的名字和身体特征。此外，甲教师基于幼儿对虫子的兴趣，通过阅读、绘画、手工、音乐表演等形式，开展了一系列与该虫子相关的活动，引导幼儿深入了解了这只虫子的生长过程和生活习性等，加深了幼儿对虫子的认识，拓展了幼儿的学习。

案例来源：成都市双流区怡心第九幼儿园

【案例说明】

本案例中，教师在无法回答幼儿提出的问题时，并没有因为不知道答案

便将问题忽略，而是及时抓住教育契机，鼓励幼儿共同讨论，并将虫子带回
班级，支持幼儿的持续学习和探究，保护了幼儿的好奇心。在幼儿兴趣浓厚
但又无法解决问题时，教师及时支持幼儿的学习，引导幼儿通过看书、上网
搜索、问爸爸妈妈等方式了解虫子的相关信息，又在幼儿兴趣基础上开展了
一系列活动，加深对虫子的认识，这样既保护了幼儿的好奇心，又引导幼儿
通过进一步探索解决问题，培养了幼儿解决问题的能力。

问题 **25** / **如何为幼儿营造温暖、关爱、平等的集体生活氛围，创设宽松、和谐的心理环境？**

宽松、和谐的心理环境不仅影响着幼儿的心理健康和情绪状态，还对其社会适应能力和人格发展具有深远的影响。马斯洛需要层次理论将人类的需求从低到高分为生理需要、安全需要、归属和爱的需要、尊重需要、认识需要、审美需要和自我实现需要七个层级。教师可以从幼儿的生理需要着手，首先要满足幼儿生理和安全的基本需要，其次要为幼儿创设温暖、关爱、平等的集体生活氛围。具体策略如下。

1. 创设环境，营造氛围。

（1）设施设备安全适宜。确保室内外空间安全，无危险物品。可选择圆角、软包的桌椅等，以减少伤害的可能性。配备适合幼儿身高的设施。

（2）提供充足的活动空间，区域设置合理，设置安静角落供休息和放松。

（3）使用柔和、温暖的色调，如奶油黄、淡湖蓝等。尽可能地利用自然光。人工照明应该柔和，避免光线过亮或过暗，创造一个舒适的视觉环境。

（4）增加有意义的小摆件。如在教室摆放班级合照、家庭合照等营造家的氛围，让幼儿感受到班级就和家一样温暖、安全。

2. 以身作则，榜样示范。

（1）保持稳定的情绪。教师的情绪直接影响着幼儿的情绪，影响着班级的氛围。教师需要学会调节情绪，保持相对稳定的状态，避免因为工作和生活中的事情出现情绪激动的情况。如有的教师顺心时便对幼儿轻声细语，不顺心时便迁怒、呵斥幼儿，让幼儿战战兢兢。长此以往，幼儿便会"看教师脸色"行事。

（2）不在幼儿面前议论争吵。教师不要在幼儿面前议论他人的长短，或表现出与其他教师、家长的矛盾。教师、家长间要彼此尊重信任，建立平等、友好的关系，为幼儿做好表率。

（3）使用文明礼貌的语言，如"你可以帮我拿一下书吗？""我可以借用一下你的水彩笔吗？"。

3. 尊重支持，兼顾差异。

（1）与幼儿相处时，应该把幼儿当作独立的个体，充分尊重和支持他们的想法，常常和幼儿一起协商做决定，把决定权还给幼儿，如"你们想在班级开展哪些区角游戏？""你们想过一个什么样的儿童节？"等。

（2）认识到每个幼儿都是独特的个体，教师要尊重他们的个性和选择，不强迫所有幼儿参与同样的活动。当幼儿表现出极度排斥某项活动时，教师不应强求，并为其提供其他选择。

（3）提供多样化的活动和材料，满足不同幼儿的兴趣和需求，让他们能够自主选择。

（4）当幼儿在心理上出现特殊情况时，如不愿上幼儿园、不愿与人交流、不自信等，教师应具体问题具体分析，帮助幼儿顺利过渡。

4. 平等对待，公平公正。

（1）确保每个幼儿都能公平地获得参与活动的机会，可以采用轮流、报名预约等方式让每个幼儿都能参与到活动中来。不因幼儿的个体差异、教师的喜好等原因偏爱或忽视任何幼儿。

（2）在处理幼儿之间的冲突和纠纷时，教师要公平公正。

5. 积极关注，正面鼓励。

（1）对幼儿好的行为及时给予正面反馈，如表扬、奖励，增强他们的自信心，强化他们的积极行为。避免使用否定性语言，而是用鼓励和建议代替批评，帮助幼儿建立积极的自我形象。

（2）鼓励幼儿表达自己的想法和感受，无论是幼儿的口头表达还是艺术创作，都应给予充分的尊重和鼓励。

（3）引导幼儿掌握有效的沟通技巧，如轮流说话等，帮助他们更好地表达自己。

（4）鼓励幼儿之间的合作和分享。通过团队游戏和小组活动让幼儿体会合作的乐趣。如开展拔河比赛，培养幼儿的团队精神和集体荣誉感。

6. 接纳包容，关心关爱。

（1）允许幼儿犯错。当幼儿犯错时，教师不能不问缘由地直接批评，而是要先问清前因后果，然后和幼儿一起找到原因，吸取经验教训，帮助幼儿提升经验。

（2）关心关爱幼儿。当幼儿遇到困难或出现情绪问题时，要及时提供情感支持，耐心倾听他们的想法和感受，可通过拥抱、轻拍背部等肢体接触给予幼儿安慰和关爱。

7. 家园共育，平等互助。

（1）建立平等互助的家园沟通平台和途径，定期组织家长开放日、家长会，开展家长助教，允许家长参与幼儿园的管理，让家长感受到温暖和被需要。

（2）教师不当着幼儿的面与家长交流幼儿不好的表现，以免影响幼儿对自己的看法，造成心理上的负担。

8. 反思行为，调整策略。

教师的教育行为会对幼儿产生重要影响，因此教师需要通过幼儿的表现"照照镜子"，反思自己的教育行为。如发现班上的幼儿常常唯唯诺诺，欲言又止，没有自信，不愿与人交流，不愿大胆探索和创新，那教师就应该反思自己是否为幼儿创造了一个温暖、关爱、平等的集体生活氛围，并分析造成这种情况的原因。同时，根据分析结果及时调整自己的教育策略。

案例 24

我 要 妈 妈

幼儿 A 是一个刚刚进入小班的 3 岁小女孩，她在入园初期表现出强烈的分离焦虑。每当妈妈离开时，幼儿 A 会大哭不止，哭喊着"我要妈妈"。她不愿参与游戏，也不愿同伴的接近，常常独自一人坐在小椅子上，默默流泪，手里一直抱着她的小被子，连吃饭、睡觉时都抱着。老师和幼儿 A 妈妈单独进行了交流后才得知幼儿 A 从小性格比较内向，不愿主动和别人玩，也不敢在他人面前表达自己，比较依恋妈妈。从那以后，老师格外关注幼儿 A，常常蹲下来和她一起玩游戏、聊天，积极引导她，还请班级里性格比较活泼的幼儿主动邀请她一起玩。当幼儿 A 有一点进步时，老师便会及时给予鼓励和奖励。除此之外，老师还在班级创设娃娃家，为幼儿打造了一个温馨舒适的家，并在娃娃家摆上了大家的全家福，让他们在幼儿园也能看到自己爸爸妈妈的身影。

渐渐地，幼儿 A 适应了幼儿园生活，来园时能在老师的引导下打招呼，还主动和妈妈说再见，也不哭闹了，偶尔还会腼腆地笑一笑。同时，她也愿意参加游戏了，特别喜欢在娃娃家玩，也会和其他幼儿互动。

案例来源：成都市双流区协和幼儿园

【案例说明】

在本案例中，面对性格内向、分离焦虑比较重的幼儿，教师没有忽视她，而是给予关心关爱，关注她的一言一行，采用正面引导和及时鼓励的办法来改善幼儿的分离焦虑。首先，教师和家长沟通，分析幼儿分离焦虑问题比较严重的原因，针对具体问题进行具体分析。其次，教师通过与幼儿一起玩游戏、聊天等亲密的互动，帮助幼儿逐渐感受到教师的关怀，与幼儿建立了信任关系，从而缓解了幼儿的不安情绪。同时，教师在班级创设娃娃家，为幼儿打造了一个温馨舒适的家，还把幼儿的全家福摆在娃娃家，让幼儿感受到家的温暖。

通过这个案例，我们可以看出，教师为幼儿营造了一个温暖、关爱的集体生活氛围，创设了宽松、和谐的心理环境。

对于一些性格内向的幼儿，我们可以尝试给予更多的关心关爱，用一种更加积极的方式来引导他们。同时，我们也要关注幼儿的内心需求，帮助他们建立自信和自尊，这样才能更好地促进他们的成长。

问题 26 / 如何合理规划并灵活调整室内外空间布局，最大限度地满足幼儿游戏活动的需要？

幼儿园作为 3—6 岁幼儿成长的重要空间，其空间布局不仅关乎幼儿的日常活动与学习体验，更直接影响到他们的身心健康发展。一个科学合理、富有创意的室内外空间布局，不仅能激发幼儿的好奇心、探索欲，还能促进幼儿社交能力、认知能力及身体协调性的发展。因此，合理规划与调整幼儿园的室内外空间布局显得尤为重要。

室内外空间合理布局，应遵循安全性、功能性、适应性、互动性、可持续性五大原则，以满足幼儿游戏活动的需要（见表 15）。

表 15　室内外空间布局原则

遵循原则	具体措施
安全性原则	1. 入口与出口设计。幼儿园应设置易于识别的出入口和安全出口，并确保这些通道宽敞、无障碍，便于快速疏散，避免幼儿意外受伤 2. 室内空间布局。教室内家具应采用圆角设计，减少尖锐边角带来的伤害风险；电源插座应安装在幼儿触及不到的高度，并使用安全插座盖 3. 户外活动区域。地面材料应选择柔软、防滑的材质，如橡胶地垫或草坪，以减缓跌倒时的冲击力；游乐设施应定期检查和维护，确保其稳固性和安全性；设置围栏或隔离带，防止幼儿进入危险区域，如水池、陡坡等

续表

遵循原则	具体措施
安全性原则	4. 消防安全。幼儿园内应配备足够的消防器材，如灭火器、消防栓等，并定期检查其有效性 5. 制订详细的消防疏散计划，并定期进行安全演习，确保师幼熟悉疏散路线和流程
功能性原则	1. 室内可根据功能需求，划分为活动区、休息区、卫生间等，确保各区域功能明确，互不干扰 2. 室外可根据《幼儿园建设标准》《四川省示范性幼儿园标准（试行）》《成都市幼儿园等级评定办法（2020 年修订）》等文件，合理规划幼儿园户外空间，如创设运动类、创造性游戏类、科学探究类、园艺绿化和休闲类场地
适应性原则	1. 符合幼儿需要。家具、设备等的高度、大小应适合幼儿的身高和体形，便于幼儿使用 2. 色彩与光线。采用温馨、明亮的色彩搭配，营造积极向上的氛围；自然光与人工照明相结合，确保室内光线充足且不刺眼 3. 环境舒适。保持室内空气流通，温度、湿度适宜，为幼儿提供舒适的学习和生活环境
互动性原则	1. 开放空间。设置开放式的游戏区、图书角等，鼓励幼儿自主选择活动，增进彼此间的交流与合作 2. 观察视角。确保教师能够清晰地观察到所有幼儿的活动情况，及时给予指导和帮助
可持续性原则	1. 节能环保。采用节能灯具、节水器具等设备，合理利用自然资源，减少能源消耗和环境污染 2. 未来发展。考虑到幼儿园未来发展的需要，空间布局应具有一定的可扩展性和灵活性，便于日后功能调整和规模扩大

室内外空间布局除了要遵循以上原则外，还可以在以下方面进行灵活调整。

1. 使用可移动家具。选择轻便、易于移动的家具，如带轮子的桌椅、可折叠的隔断等，这样可以根据不同的活动需要快速调整空间布局。

2. 多功能区域设计。设计时考虑空间的多用途性，如一个区域既可以作为阅读角，也可以转变为手工制作区或表演区，只需更换相应的物品即可。

3. 开放式空间布局。尽量减少固定隔断，采用开放式的空间布局，以便根据需要划分不同的功能区域。

4. 灵活的墙面设计。利用磁性黑板、白板或可擦写墙面，方便展示幼儿作品或教学内容，同时也便于随时更改和更新。

5. 可调节的照明系统。安装可调节亮度和色温的灯具，以适应不同活动的氛围需求，如阅读、游戏或休息。

6. 模块化玩具和教具。选择可以组合和拆分的玩具和教具，鼓励幼儿发挥创造力，同时方便教师根据教学计划进行调整。

7. 定期评估和反馈。定期收集教师、幼儿和家长的反馈，了解空间使用情况，及时做出必要的调整。

8. 专业培训和支持。为教职工提供关于如何有效利用空间的专业培训，确保他们能够根据不同的教学目标灵活调整空间布局。

9. 预留改造空间。在设计初期就考虑到未来可能的扩展或改造需求，预留足够的空间和接口，以便将来可以轻松地进行结构调整。

10. 安全与舒适并重。在确保灵活性的同时，也要考虑到空间的安全性和舒适性，避免因为频繁变动而影响幼儿的安全或造成不便。

案例 25

室内外空间布局

我园在规划某空间布局过程中，教师通过动静结合、干湿分离、因地制宜、区域联动的策略设立了室内活动室布局，如建构区、美工区、益智区、图书角等区域；室外以互动性、功能性、适应性的原则创设了自然沙水区、综合运动区、角色扮演区、种植饲养区等，最大限度地满足了幼儿游戏的需要。

幼儿园整体空间布局

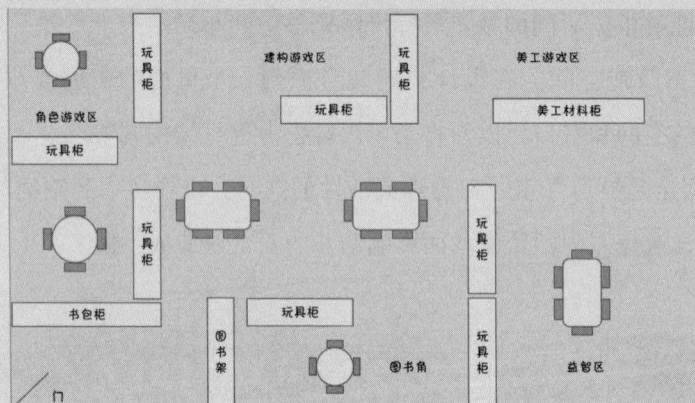

班级内部空间布局

案例来源：成都市双流区协和幼儿园

【案例说明】

本案例主要呈现了该园合理规划室内外空间布局的具体情况。在班级内部空间布局中，依据动静结合、干湿分离、因地制宜、区域联动的基本原则，如利用走廊、厅道、教室角落等创设益智区、图书角、建构游戏区等，

118

以更好地支持幼儿的学习和成长；在幼儿园室外空间布局中，根据幼儿园的实际情况，将教学楼设立于中间，靠墙区域种植了多样的植物，植物旁设立了供幼儿游戏的区域，如自然沙水区、综合运动区、角色扮演区、种植饲养区等。综上所述，幼儿园合理规划布局对幼儿的身心健康、学习兴趣、社交能力、自主性和自信心以及未来学习和生活环境的适应都具有重要的意义。因此，幼儿园应该注重空间布局的合理性和科学性，为幼儿提供一个安全、舒适、有趣、富有启发性的学习环境。

问题 27 幼儿园需要设置专门的功能室吗？如果设置，应如何避免铺张浪费和形式主义？

　　幼儿园功能室是幼儿活动的重要场所，是对班级区域活动的补充和拓展，也是体现幼儿园教育特色的地方。多样的活动设施、开放式的活动，为幼儿体验、操作、探索提供了丰富的资源，也为幼儿的无限创造提供了可能。

　　不同办园条件下的幼儿园可根据实际情况设置功能室，但部分幼儿园在功能室设置与建设中依然存在铺张浪费、形式主义等现象，主要表现在以下三个方面。

　　第一，盲目求多。无视园舍条件、园本课程和幼儿发展需要设置功能室，且认为功能室越多越好，不考虑实用性。

　　第二，盲目求美。功能室环境打造过度注重视觉效果，追求"高大上"，存在铺张浪费及形式主义的现象。

　　第三，盲目求特。不考虑园所课程实际，盲目跟风引入流行元素或机械模仿，别人有什么功能室我就跟着打造什么功能室，导致资源浪费。

　　不同条件的园所可用空间是有限的，为了避免出现铺张浪费和形式主义的现象，营造时时是学习机会、处处是学习场所、物物是学习资源的环境氛围，幼儿园在打造功能室时可以采取以下措施。

1. 结合园所办园条件、园所环境等硬件条件，整体思考功能室数量。

每所幼儿园因占地面积不同，所以班级面积、户外面积以及附属用房的总量都不同。在满足班额、办公、附属用房的条件下，园所应根据实际剩余空间整体考虑功能室的数量，不一味追求数量多，合理即可。

2. 结合园所室内空间、走廊通道及户外空间，整体思考功能室分布。

幼儿园功能室的设置应根据园所办园条件，利用户外空间、走廊通道以及有限的室内空间考虑功能室分布。根据楼层特点、空间特点以及功能室的功能特点进行安排。

（1）户外活动空间布局以种植区、养殖区、玩沙玩水区、骑行区、攀爬区、综合运动区、球类区等运动项目为主，各区之间既相对独立又便于幼儿之间进行跨区交流，自然融为一体。

（2）室内廊道空间布局以运动、创游活动区为主。空间不足的园所可借助"小空间大思维"对转角平台、两楼连接处等共用活动区进行空间设计。

（3）根据室内空间面积确定一个空间的项目内容，可选用移动屏风、软隔断柜进行区域划分增加功能性，尽量不使用实墙隔断。

3. 结合园所地域文化、课程文化及办园特色，整体思考功能室项目。

区域不同，地域文化就有不同；园所不同，办园理念就有不同；课程理念、办园特色也就不同，因此功能室项目的设置也会有很大的不同。四川有"天府之国"的美名，物产丰富，文化悠久，可通过深度挖掘其文化特点设计项目。

（1）园所根据所处的地理位置、区域文化，深入挖掘地方文化，拟定特色项目从而确定功能室项目。如藏区幼儿园深入挖掘藏地文化，设立"我们的博物馆"，展示藏族服饰、建筑、生活用具等，幼儿在欣赏中学习和感受。又如，考虑竹编非遗文化特色，园所可设立编织园地、趣味竹编等活动区。

（2）以园所定位的特色为中心，整体思考和设计功能室或活动区。如一所运动特色的园，如果园所面积小、运动空间不足，则可以巧用走廊、教室、睡房等空间设置灵活多变的活动区，将攀爬与悬吊融为一体，同时借助墙面进行整体设计。

4. 集合多方力量共研，聚焦教育需求确定打造方案。

打造方案需要与幼儿、教师、家长、专家、优秀同行等多方力量，针对园所改造思路和想法进行碰撞。不同群体有不同视角，会提出不同想法和建议。教师更多思考课程的实施、活动的组织；家长更多思考美观性、安全性、幼儿参与性等；幼儿则从我想玩什么、怎么玩去思考；专家则从整体去思考其教育价值、与幼儿园适配性等问题。同时也可以借助优秀同行的力量，实地观摩区域内外的优质园所是如何设置和使用功能室的，实地考察，获取功能室打造的先进理念和样本参照，让空间布局更合理。集合大家的意见和建议，基于幼儿发展、园本特色、课程建设等重要的问题不断梳理、优化并确立最终方案。

案例 26

功能室"变身记"

我园地处城中心，面积较小，除班级活动室外很难再找到一个室内空间作为单独的功能室。但作为美育特色的幼儿园对培育幼儿审美的功能有着十分迫切的需要。如何解决这个问题呢？幼儿园组织教师进行教研。甲老师提出："功能室一定要在固定的教室里吗？可以利用幼儿园其他环境进行打造吗？"乙老师提出："我们究竟要哪些功能室？功能室需要考虑教师的能力吗？"丙老师提出："功能区怎样设置才能与实际运用相结合，什么才叫合理？"丁老师提出："每所园都要有乐高室、阅读室、棋艺馆之类的功能室吗？"针对老师们提出的问题，大家通过集体查阅资料、现场查看、小组讨论、外出学习等方式寻找解决办法。

最后，老师们总结出：功能室设置并不一定要在室内，而是要根据办园条件、办园特色、培养目标等因素进行综合分析，从而确定功能区设置思路。我园室内空间有限，可以利用户外环境实现对美育功能的需求。在园长的引领下，聚焦培养目标、教师素养、办园条件，综合考虑区域与周边建筑体的协调、活动路线以及活动区活动的特点，最后将户外活动区项目确定为小剧场、水墨区、水粉区、扎染区、纸艺区、沙水区、涂鸦区、玩泥区等多区域构成的功能活动区，并将水墨、水粉与沙水区等与水有关的活动区进行统筹，放置在同一个区域里便于给水。让环境"活"起来，处处都有幼儿活动的痕迹，处处都有美的浸润和欣赏。

户外功能区打造前　　　　　　　户外功能区打造后

案例来源：成都市双流区东升音美幼儿园

【案例说明】

《3—6岁儿童学习与发展指南》指出，"幼儿的学习是以直接经验为基础的，要珍视游戏和生活的独特价值，创设丰富的教育环境，最大限度地支持和满足幼儿通过直接感知、实际操作和亲身体验获取经验的需要"。从本案例中可以看出，该园认真审视了自身的办园条件、园舍环境并结合园所特色进行功能区二次改造讨论和思考，突破了功能室的固定思维，将功能活动区进行了外延。该园积极转变管理观念，基于儿童立场、教师立场、家长立场思考问题，多方征求意见和建议，集思广益，共思办园条件改善方案，为幼儿提供更优质的教育环境。从案例中得出一个结论：在功能室打造或者功能区打造上不能盲目跟风，要有坚定的自我立场，基于园所环境、办园条件、建筑特点、课程建设、办园特色等进行整体思考和设计，从而使整体环境规划更科学、更实用。

问题 *28*

信息化时代背景下，怎样科学使用电子设备?

　　在信息化时代背景下，电子设备已经成为幼儿园日常生活中不可或缺的部分，并在教师教学及幼儿学习中发挥着重要作用。教师和幼儿常用的电子设备有多媒体一体机、电脑、学习机、照相机、手机、点读笔等。这些电子设备不仅可以为幼儿提供大量的学习资源、最新的信息和知识，帮助幼儿拓宽视野，还可以根据每个幼儿的学习进度和兴趣提供个性化的学习内容，满足不同幼儿的学习需求。同时，与传统的教学方式不同的是，电子设备可以用动画、故事等直观形象的方式呈现学习内容，有助于吸引幼儿的注意力，提高幼儿的学习兴趣。作为现代人，我们不仅要顺应时代的变化，还要有创新意识，让现代科技产品为我们服务。

　　但是，3—6 岁幼儿正处于身心发育最重要的阶段，过多、过长时间或者不正确地使用电子设备和电子产品会影响幼儿的身心健康。在这样的时代背景下，建立使用规则，引导幼儿科学使用电子设备是关键。具体建议如下。

　　1. 幼儿园制定电子设备使用规范，规范教职工行为。

　　（1）明确电子设备使用目的和原则。电子设备作为教学辅助工具的地

125

位，不应替代人际互动、户外游戏等传统学习方式，并坚持教育目的优先、适度使用的原则。

（2）建立电子设备使用规则。规定电子设备的使用时间，包括单次使用时长和每日总时长；指定使用区域，确保设备在特定教室或学习区使用；使用电子屏幕、多媒体一体机时，幼儿与屏幕之间宜保持适当的距离。

（3）加强教师培训和指导。组织教师参加关于现代信息技术的专题培训，提供必要的技术支持和资源，帮助教师解决技术问题。

（4）建立监督机制，指定专人负责日常监督，确保规则得到执行。

2. 教师应科学、合理、高效地使用电子设备。

（1）严格遵守幼儿园制定的电子设备使用规范。如，幼儿单次使用电子产品的时间不超过 15 分钟，每天累计不超过 1 小时等。

（2）创设环境引导幼儿保持正确坐姿。根据调查显示，现在脊柱弯曲的幼儿越来越多。为了矫正与预防且保持身体健康，幼儿在看电视、使用电脑、看手机时要端正坐姿，或者有固定的学习区域。

（3）教师要选择适合幼儿年龄和发展水平的电子设备。根据教学目标设计包含电子设备的教学活动让电子设备合理介入、支持有效教学。

（4）教师要认真筛选、甄别有教育价值的内容。

（5）教师应掌握多媒体一体机的多项功能，设计让幼儿除了观看还能进行操作的有意义的活动，对电子设备的功能进行深度挖掘并发挥其长处。

（6）教师不应以情绪安抚、幼儿兴趣、奖励支持为借口，频繁使用电子设备播放动画片、微视频等，以观看动画片替代教师的工作行为。

3. 家园配合，合理使用电子设备。

（1）家长应熟悉各种电子设备的功能，筛选适合幼儿使用的功能，正面引导幼儿学习。如引导幼儿学会使用手机的扫码识别功能，可以使用扫一扫辨识植物的名称、了解其种类等。

（2）家长应率先获取信息，有意识地关注、筛选有价值的电视节目、网站信息等。如观看《动物世界》《蓝色星球》等纪录片，增加幼儿的科普知识，培养幼儿对大自然的热爱和敬畏。

（3）家长高质量陪伴和引领。家长陪伴幼儿一起观看、学习、操作，与幼儿一起探索、一起成长。

（4）学会倾听，鼓励、引导幼儿表达。当电子设备引发幼儿某个话题时，如幼儿说："动物世界里的狮子跑得真快，一下子就抓住兔子了。"教师可以追问："狮子在哪里抓到兔子的呢？抓兔子时狮子的动作是什么样的？狮子是不是跑得最快的陆地动物呢？那谁是跑得最快的呢？"用追问的方式激发幼儿思考、表达。

（5）设定时间规则。与幼儿一同建立规则，并运用闹钟、沙漏等进行提醒，如单次看电视不超过 30 分钟。

案例 27

语言区的"小老师"

为了适应信息化时代的背景，满足幼儿的需求，我园的电子设备也越来越多，使用频率也越来越高。这些电子设备基本上用于教学活动时间。为了让电子设备更好地满足幼儿的个性化需求，中一班甲老师开始探索将各种电子设备投放于区域游戏中。

通过前期的观察，甲老师发现语言区的幼儿经常都要拉着老师，喊着："甲老师，快来给我讲故事吧，我不认识这些字！"但老师要兼顾全班的幼儿，无法只给他们讲故事。也常常听到语言区的幼儿提出期待："我想把我讲的故事录下来给大家听。"基于这些情况，甲老师在语言区投放了平板电脑、点读机、耳机，并一一给大家介绍了使用方法和注意事项，引导幼儿科学使用电子设备。

自从投入了这些设备，幼儿便沉浸在语言区。有的戴着耳机边看边听；

有的拿着点读笔，探索书中奇妙的世界；有的在用平板电脑录制自己的故事，一遍又一遍。这些电子设备就如小老师一样，带着中一班幼儿遨游多彩的语言世界。

基于语言区电子设备的成功使用，甲老师开始探索其他区域电子设备的投放。

案例来源：成都市双流区东升音美幼儿园

【案例说明】

信息化时代背景下，我们无法避免电子设备，应顺应时代发展趋势，为幼儿创设健康的环境，引导幼儿科学使用电子设备。在本案例中，教师发现语言区的幼儿有听故事、讲故事的愿望，但是缺乏指导。基于这个现实，教师在语言区提供了平板电脑、点读机、耳机等设备，满足了幼儿的需求，还跟幼儿讲了使用电子设备的注意事项，帮助他们科学、合理地使用电子设备。

问题 **29**

玩具材料种类丰富、数量充足，就能满足幼儿游戏的需要吗？

玩具材料的种类丰富和数量充足是满足幼儿游戏需要的重要因素。丰富的种类可以满足不同年龄和兴趣的幼儿的需要，而充足的数量可以避免幼儿之间的争抢，确保每个幼儿都能有足够的材料进行游戏。然而这并不能完全满足幼儿在游戏中的所有需求。教师还应该兼顾到玩具材料的安全性、开放性、层次性和互动性，这样才能够最大限度地满足幼儿的游戏需求，从而促进幼儿的全面发展。

1. 教师应时刻关注玩具材料的安全状况，及时发现和纠正可能存在的风险隐患，确保幼儿在游戏中的安全和健康。

（1）幼儿在操作材料时，较容易发生碰撞、摔倒等情况。因此，教师在选择材料时，应特别注意材料的边缘是否尖锐，是否存在划伤幼儿的风险。对于一些边缘锐利的材料，可以进行打磨或选择其他替代材料。同时，对于一些带有可能产生夹手、夹脚风险的缝隙和孔洞材料，也应尽量避免选用。

（2）由于幼儿经常与活动区域的材料接触，材料容易受到磨损和损坏，从而产生安全隐患。因此，教师应定期检查活动区域的材料，对于损坏严重或存在安全隐患的材料教师应及时更新。此外，还应定期清理活动区域，保持环境的卫生和整洁，避免因卫生问题引起的安全隐患。

（3）为了提醒幼儿注意安全，避免发生意外事故，在活动区域应设置明显的安全警示标志，包括"小心夹手""禁止攀爬"等，并使用醒目的颜色和图案。通过设置安全警示标志，可以有效地提醒幼儿注意安全，减少意外事故的发生。同时，在幼儿操作材料时，教师应时刻关注幼儿的安全，及时发现和纠正幼儿可能存在风险的行为。教师还应通过示范、讲解等方式，引导幼儿正确使用材料，增强他们的安全意识和自我保护能力。

2. 教师在进行材料投放时，要兼顾玩具材料的开放性，无固定玩法、可自由组合，促进幼儿自主探索，引导幼儿能够更好地理解周围世界，促进认知发展。

（1）教师应多提供低结构材料。低结构材料是指那些可以移动、操作、控制和改变的，具有多种组合可能性的材料。这类材料能够激发幼儿的探索欲望和创造力，因为它们的玩法不固定，幼儿可以根据自己的想象和需要自由组合和使用。如，积木、拼图、彩色纸、废旧物品等都是很好的低结构材料。

（2）教师应提供多样化的材料以满足不同幼儿的兴趣和需求，促进他们的个性化发展。教师可以根据幼儿的年龄特点和兴趣爱好，提供不同类型的材料，如艺术类材料（彩色笔、颜料、纸张等）、科学探索类材料（放大镜、磁铁、水、沙子等）、建构类材料（积木、积塑、木板等）等。

（3）除了提供开放性的材料外，教师还应创设一个开放性的游戏环境。这个环境应该充满探索性和挑战性，能够激发幼儿的好奇心和求知欲。可以设置不同的游戏区域，如角色扮演区、建构区、科学探索区等，每个区域都提供丰富的材料和工具供幼儿使用。同时，教师还应该给予幼儿足够的自由空间和时间，让他们在游戏中自由探索和发现。

3. 教师在选择和投放玩具材料时，要充分考虑幼儿的年龄、兴趣、

发展水平以及个体差异等特点，确保幼儿都能在适合自己的环境中得到充分的发展和学习。

（1）不同年龄段的幼儿有不同的发展特点和需求，因此，教师需要根据幼儿的年龄层次来投放材料。如：在生活区，针对小班幼儿，可以投放一些简单的生活用品（杯子、碗、勺子等）和食材（水果、蔬菜等），让他们练习基本的拿、捏、抓等动作；针对中班幼儿，可以增加一些难度稍大的材料（豆子、绳子等），让他们练习更为精细的动作；针对大班幼儿，可以提供更多具有挑战性的材料（拼图、组装玩具等），以激发他们的想象力和创造力。

（2）在同一个班级中，幼儿之间的发展水平是有差异的。教师在投放玩具材料的时候要关注幼儿的个体差异。对于能力较弱的幼儿，可提供更多基础性和辅助性的材料，如详细的步骤图示、示范视频等，以帮助他们逐步积累知识经验；对于能力较强的幼儿，可提供更多具有挑战性的材料和任务，以满足他们的学习需要和发展潜力。

（3）在选择和投放材料时，要遵循由浅入深、循序渐进的原则。如，在数学区，可以从数数、配对开始，逐渐过渡到简单的加减运算；在美工区，可以从涂鸦、撕纸等简单活动过渡到绘画、手工制作等复杂活动。随着幼儿的发展，教师应定期调整区域材料，增加新的材料或更换难度更大的材料。这样既能保持幼儿的新鲜感，又能满足他们不断发展的需求。

（4）幼儿的兴趣是多样的，不同的幼儿有不同的喜好和偏好，因此，教师需要根据幼儿的兴趣来投放材料。如，在美工区，对于喜欢绘画的幼儿，可以提供各种画笔、颜料等材料，鼓励他们自由创作；对于喜欢手工制作的幼儿，则可以提供纸张、剪刀、胶水等材料，鼓励他们尝试制作各种手工作品。通过投放有层次的材料，激发所有幼儿参与活动的兴趣。

（5）幼儿的兴趣具有多变性，教师还应根据幼儿的兴趣需要定期清理班级材料。当幼儿对旧材料失去兴趣时，教师可以尝试将新旧材料组合在一起，创造出新的游戏情境和活动内容，这样既能保持幼儿的新鲜感，又能促进他们的创造力和想象力的发展。

4. 教师在材料选择上要注重互动性，促进幼儿在认知、情感、社会性及身体等多方面的发展。

（1）教师应根据幼儿的年龄特点、兴趣偏好和发展需求，精心选择和设计具有互动性的材料。这些材料应该具有多种用途和玩法，能够激发幼儿的想象力和创造力。如，建构区的积木可以供幼儿自由拼搭，促进技能的提升；也可以投放在益智区供幼儿进行排序、比大小等游戏时使用；还可以投放在角色区，充当音乐道具、理发工具等。

（2）教师应该为幼儿提供一个充满互动性、具有关联性的学习环境。如，在语言区创设中，幼儿可以自由选择喜欢的图书阅读，还可以结合生活中的书吧，投放低结构的纸杯、吸管、自制茶具等，供幼儿在里面扮演各种角色，真实地反映生活经验。

案例 28

多变的美工区

背景：在中三班的活动室里，美工区是幼儿最喜欢的一个区域，里面有彩纸、颜料、纸盘、纸伞等材料，幼儿可以在那里自由创作，每天区域里充满了欢乐。近期，教师观察到在区域活动时间，美工区不再那么受欢迎，大家都只是匆匆一瞥，便转身投向其他区域。这一现象引起了教师的深思。

教师通过观察和与幼儿交流，发现原因主要有以下三点。

1. 材料不适宜。教师通过细致的观察和与幼儿的交流，发现美工区一些尺寸较大的喷绘枪和泡沫头毛笔对于中班幼儿来说过于笨重，难以操作，复杂的剪纸工具也超出了他们的精细动作能力。这些不适宜的材料让幼儿在尝试时感到挫败，从而让幼儿对这些材料失去了继续探索的兴趣。

2. 材料陈旧。美工区的材料长时间未得到更新和维护，一些画笔的笔头已经磨损，颜料也变得干涸，甚至有些纸张已经泛黄。这些陈旧的材料不仅影响了孩子们的创作体验，也降低了他们对美工区的整体兴趣。

3. 缺乏互动性。在美工区的活动中，幼儿大多时间是独立工作，缺乏与同伴之间的合作和交流。这种缺乏互动的环境限制了他们社交技能的发展，也使得美工区的活动变得单调乏味。

为了重新点燃幼儿对美工区的热情，教师决定对这个区域进行一次彻底的改造。

1. 环境调整。他们使用了明亮且温馨的色彩重新粉刷了墙面，并将孩子们创作的作品展示出来。此外，老师还打造了创意角落，比如"魔法画板"和"创意小画家"，满足幼儿在各种墙面进行创造。

2. 材料优化。教师也对现有的材料进行了彻底的清理和筛选，投放了丰富多样的材料，如各种形状的点画工具、水彩、手指画颜料、彩色黏土等。这些材料不仅易于操作，而且种类丰富，极大地激发了孩子们的创作欲望。

3. 增加互动性。为了增强活动的互动性，教师在区域内增加了小组合作、多人合作的材料。这些材料不仅让孩子们学会了如何与同伴合作，还让他们在交流想法的过程中学会了倾听和尊重。

4. 家长参与。教师向家长介绍了美工区的改进计划，并邀请家长一起参与布置美工区。孩子们在家长的陪伴下，不仅亲手参与了美工区的改造，还感受到了家庭与学校之间的紧密联系。

经过一系列的调整和改造，美工区焕然一新，孩子们在观察、操作、发现、想象表现、创作中进一步激发了对美工区活动的兴趣，发现美、欣赏美、表现美、创造美，也获得了身心的愉悦。

案例来源：成都市双流区怡心骑龙幼儿园

【案例说明】

本案例展示了班级美工区经过教师调整材料投放、环境布置而焕然一新的过程，在这个过程中可以清晰地看到材料投放对于幼儿游戏的影响是巨大的，而材料种类丰富、数量充足，幼儿的游戏需要就得到了满足。在案例中，教师敏锐地关注到了该区域存在的问题，在对材料的适宜性、材料的更新和活动的互动性进行调整后，不仅增加了区域的吸引力，也促进了幼儿对游戏的参与。除此之外，教师还注重家长的参与，通过家园合作，增强了幼儿的归属感，也让家长更好地了解了幼儿在园的学习和生活情况，共同为幼儿的成长创造一个更加和谐、丰富的环境。

问题 *30* / **教师如何将班级保教计划分解并落实到日常保教工作中，避免出现"两张皮"的现象？**

　　幼儿园班级保教计划是为了确保幼儿在园期间得到全面、健康、和谐的发展而制定的一系列保教管理措施。但在实施过程中往往会出现计划与执行之间脱节、教师理念与行为之间出现偏差等"两张皮"现象。

　　为有效预防教育实践中"两张皮"现象的出现，教师可以从学期计划、月计划、周计划、半日活动计划四个维度出发，遵循科学性、发展性、整体性、关联性、可操作性、灵活性六大原则，逐步细化并推进教育措施的实施。以下是教师可采用的具体措施。

　　1. 明确学期计划结构。

　　教师应根据有关学前教育的文件精神和园所保教计划的安排，结合班级幼儿的个性、兴趣爱好及发展水平上全面考虑并制定班级学期计划的总体目标、工作重难点、具体任务及预期成果，确保对班级学期计划有清晰的认识。学期工作计划结构上包括指导思想、班级情况分析、发展目标、工作措施等。

　　（1）指导思想方面。需要紧密结合园所教育理念、相关文件政策，同时考虑当前社会的教育趋势和家长的期望。

（2）班级情况分析方面。需要对班级幼儿的年龄、性别、发展情况，以及班级教师的专业发展和工作特点等做出整体分析，力求做到有理有据。

（3）发展目标方面。根据幼儿年龄特点、课程设置和幼儿发展实际情况，制定具体、可行的发展目标。

2. 分解目标与内容。

（1）细化目标。首先，将班级学期计划中的大目标细化为可操作的小目标，确保每个小目标都具体、明确、可衡量。其次，班级教学工作往往存在紧密性，所以在分解的时候，注意目标与目标之间的关联性。

（2）细化内容。将大任务分解为小任务，明确每个小任务的具体内容、负责人及完成时间，确保任务分配的合理性和可操作性。

（3）关注重难点。明确工作重难点，并明确解决重难点的措施，确保工作开展主次清晰，同时还应预留一定的弹性调整空间。

（4）优先级排序。根据任务的紧急程度和重要性，对月计划、周计划中的各项任务进行优先级排序。确保先完成重要且紧急的任务，再处理其他任务。

3. 合理安排。

（1）任务分解。根据学期或学年的总体安排，将学期计划分解到每个月、每个周甚至每一天，制订详细的学期计划、月计划、周计划和半日活动计划。

（2）资源调配。根据任务需求，合理调配家长资源、物资资源和财务资源，确保各项任务能够顺利进行。

4. 执行落实。

（1）日常执行。严格按照分解后的任务和时间表执行日常保教工作，确保每个环节都能按照计划进行。

（2）寻求指导。定期或不定期地向管理者汇报班级保教工作的落实情况，让行政人员分析、提出改进意见。

（3）家园共育。加强与家长的沟通与合作，让家长了解班级保教计划的内容和实施情况，共同促进幼儿的发展。

5. 建立反馈与调整机制

（1）建立反馈渠道。鼓励家长和幼儿对班级保教工作提出意见和建议，建立畅通的反馈渠道。

（2）及时调整。定期对工作进行总结和反思，发现问题及时调整计划和工作方法，不断优化学期计划和工作流程，确保工作开展的科学性和有效性。

如何在保持一日生活安排相对稳定的同时，又能根据幼儿的实际需要灵活地进行调整？

科学、合理地开展幼儿园一日活动，是提升保教质量、促进幼儿健康成长的重要保障，但预设的活动往往会受到外部因素的影响。如何在保持一日生活安排相对稳定的同时又能灵活地进行调整？可以从以下两方面入手。

1. 制定科学合理的一日生活作息表。

一日生活作息表能够为活动开展提供基本的框架，应保证一日生活安排的相对稳定性，具体可以从以下方面考虑。

（1）内容结构上。幼儿园一日生活基本包括入园及晨检活动、早操、教学活动、早点、区角游戏活动、午点、户外体育活动、喝水、盥洗、餐前活动、午餐及餐后散步、午睡、起床及午点、创造性游戏活动、晚餐、离园等环节。

（2）园所应依据不同年龄段幼儿的身心发展特点，分别制定小班、中班、大班三个版本的一日生活作息表。

（3）园所应根据特殊天气情况，制定不同的一日生活作息表。如冬天和夏天的一日生活作息表在入园和离园时间上应有差异；夏季高温，午后较热，户外活动可集中在上午开展；而冬季早上常发生雾霾，户外活动可集中在下午开展。

（4）园所应适当整合环节与留白时间，给予活动"游离"与"伸缩"的空间。如适当减少教学活动时间，整合起床、盥洗、加餐等生活活动。

（5）园所可以从动态活动与静态活动的平衡、室内活动与室外活动的平衡、正规活动与非正规活动交替、集体活动与个体活动交替等方面进行考虑，对各个环节进行排序，从而制定科学的一日生活作息表。①

（6）考虑园所空间规划及课程需求等特殊情况。如，统筹各年龄段并合理分配时间保证全园幼儿都能享受户外活动。再如，园所园本课程有对全园幼儿共同参与户外游戏的要求，则需要固定一日生活作息表中的某个时间段进行游戏。

2. 一日生活的安排不是一成不变的，在遇到现实变化的时候，教师也应及时根据幼儿的需要灵活地进行调整。

（1）关注幼儿的兴趣和需求。在一日生活中，教师应密切观察幼儿，适时调整活动以满足幼儿的兴趣和需要。如，当发现幼儿在区域活动中对某个材料特别感兴趣时，教师可以适当延长该区域的活动时间，以满足幼儿的探索欲望。

（2）关注幼儿的情绪和状态。教师还应多关注幼儿的情绪变化和状态，及时给予幼儿关爱和支持。如，当发现幼儿出现疲劳、身体不适或情绪不佳等情况时，可适当安排幼儿休息或调整活动内容，帮助幼儿缓解不良情绪。

（3）优化活动内容和形式。在安排一日生活时，教师应充分考虑幼儿的兴趣和需要，优化活动内容和形式。如，在教学活动中，教师可以采用多种教学方法和手段，如游戏、故事、实验等，激发幼儿的学习兴趣和

---

① 黄春燕. 在"变"中寻找幼儿的适宜生活：浅谈高密度城区园幼儿一日作息的"变"与"不变"[J]. 好家长，2018（28）：62-63.

积极性。

（4）设置不同梯度的活动。教师应根据幼儿发展情况适时调整活动内容和难度。对于进度快的幼儿，增加具有挑战性的活动内容，激发其探索欲望和创造力；对于进度稍慢的幼儿，设计更多基础性的活动，逐步帮助其建立自信。

（5）根据天气情况适时调整活动。若遇到影响活动开展的天气情况，可结合教育内容灵活转化为教学资源或调整到室内开展其他相应的活动。

案例 29

调整自主加餐时间

大一班正在开展班级区域活动，科学区的幼儿对磁力积木的兴趣异常浓厚，尤其是当大多数幼儿都已经完成了其他区域的活动，准备按照一日生活作息表进行下一个环节时，他们仍然沉浸在对磁力积木的探索中，不愿离开科学区。甲老师及时关注到这个情况，她站在科学区一旁，继续观察幼儿的探索情况。她注意到，幼儿的表情专注而兴奋，还不时地发出惊叹声，显然他们正处于一个高度投入的学习状态中。甲老师意识到，此时如果强行打断他们的探索，可能会对他们的学习热情和探索欲造成不利影响。于是，甲老师决定灵活整合区角游戏和盥洗、早点时间，为幼儿争取更多的探索时间。为此，她首先与保育员进行了简短的沟通，说明了情况，让保育员将餐点摆放到幼儿能够自主取放的位置，并告诉幼儿可以自主用餐并继续探索。

就这样，其他幼儿陆续开始去小便、洗手、吃早点，而科学区的幼儿仍然专注于自己的探索。在延长的活动时间里，保育员负责协助其他幼儿进行后续的生活环节，甲老师则继续为科学区的幼儿提供必要的支持和引导。

案例来源：成都市双流区怡心第六幼儿园

【案例说明】

在本案例中，教师真正做到了一日生活环节的灵活变通。我们可以看出，教师在调整一日生活作息时综合考虑了幼儿需求、幼儿能力、人员分配三方面因素。一是尊重幼儿的学习需求，及时延长了探索活动的时间；二是在考量大班幼儿有自主安排活动的能力前提下，鼓励幼儿在早点时间进行自主进餐；三是充分考虑保育员的角色定位进行合理分工，在不影响整体教学秩序的前提下，灵活整合时间，满足幼儿的多样化需求，通过这些表现足以看出教师的工作灵活性和统筹安排能力。

教师对于一日生活作息的调整，充分体现了她在"变化"与"不变"之间的精准拿捏。她善于在实践中不断调整活动形式，以适应幼儿的学习与发展需求；同时，她又始终坚守着追随儿童自主发展的教育初心，确保教育的本质与方向不变。这种智慧与灵活，无疑为我们树立了幼儿教育的典范。

问题 **32**

教师如何敏锐地捕捉偶发的教育契机?

偶发的教育契机是指在一日生活中，突然出现的且具有教育价值的情境或事件。想要敏锐地捕捉偶发的教育契机，需要教师能够基于观察，判断偶发事件的教育价值，筛选有意义的问题或情境进行随机教育。

一日生活中的每个环节都蕴含着教育的机会和可能。想要敏锐地捕捉偶发的教育契机，需要教师时刻关注幼儿的一日生活，根据幼儿的兴趣需求、年龄特点、最近发展区等各方面因素，判断当前问题或情境是否有教育价值，是否值得深入探究。只要用心观察，偶发的教育契机也是有迹可循的，以下是较为常见的捕捉教育契机的时机（见表 16）。

表 16　一日生活中的教育契机

时机	具体阐释	示例
日常生活事件	生活即教育。幼儿园生活活动的时间约占一日生活一半的时长。在生活各环节中，可以多抓住对幼儿自我服务能力、劳动习惯等方面进行培养的教育契机，促进幼儿良好生活习惯的养成	1. 幼儿在点名环节对缺席同伴表示关心时，可以引发幼儿的爱心和同理心 2. 幼儿对自己的小便、大便产生疑问好奇时，可引导幼儿关注自己的身体健康

续表

时机	具体阐释	示例
对大自然的观察探索	户外活动是幼儿接触、观察、探索大自然的最好时机。在户外活动中，幼儿对于植物、动物、天气等的观察和发现，便是最值得捕捉的教育契机。教师可以通过引导幼儿观察、提问和讨论，激发他们的好奇心和求知欲	幼儿在下雨之前看到了漫天的乌云，并对云和雨的联系以及风吹云动的现象产生好奇，这时教师可以引导幼儿探索风、雨、雷、电等自然现象
游戏和玩耍中的互动	在游戏过程中，幼儿之间可能会产生冲突或不能分工合作，教师可以利用这些偶发事件引导幼儿学习如何解决冲突、与人合作，培养他们的社交能力	幼儿在建构游戏时共同确定了搭建主题"棠湖公园"后，依然自顾自地摆弄、搭建，并未进行分工合作，最后，公园变成了各种地方的拼凑。活动结束后，教师可基于这一事件引导幼儿讨论合作的作用和秘诀，提高幼儿的合作意识和能力，促进其社会性的发展
幼儿的"十万个为什么"	幼儿对周围世界充满好奇，经常提出各种问题。教师应鼓励幼儿提问，并抓住这些契机，给予科学的解答或引导，满足他们的求知欲	当幼儿提出"为什么秋天叶子会变黄？""为什么有的叶子变黄了，有的还是绿色的？"等问题时，教师可以合理规划引导幼儿对秋天、秋叶等进行自主探索学习
环境变化	幼儿园环境的定期更换或特殊节日的布置都可能成为教育契机，教师可以借此机会引导幼儿进行观察、思考和表达	秋季是瓜果成熟的季节，幼儿园里的"瓜果桌"成了幼儿必经之路上的关注点。教师可以从幼儿对这一环境的兴趣入手，引导幼儿观察、记录秋天的瓜果甚至生成"晒秋"等活动
新闻或特殊事件	自然灾害、社会热点事件等，也可以成为幼儿园进行生命教育、安全教育和社会责任感培养的重要契机。教师可以通过讲述事件经过、分析事件发生的原因和产生的结果等，引导幼儿形成正确的价值观和道德观，增强幼儿的安全意识和自我保护能力	1. 当所在地区举办运动会、美食节等活动时，教师可以跟进开展相应的活动，使幼儿在探索学习的同时也能增进爱家乡、爱祖国的情感 2. 当周边发生连续暴雨、洪水或大风等自然灾害时，教师可引导幼儿开展讨论、辩论等活动，激发幼儿对大自然的敬畏之心，提高幼儿的环保意识

神奇的蘑菇

一场雨后，孩子们在户外活动时偶然发现一棵树的树干上竟然长出了几朵小蘑菇。这一发现立即引起了孩子们极大的兴趣和好奇心，他们围在一起，七嘴八舌地讨论着这些"神奇"的小生命。面对孩子们的热烈讨论和浓厚的兴趣，甲老师并未急于介入，而是选择先在一旁静静观察。她注意到，孩子们对于蘑菇的形状、颜色以及蘑菇为什么会出现在树上都充满了疑问，这些问题正是引导他们进行科学探究的教育契机。于是，甲老师开始思考如何将这些偶然的发现转化为一次富有教育意义的活动。甲老师仔细分析幼儿的兴趣点、认知水平以及可能涉及的知识点，最终决定围绕"蘑菇与树的故事"这一主题，开展一系列富有创意和教育意义的活动。

幼儿发现蘑菇

首先，甲老师带领孩子们再次来到发现蘑菇的树下，引导他们运用多种感官（如视觉、触觉、嗅觉等）和简单的工具（如放大镜、尺子等）了解蘑菇的特征，并记录自己的发现。这一过程不仅满足了孩子们的好奇心，还培养了他们的观察能力和记录能力。

其次，为了深入解答孩子们的疑问，甲老师在班级家长群里发起倡议，邀请了解蘑菇种植的家长作为"特别讲师"来园参与活动。家长通过生动的讲解和演示，向孩子们展示了蘑菇的生长过程、种类以及与树木之间的关系，让他们在轻松愉快的氛围中收获了宝贵的知识。

最后，活动的高潮部分是一场别开生面的"蘑菇作品分享会"。甲老师鼓励孩子们根据自己对蘑菇的观察和想象，创作出各种形式的艺术作品。在分享会上，孩子们轮流展示了自己的作品，并分享了自己在创作过程中的感受和想法。这一过

幼儿运用工具进行测量和记录

幼儿作品分享会

程不仅展示了孩子们的创造力和表达能力，还增强了他们的自信心。

案例来源：成都市双流区机关第一幼儿园

【案例说明】

在本案例中，教师时刻关注幼儿的一日生活，从幼儿对大自然的发现出发，敏锐地捕捉到幼儿的问题及兴趣点，并以此为契机巧妙地设计了科学探究、家长课堂等实践活动。在整个过程中，教师有观察、有分析、有目标、有行动，既很好地保护了幼儿的好奇心，又激发了幼儿学习的主动性。

案例 31

不一样的签到

在幼儿园的日常生活中，点名是每天都会进行的事情，而每天缺一两个小朋友似乎是一件很平常的事。一个星期五的早上，幼儿 A 突然说："F 小朋友今天又没有来幼儿园。""她好像这一周都没有来，是不是生病了？"幼儿 B 也说着自己的发现。

甲老师见状赶紧引导幼儿关心同伴。经过幼儿的共同商讨，在甲老师的支持下，他们和缺勤的幼儿 F 进行了视频通话，对其表示温暖的问候与深情的关怀。

接着，甲老师抛出问题："怎样才能更快地知道谁没有来幼儿园呢？"甲老师组织幼儿进行了讨论。就这样，在甲老师的引导和支持下，班级的点名方式从单一的教师点名变成了幼儿自主签到并辅以小组统计的模式。

案例来源：成都市双流区机关第一幼儿园

【案例说明】

生活即教育，一日生活皆课程。幼儿的一日生活中蕴含着丰富的教育契机。签到环节是一日生活的第一步，不仅可以帮助教师了解幼儿的出勤情况，还可以培养幼儿的责任感和秩序感，建立班级文化，具有较高的教育价值。案例中的教师敏锐地捕捉到签到环节的教育价值，以"教育生活化"为核心理念，尝试调整点名环节。自主签到与小组统计相结合的签到模式，不仅能帮助幼儿更快地发现谁没来，哪几天没来，也提升了幼儿的参与感，还提高了幼儿的记录能力和统计能力。

问题 *33* / 如何将培育幼儿爱父母长辈、爱老师同伴、爱集体、爱家乡、爱党爱国的情感潜移默化地贯穿于一日生活？

爱父母长辈、爱老师同伴、爱集体、爱家乡、爱党爱国（以下简称"五爱"），从爱身边的人到爱集体和家乡再到爱党和国家，"五爱"教育不仅增强了幼儿对祖国的情感认同和自豪感，还在幼儿道德培养、认知发展和社交能力等方面产生了深远的影响。为了有效实施"五爱"教育，教师应注重情感启蒙和活动体验，增强活动的延续性和深入性，注重在日常活动中的渗透。那幼儿园和班级应如何将"五爱"教育融入日常教育活动呢？

从幼儿园层面出发，可以采取以下措施。

1. 制定规划，将"五爱"教育融入园务规划，为其落实做好蓝图。

幼儿园可通过园所发展规划、园务计划等体现并落实"五爱"教育，将"五爱"教育贯穿于幼儿一日生活，引导幼儿从小做起，从点滴做起，使"五爱"教育具有渐进性、持续性、渗透性。

2. 加强文化建设，将"五爱"教育融入幼儿园文化建设，营造处处有"五爱"的氛围。

在园所大厅墙面呈现"五爱"教育的内容，利用节日节气、园级大型活动等，培养幼儿的"五爱"情感。

3.完善课程体系，将"五爱"教育纳入幼儿园课程体系，为教师实施"五爱"教育提供有力抓手。

园所应明确教学内容，梳理出适合在幼儿园阶段开展的"五爱"教育内容。

4.引导教师树立正确的"五爱"观，做好幼儿的引路人。

教师是活动的组织者和引领者，教师对"五爱"的理解直接影响着活动的效果。为了给予幼儿正确、深刻的引导，幼儿园可通过教师培训、教研等方式加强教师对"五爱"的学习，提升教师对"五爱"的理解能力。

5.整合多种资源，为"五爱"教育提供更多可能性。

（1）加强家园沟通。家园共育可以发挥教育最大的价值。幼儿园可通过家长会、专题讲座、半日活动观摩等方式加强家园沟通，同时鼓励家长在生活点滴中向幼儿渗透"五爱"教育。

（2）本土文化传承。筛选本地优秀的传统文化中与"五爱"相关的内容，如组织幼儿参观社区并学习扎染，让幼儿亲身体验身边的文化，培养其爱家乡之情。

6.建立评估机制，不断优化"五爱"教育。

（1）定期评估。对幼儿园开展的"五爱"教育活动进行定期评估，并进行分析、反馈，确保教育质量。

（2）家长反馈。收集家长对幼儿园开展的"五爱"教育活动的反馈意见，不断优化教育方法。

从班级层面出发，可以采取以下措施。

1.制订班级计划。

班级教师根据园级计划，结合班级幼儿的年龄特点、实际情况，制订切实可行的班级"五爱"教育实施计划。

2.丰富教学形式。

（1）开展主题活动。主题活动是幼儿园常见的活动形式。"五爱"教育可以以主题活动的形式，从五大领域出发，全面深入地开展相关活动，帮助幼儿深入感受、体验"五爱"。如大班主题活动"小小中国娃"围绕"了不起的中国人""中国传统文化""红红火火过新年"三方面内容，从幼儿已有的认识和经验出发，引导幼儿逐步了解中国文化，感受作为中国人的自豪感，培养其爱国之情。

（2）巧用节日活动。教师可以结合重要的传统节日，如春节、端午节、中秋节等，开展关于传统文化的活动，让幼儿感受中华优秀传统文化的博大精深。

3. 采用多种教学策略。

（1）故事讲述。利用寓言故事、传统美德故事或现代儿童文学中的正面故事，帮助幼儿理解"五爱"的内涵。

（2）角色扮演。通过角色扮演游戏，让幼儿体验不同的社会角色，如在娃娃家扮演妈妈、为宝宝做饭洗衣等，体会妈妈的辛苦和爱。

4. 创设育人环境。

结合主题，将"五爱"融入班级环境，营造浓厚的教育氛围。如在开展"我是中国人"主题活动时，在教室或者走廊粘贴中国英雄人物的照片，让幼儿在耳濡目染下激发其爱国之情。

5. 融入保教日常。

一日生活皆教育，教师要善于抓住一日生活中的教育契机，将"五爱"教育渗透其中。如当幼儿之间发生争抢玩具的现象时，可以引导幼儿用轮流等方式解决，使幼儿在问题解决过程中学会爱同伴。

案例 32

爱国主题教育

爱国主义教育是我园的重要课程内容之一，我园以爱国主义教育为主题开展了相关的课题研究。在园级课题的引领下，各班级会以主题教育的形式开展爱国主义教育。为了让班级教师能根据幼儿年龄特点开展相关活动，保教办制订了三个不同年龄段的爱国主题教育计划，具体如下。

环节	小班	中班	大班
目标	1. 认识国旗，知道中国的国旗是五星红旗 2. 在奏国歌、升国旗时能在成人的提醒下站好，行注目礼	1. 了解国旗的意义，认识国徽 2. 熟悉国歌的旋律，逐步学唱国歌，喜欢听爱国主义歌曲 3. 知道祖国的首都是北京 4. 学会尊重、爱护国旗、国徽，学习升国旗的礼仪，按时参加幼儿园的升国旗仪式	1. 认识国旗、国徽，知道国旗的由来和历史 2. 知道一些中国标志性建筑，了解中国版图，知道中国在科技、文化、经济等方面取得的重大成就
内容	1. 国旗的形状、颜色，国歌 2. 爱国歌曲《国旗国旗多美丽》等	1. 国旗的意义 2. 国徽 3. 国歌 4. 爱国歌曲《红星闪闪》等 5. 升旗礼仪	1. 国旗的由来和历史 2. 中国标志性建筑 3. 中国重大科技成就 4. 中国地图
实施策略	1. 定期参加升旗仪式 2. 在班级显眼位置摆放国旗 3. 投放制作国旗的半成品材料	1. 定期参加升旗仪式，并承担护旗手、升旗手、国旗下讲话等任务 2. 在班级显眼位置摆放国旗、国徽 3. 投放制作国旗的半成品材料 4. 通过讲故事、看图书等途径了解国旗的相关知识 5. 请家长带幼儿现场观看正式场合的升旗仪式	1. 调查幼儿去过的中国名胜古迹，组织集体交流，请幼儿分享自己的感受 2. 鼓励家长带幼儿游览美丽中国，体验各地风俗文化 3. 通过投放图画书、讲故事、播放影片等方式让幼儿了解对中国和世界发展做出巨大贡献的名人事迹

案例来源：成都市双流区协和幼儿园

【案例说明】

爱祖国是"五爱"教育中的重要内容之一。在本案例中，围绕爱国主义教育，幼儿园保教办根据不同年龄段幼儿的年龄特点，制定目标，设定内容，寻找策略，有效地规避了教师的教学方法和教学内容相对单一、忽视幼儿年龄特点等现象。如在目标制定上层层递进，小班主要是"认识""知道"，中班主要是"了解其意义"，大班还需要在中班的认知基础上知道其由来和历史。在实施策略上，注重幼儿从小做起，从点滴做起，如每周一的升国旗仪式，幼儿可以通过当升旗手、护旗手等深刻体会国旗的象征意义，激发爱国之情。在家园配合上，家长带幼儿到北京天安门、成都天府广场等地观看正式的升旗仪式，直观体验升旗仪式的庄严。

对于 3—6 岁的幼儿来说，"五爱"教育是看不见、摸不着的，教师可以引导幼儿从小做起，从点滴做起，从爱自己熟悉的父母长辈到爱老师同伴，从爱集体到爱家乡，层层递进，逐渐培养幼儿爱党爱国的情感。

问题 *34* / **教师可以组织哪些活动以实现
过渡环节的教育价值?**

过渡环节是指幼儿在一日生活中从一个活动转向另一个活动时产生的中间阶段。过渡环节作为幼儿园一日生活各个环节的纽带和轴承,既能减少各个环节之间的低效衔接,又能满足幼儿身心调节的需求,从而保证一日生活的顺利开展,因此蕴藏着丰富的教育契机,教师可以通过组织以下活动来实现其教育价值。

1. 故事讲述活动。

教师要根据幼儿的年龄特点,选择简短、有趣、情节简单、语言重复、节奏较强、有教育意义的故事进行讲述,激发幼儿的想象力和阅读兴趣。

2. 音乐律动活动。

教师可利用简单的音乐节奏,开展身体律动或舞蹈表演活动。这有助于幼儿感受音乐的节奏和韵律,同时可促进他们的身体协调性和创造力的发展。

3. 手指游戏或手指操。

手指游戏、手指操简单易学,教师可在过渡环节开展。

4. 想象游戏。

教师可开展游戏活动,引导幼儿想象自己的身体是其他事物,如鼓励幼儿模仿动物的动作等。

5. 谈话活动。

谈话内容可包括生活话题"今天你吃了什么水果?""你最喜欢什么颜色?",情感话题"今天最让你感到开心的事情是什么?""为什么你有一点点愤怒?",等等。教师可以与幼儿进行简短的情感交流,询问他们的感受和需求。这既有助于增进师幼之间的情感联系,又有助于培养幼儿的情感表达能力和自我认知能力。

6. 自主阅读活动。

教师可根据幼儿的年龄、兴趣及发展水平,设立阅读流动站,并投放多样化的图书,包括故事书、科普书等,确保图书内容丰富、图文并茂、易于理解。幼儿可在过渡环节自主选择喜欢的图书进行阅读。

7. 自我服务活动。

教师可鼓励幼儿进行简单的自我服务,如整理玩具、摆放椅子、自主喝水、整理衣物等,培养他们的生活自理能力和责任感。

8. 观察活动。

在过渡环节,可引导幼儿观察周围环境中的事物和现象,如植物的生长、天气的变化等,并鼓励他们进行简单的描述。这有助于培养幼儿的观察力和好奇心,同时丰富他们的知识和经验。

9. 随机教育活动。

在过渡环节,教师要细心观察幼儿的行为和表现,及时捕捉教育契机,进行随机教育。如看到幼儿乱扔垃圾时,可以引导他们学习垃圾分类和环保知识。

案例 33

蘑菇快快长大

户外活动结束后，中班幼儿在甲老师的带领下从操场回到教室。由于孩子们刚刚进行了剧烈运动，需要一段时间休息与调整，加之教室内没有足够人手进行照看，于是甲老师在户外活动与餐前活动之间的过渡环节组织了一场名为"蘑菇快快长大"的想象游戏。

甲老师："现在所有的小朋友都变成了一朵埋在地里的蘑菇。沙沙沙，现在下了一场小雨，蘑菇冒出了一点儿头。"说着，甲老师用手比了一个向上生长的姿势。"哗啦啦，现在下起了大雨，小蘑菇又长大了一点儿。"甲老师说完便打开了自己的手臂。"呼呼呼，来了一阵温暖的风，小蘑菇开始随风摇晃。"孩子们跟随甲老师，有节奏地摇晃着。

这时，甲老师看见保育员已经从门口进来并向厕所走去，于是说："让我来看看哪个小朋友的蘑菇长得最好，我请他先去小便、洗手。"

随后，被甲老师挑选到的幼儿陆续去小便、洗手，剩下的幼儿还专注在自己的游戏中。

案例来源：成都市双流区怡心第六幼儿园

【案例说明】

在本案例中，教师利用游戏活动创设了一个有趣且富有引导性的过渡环节。首先，教师请幼儿专注于手部动作，这有助于幼儿放松身心，从剧烈运动的状态逐渐过渡到平静状态。然后，教师引导幼儿玩想象游戏。此外，教师通过互动的方式安排幼儿分批进入盥洗室，在维持班级秩序的同时，关注保教配合，尊重幼儿个体差异，有效避免了活动转换时衔接不畅等问题。

問題 **35**

教师如何减少活动中的消极等待现象?

《幼儿园教育指导纲要（试行）》中明确指出，要"科学合理地安排和组织一日生活"，"尽量减少不必要的集体行动和过渡环节，减少和消除消极等待现象"。等待作为一种行为，本身并不存在积极与消极之分。当幼儿在等待过程中伴随着时间的浪费、情绪的消极以及个体发展机会的错失，这种等待则被视为"消极等待"。

1. 消极等待的表现。

教师可以从以下三个方面判断幼儿是否处在消极等待状态。

（1）行为状态。幼儿在等待过程中出现漫不经心地玩玩具、发呆等行为，则被视为消极等待。

（2）情绪状态。幼儿在等待过程中伴随无聊、焦虑或不满等消极情绪，则被视为消极等待。

（3）外在目的。幼儿出于教师要求而不是自发自愿地出现等待行为，不清楚为什么要等待，则被视为消极等待。

2. 消极等待出现的原因。

（1）幼儿的个体差异性。由于幼儿的年龄、个性、家庭教育背景和生活环境等存在差异，他们的发展速度和能力水平并不一致。如，性格不同的幼儿，他们动作的快慢程度也不一样，导致完成活动的速度不同，因此便出现了等待现象。

（2）幼儿园的设备差异。如，因为班级如厕、洗手的位置少等造成幼儿在盥洗室长时间排队。

（3）班级管理能力。如，保教配合不紧密，班级教师需要等到保育员回班后才能进行下一项活动。

（4）教师教学能力。教师在活动与活动之间衔接不紧凑，或在活动前没有做好充分的准备，也会使幼儿因等待而浪费时间。

（5）突发事件。当遇到突发事件时需要教师及时处理，这时幼儿就需要等待。

（6）等待时间过长。等待是可以被接受的，但是长时间等待会消解个体的主动性和创造性，由此滋生消极情绪。

（7）幼儿心理发展。幼儿在心理发展初期，较难控制自己的情绪和行为，在等待时容易出现焦虑、不耐烦等情绪。

（8）幼儿生活适应。幼儿对于时间的概念和集体生活的规则尚不了解，因此缺乏目的性，幼儿在等待中缺乏自主意识，容易错失个体发展机会。

3. 减少消极等待的解决策略。

（1）班级管理层面。

①分工协作。在幼儿园的一日生活中，教师之间应合理分工，相互配合，保证一日生活环节顺畅，减少等待发生。

②减少统一要求。教师应认识到幼儿之间的个体差异，避免对所有幼儿提出整齐划一的要求。教师可鼓励先完成任务的幼儿帮助未完成任务的幼儿，或者进行其他有益的活动，如互相欣赏作品、进行简单评价等。

③设置幼儿行动路径。教师应规划好幼儿在区角、厕所、水杯架、床位等所有点位之间的运动路线及行进方向，保证幼儿在室内移动时不拥堵，

从而减少意外事件的发生。

④设置等待区。在教室或活动区域设置专门的等待区，教师可提供图书、玩具、拼图等，让幼儿在等待时自主开展其他活动。

（2）活动设计与组织层面。

①创意游戏。教师可设计一些有趣的等待游戏，如儿歌、手指游戏或词语接龙等，有效推进活动环节之间的过渡。

②充分准备。教师要提前做好准备，以便活动顺畅开展。如，开展集体活动前，教师提前准备好所用材料等。

③分批进行。教师要在需要等待的环节中，如盥洗、排队取餐等，可以采用分批进行的方式，如按照性别、小组等，以减少等待人数。如，对于吃饭较慢的幼儿可以先请他上桌吃饭，对于起床较慢的幼儿可以提前叫醒他。

④提前告知。教师要根据幼儿的兴趣和注意力变化，灵活地调整活动的时间和顺序，避免幼儿长时间的等待。

（3）幼儿层面。

①清晰解释。教师要用幼儿能够理解的语言，清晰、耐心地解释等待的原因。如，教师可以告诉幼儿："我们现在要等一等，因为其他小朋友也需要时间做准备，这样大家才能一起安全、有序地开始活动。"

②建立规则。教师要帮助幼儿树立各个场所必要等待的规则意识，理解在集体生活中等待的合理性。如，上下楼梯时要等待，搬椅子进区角时要等待，洗手、喝水、如厕、取餐时要排队等待，离园时要等待，等等。

③赋予权利。在解释等待原因后，告知幼儿后续活动安排，并在一定程度上给予幼儿在等待过程中自主安排活动的权利。如，中大班教师在半日活动开始前提前告知幼儿当天的活动安排，允许幼儿在等待时自行安排活动。

④自主准备。教师可以鼓励中大班幼儿自主参与活动前的准备工作，

如餐前摆放桌椅、分发餐具等。

不同的等待

午睡时间结束后，幼儿开始穿衣服并整理个人床上物品，有些幼儿的动作比较快，很快地就整理好了，但是有些幼儿还在赖床或者边讲话边穿衣服，导致出现了部分已经整理好的幼儿需要等待还没整理好的幼儿的现象。面对这样的情况，两位教师采取了不同的教育策略。

甲老师让整理好的幼儿坐在自己的床边等待，同时又不停地催促还没整理好的幼儿快速收拾，直到所有幼儿都收拾好后才进行下一个环节。

乙老师决定让一部分已经整理好的幼儿自主享用午点，让另一部分已经整理好的幼儿去提醒还在赖床的幼儿起床，并帮助动作慢的同伴穿衣服。在大家的协作下，全体幼儿很快就收整完毕，开启了下一个环节。

案例来源：成都市双流区怡心第六幼儿园

【案例说明】

从本案例中可以看出，对于同样的等待环节，两位教师因采取了不同的策略带来了不同的教育效果。甲老师的处理方法对于已经整理好的幼儿来说会产生长时间的等待，可能会让幼儿感到无聊或不耐烦，从而产生消极等待。而乙老师通过让幼儿之间相互提醒和帮助，不仅提高了幼儿的整理速度，而且增进了同伴之间的互动，同时还培养了幼儿的社交能力、合作意识和责任感，从而让无聊的等待时间转变为了蕴含教育价值的同伴互动。

问题 **36** / **遇到不适宜开展户外活动的天气时，教师可以采取哪些措施保证幼儿的户外体育锻炼？**

《幼儿园工作规程》中明确指出，"在正常情况下，幼儿户外活动时间（包括户外体育活动时间）每天不得少于 2 小时"，其中"户外体育活动不得少于 1 小时"。《评估指南》中也提出，应"制定并实施与幼儿身体发展相适应的体格锻炼计划，保证每天户外活动时间不少于 2 小时，体育活动时间不少于 1 小时"。户外体育锻炼活动的有效开展既能使幼儿的身体机能得到有效锻炼，又能促进幼儿社会交往、语言表达、自我保护等能力的发展。在遇到高温、雨天、雾霾等不适宜开展户外体育锻炼的天气时，教师应秉持安全第一的原则，从时间、场地、活动内容等方面来保证幼儿的体育锻炼。

1. 适当调整户外锻炼时间。

根据天气预报提前规划，避开高温、寒冷、雾霾等极端天气时段，合理安排户外锻炼的时间，确保幼儿获得适当的运动量。

（1）遇到高温天气时。可选择一天中气温相对较低的时间段，避开上午 10 点至下午 4 点的炎热时段，在清晨或傍晚进行户外活动。

（2）遇到寒冷天气时。可选择阳光充足且气温稍高的时段进行短时间户外活动，同时做好充分的保暖措施，避免幼儿长时间处于低温环境。

（3）遇到雾霾天气时。这种天气下应完全避免户外活动，转为在室内进行体育活动，如舞蹈、体操、球类运动（使用软质球）等，保证幼儿的运动量。

（4）遇到暴雨与台风天气时。这种天气下，户外活动显然无法进行，应提前规划好室内活动方案，确保幼儿的运动兴趣得到满足。

2. 合理充分利用室内空间与材料，创设锻炼场景。

室内可利用的体育空间包括幼儿园的功能室、楼门大厅、各班的活动室、睡眠室、楼道等。教师可根据室内体育锻炼方案，灵活选用适宜的活动空间，充分挖掘室内游戏材料。[①] 如：桌、椅、柜的多样化组合，通过创意拼接和组合，将桌、椅、柜转化为多功能游戏平台，开展平衡、钻、爬等活动；轻便材料的多元化应用，充分发挥现有器械和废旧材料的价值，实现一物多玩，如利用圈、绳、球以及奶粉罐、纸盒等，通过不同的摆放和组合方式创造丰富的游戏和锻炼场景，如投掷、捉迷藏、搬运等。[②]

3. 室内体育活动设计与组织的原则及策略。

室内体育活动的开展应秉承以下原则。

（1）安全性原则。所有投放的材料必须确保无毒、无害、无尖锐边缘，避免幼儿在活动过程中受伤。

（2）多样性原则。材料应丰富多样，包括不同类型、材质和功能的材料，以满足幼儿多样化的游戏和学习需要。

（3）适龄性原则。根据幼儿的年龄特点和认知水平选择材料，确保材料既能引起幼儿的兴趣，又能促进幼儿的发展。

（4）层次性原则。材料的投放应有一定的层次性，从简单到复杂，以适应不同水平幼儿的发展需求。

① 刘娟 . 幼儿园高质量室内运动环境的创设 [J]. 学前教育研究，2020（6）：93-96.
② 王琦 . 幼儿园室内体育活动开展的现状调查及建议：基于对平度市 10 所幼儿园的调查 [J]. 教育观察，2022（18）：59-61.

（5）易于取放原则。材料的取放应方便易行，确保幼儿能够自主取用和整理。

除此之外，幼儿园室内体育活动的开展需要从材料投放、活动设计以及组织与实施等三个方面的策略入手，保障活动的有效性^①（见表 17）。

表 17　室内体育活动的开展策略

内容	具体策略
材料投放	分类投放。将材料按照不同的功能和用途进行分类投放，如平衡类、跳跃类、钻爬类等，便于幼儿选择和操作 标识清晰。对投放的材料进行标识，可以使用图片、文字或符号，帮助幼儿快速识别和理解材料的用途 定期更新。定期更新材料，保持幼儿对材料的兴趣和积极性，同时淘汰陈旧、损坏的材料，确保材料的完整性和可用性 空间布局。合理规划活动空间，确保材料有序摆放，避免拥挤和混乱，为幼儿提供一个宽敞、舒适的活动环境
活动设计	目标明确。根据幼儿的年龄特点和发展需求，设计具有明确目标的活动，促进幼儿身体、认知、情感和社会性等多方面的发展 内容丰富。活动内容应丰富多样，包括走、跑、跳、钻、爬、平衡等多种运动技能，以及角色扮演、团队合作等社交互动环节 趣味性高。注重活动的趣味性，通过游戏化的方式激发幼儿参与活动的兴趣和积极性 挑战性适当。根据幼儿的个体差异，设计具有适当挑战性的活动，让幼儿在挑战中体验成功，增强自信心和成就感
组织与实施	活动前检查。在活动开始前，对投放的材料和活动场地进行全面检查，确保无安全隐患 教师指导。教师在活动过程中应密切关注幼儿的行为和状态，及时给予指导和帮助，避免意外事故的发生 安全教育。定期对幼儿进行安全教育，增强幼儿的安全意识，提高自我保护能力 分组实施。根据幼儿的兴趣进行分组，确保每组幼儿都能得到充分的关注和指导

---

① 柳倩，曾睿. 幼儿园室内环境运动功能的利用现状与保育措施 [J]. 学前教育研究，2018（4）：51–60.

续表

内容	具体策略
组织与实施	循序渐进。按照由易到难、由简到繁的顺序组织活动，使幼儿逐步掌握技能和提高能力 鼓励参与。鼓励幼儿积极参与活动，通过表扬和奖励的方式激发幼儿的积极性和主动性

案例 35

巧妙应对雨天：创意室内运动，幼儿乐翻天

一天上午，甲老师在开展户外体育锻炼活动时突然下起了大雨。于是甲老师立即组织幼儿回到教室，并根据原定的钻、爬、跳的锻炼目标，综合考虑室内空间和资源，设计了室内锻炼活动方案。接着，甲老师让保育员将教室中间的桌子、椅子、柜子挪至睡眠室，拓宽室内运动空间，充分利用室内的桌子、椅子、地垫等资源，设计了符合锻炼目标的"椅子桥""桌子迷宫"等探险游戏。

甲老师首先将几把椅子排成一列，形成了一座"椅子桥"。然后，在甲老师的鼓励下，孩子们开始一个接一个地尝试过桥，他们张开双手以保持平衡，小心翼翼地从一把椅子走到另一把椅子上。通过反复的行走较好地锻炼了幼儿的平衡能力。

过了一会儿，甲老师又巧妙地利用教室里的桌子、地垫创设了"桌子迷宫"探险游戏。她利用桌子留出低矮的通道，然后铺上地垫，让孩子们可以钻、爬、跳。游戏开始前，她强调了安全规则，告诉孩子们要慢慢地爬，轻轻地跳，尽量不要碰撞到桌子。游戏中甲老师与保育员分别站在桌子的两侧，观察孩子们的游戏行为。孩子们兴奋地爬上爬下、钻进钻出，不时发出欢笑声。在整个游戏过程中，孩子们不断地尝试新的闯关方式，较好地锻炼了腿部肌肉力量和身体协调能力。

案例来源：成都市双流区怡心第三幼儿园

【案例说明】

在本案例中，由于雨天无法继续开展户外体育锻炼活动，教师灵活地将场地转移至室内，并根据原定的户外体育锻炼目标制定室内锻炼活动方案，合理规划室内空间，充分利用室内的桌子、椅子、地垫等材料，设计了"椅子桥""桌子迷宫"等多种形式的体育锻炼活动，有效地完成了既定的钻、爬、跳、平衡等锻炼目标，促进了幼儿平衡能力和钻、爬、跳等能力的发展。通过这样灵活地调整活动时间、场地，充分运用室内材料开展室内体育锻炼活动，不仅保证了幼儿的锻炼时间，也激发了幼儿对体育游戏活动的兴趣，同时也实现了既定的锻炼目标。

問題 *37*

教师应如何平等对待每一个幼儿?

教师平等对待每一个幼儿是指教师在保育教育过程中，不因幼儿的性别、家庭背景、性格、能力等差异区别对待幼儿，给予每个幼儿同等的关注、尊重、机会和资源。教师平等对待每一个幼儿至关重要，在实际工作中，随着"以人为本""尊重差异"等理念的深入，大多数教师在公平对待幼儿的观念上虽然有了提升，但还是因为一些现实原因，如爱表现的幼儿一般会得到更多的展示机会、为了在有限的时间内取得更好的活动效果等，存在忽视内向、发展水平暂时较低幼儿的倾向，以下是帮助教师平等对待每一个幼儿的做法和建议。

首先，教师要认识到每个幼儿都是独特的个体，都有自己的闪光点和发展潜力，不能仅仅以能力强弱来评判幼儿，要用平等的眼光看待每一个幼儿。教师不仅要表扬表现好的幼儿，还要创造机会去表扬不善于表现的幼儿，帮助他们建立自信。如，在评估幼儿的艺术作品时，不要用同一种标准去衡量幼儿的艺术作品，而要肯定其在艺术创作中的优势和特点，激发幼儿的兴趣。

其次，教师要尽可能地为每一个幼儿提供均等的机会，尊重幼儿的参与权、表达权、游戏权，避免偏爱某些"乖巧""聪明"的幼儿，如，能力强的、爱表现的幼儿获得的机会多,先"告状"的幼儿、"哭"得厉害的幼儿就会得到更多的偏爱、包容等。教师应多倾听、多观察,如,在选择幼儿进行展示或参与活动时,可采用随机的方式,确保每个幼儿都有平等的被选中的机会;提问时面对更多的幼儿,为所有幼儿提供接受挑战的机会;人员较多时,可采用轮流或小组的方式,尽可能地让更多的幼儿参与到活动中。

再次,教师要观察和了解幼儿的兴趣和需要,为每个幼儿的成长提供多样化的活动及游戏材料。如,在户外游戏中,可开展体育游戏、角色游戏、建构游戏、沙水游戏等多样化的游戏活动供幼儿选择,同时也可提供多类型、多层次的游戏材料供幼儿自主选择,并适时介入和有针对性地给予指导。特别是对于弱势的幼儿给予支持,或通过合理的教师分工和合理的计划,尽可能地关注到每一个幼儿,给予每一个幼儿公平的机会和指导。

最后,教师要结合幼儿发展的差异给予有效支持。如,利用晨谈、过渡环节分享等环节给予语言发展滞后的幼儿更多的语言交流的机会;针对规则意识不强的幼儿,鼓励其参与规则制定,正面强化守规行为,鼓励幼儿参与班级管理,为班级服务,增强秩序感与责任意识;给予高情感需求幼儿更多情感上的积极互动和支持;为缺乏社交技巧的幼儿创设适宜的交往环境和提供交往策略;等等。

案例 36

艺术节画展

每年的 4 月 1 日是我园的艺术节,展览幼儿美术作品是艺术节的传统项目之一。以往一般会在幼儿园大厅展示部分获奖的"优秀"作品,孩子们路过大厅时,作品被展示出来的幼儿兴高采烈地谈论着自己的作品,而作品未被展示的幼儿表情落寞地快速离开了。老师们意识到对于作品未被展示的幼儿来说,这是一种不公平的体现。于是今年的艺术节画展,老师们进行了如下调整。

1.扩大展示区域，让更多幼儿的作品可以展出。将幼儿的作品展示在幼儿园的走廊、过道、户外游戏区等处，让每个幼儿的作品得到同等的重视和展示机会。

2.延长展览时间，轮流展示作品。将原计划一周的展示时间延长至半个月，并轮流展示所有幼儿的作品，让每个幼儿的作品得到平等的展出机会。

3.开展互动环节，让艺术节成为幼儿之间交流的平台。除了静态的展示，老师们还设计了互动环节，如"请你夸夸这幅画"，让幼儿学会欣赏、赞美他人的作品。

4.艺术节结束后，举行了"小小艺术家"颁奖典礼。典礼上，每个幼儿都收到了一张精美的证书，让他们知道自己的努力和创作都值得被认可、被尊重。

通过这些调整，艺术节不再只是少数"优秀"作品的展览会，而是变成了一个"人人被看到，人人被认可"、真正属于每个幼儿的节日。

案例来源：成都市双流区协和幼儿园

【案例说明】

为每个幼儿提供平等的展示与发展机会是教育公平的一项重要体现。平等对待每一个幼儿要求教师尊重差异，鼓励个性，让每个幼儿都能在自己的兴趣和特长上得到发展。本案例中，该园通过艺术节的改革为每个幼儿提供了一个展示自我、发挥创造力的平台，让幼儿体验到了创作的乐趣。更重要的是，通过这样的活动，幼儿不仅学会了如何表达自己，还学会了如何欣赏和尊重他人的创作，也在多元评价中知道美是不被定义的，从而获得成就感。因此，通过举办艺术节画展活动不仅展示了幼儿的艺术创作，更传递了教育公平和尊重多元价值的教育理念。通过这样的活动，教育公平理念更加深入人心，也为幼儿的全面发展奠定了坚实的基础。

有的幼儿不愿意在集体面前表达、表现，面对这种情况，教师应该怎么做？

幼儿时期是语言能力迅速发展的关键阶段，语言表达不仅是幼儿与世界连接的桥梁，也是他们认知、社交和情感发展的基础。通过语言，幼儿能够表达思想、感受和需求，与他人建立关系，并理解周围的环境。然而，在语言表达能力的发展上，幼儿之间存在显著的个体差异。一些幼儿可能天生具有很强的表达能力，乐于表达和表现。成功的表达和表现能够使幼儿感受到自我价值和能力，从而增强其自信心和自尊心。而有些幼儿可能因为内向、害羞或胆小等原因，在集体面前表达时会感到不安，甚至不愿意表达。这种不愿意表达的行为可能会阻碍他们与同伴建立良好的社交关系，进而影响其情感和社会性的发展。

面对这种情况，教师如何找到一种平衡，既尊重幼儿个性差异，又不强迫他们在集体面前表达，还能在一定程度上引导他们乐意表达，以达到教育目标？为了实现这一目标，教师可以采取以下具体措施。

1. 细致观察幼儿的行为，并进行精准分析，识别幼儿不愿意表达的具体情况或原因。

（1）细致观察幼儿在集体活动中的参与度、身体语言、面部表情等，收集重要信息，识别幼儿不愿意表达的具体情况或原因。这种观察应该是系统的、持续的，以便更准确地把握幼儿的行为模式和潜在需求。

（2）通过与家长沟通交流，充分了解幼儿在家庭环境中的表达习惯、偏好和可能存在的问题。这有助于教师更全面地理解幼儿的行为，并结合家庭环境因素具体分析幼儿在园的表现。

（3）综合在集体活动中的观察和家长提供的信息，对幼儿不愿意表达的原因进行深入分析。这些原因可能包括害羞、不自信或语言能力弱等。理解这些原因有助于教师设计更有效的支持策略，以满足幼儿的个别需要。

2. 创设一个充满关爱和激励的语言环境，鼓励幼儿表达自己的想法与感受。

（1）设计充满正能量且布置温馨的活动空间，使用柔和的色彩和舒适的区域布置，营造一个放松和接纳的氛围。此外，教室内应有足够的空间供幼儿自由活动，以确保每个幼儿都能在活动中找到自己的位置，感受到自己是被尊重和被重视的。这样的环境设计可以促进幼儿的积极参与，并激励他们在集体中更自信地表达自己。

（2）通过小组合作，逐步缓解幼儿直接面对大群体时的紧张感。在小组内，幼儿之间可以相互支持，加强彼此之间的信任，从而更自在地表达自己的想法。

（3）利用游戏化的方法激发幼儿的好奇心和表达欲望。如，利用角色扮演游戏为幼儿创设一个练习对话和表达的情境；通过同伴共读或玩建构游戏，鼓励幼儿在游戏过程中与同伴交流想法和感受。

3. 尊重和支持幼儿，与幼儿建立相互信任的关系，让幼儿感到被理解、被尊重。

（1）在日常活动中，可以充分利用一日生活各环节的碎片时间与幼儿交流，耐心倾听幼儿的想法，让幼儿感受到教师的关注和重视。

（2）多使用肯定和鼓励的语言（如"你说得很好！""你的想法很不

错！"等），以及非言语的肢体语言（如微笑、竖大拇指、拥抱等）来支持和激励幼儿。这些鼓励性的行为能够增强幼儿的安全感，使其更愿意表达自己。

（3）通过言行表现出对幼儿个性的接纳和尊重。这种态度不仅能帮助幼儿建立起自我价值感，还能促进他们在集体中更加愿意或自信地表达自己。

4. 通过逐步引导和鼓励，使幼儿积极参与思考和表达，增强学习动力。

（1）在初始阶段，可设计简单的、与幼儿日常生活密切相关的问题，确保幼儿能够理解并回答。随着幼儿自信心的建立，可以逐步引入更复杂的问题，鼓励他们进行更深入的思考和表达。

（2）提问后，给予幼儿足够的时间来思考问题、组织语言和形成答案。这不仅能缓解幼儿的紧张和局促感，还有助于幼儿更好地表达自己的想法。

（3）提问时多问开放式问题（如"你怎么看？""你有什么想法？"等），鼓励幼儿自由地表达个人观点，促进其思考能力和语言表达能力的发展。

5. 采用多种方式激发幼儿的语言表达和沟通技能，促进幼儿的语言发展。

（1）充分发挥语言区的作用，在班级语言区为幼儿提供丰富、适宜的读物，经常与幼儿一起看图书、讲故事等，让他们接触到更多的词汇、不同的表达方式和语言结构，丰富其语言表达能力，增加词汇量。

（2）在日常交流中引入新词汇，如通过故事讲述、角色扮演等活动，将新词汇自然地融入到幼儿熟悉的语境中，帮助幼儿理解和记忆这些词汇，并鼓励他们在对话中尝试运用。

（3）通过组织各种主题活动、游戏活动等，鼓励幼儿在各种情境中使用语言进行交流。如，在角色游戏中，幼儿可以扮演不同的角色进行对话，这样的实践有助于提高他们在不同社交场合下的表达和应变能力。

6. 多进行正强化和公开表扬，巩固幼儿的正向行为，提高幼儿的自

信心和成就感。

（1）在幼儿表达后，无论回答是否完全正确，教师都应肯定幼儿的努力并给予积极且具体的反馈，如"你说得真好！""你表达得很清楚！"，让幼儿明白自己的表达是被欣赏和被鼓励的，通过正面反馈帮助幼儿树立自信心。

（2）在适当时机（如集体活动或分享活动等），公开表扬进步的幼儿，并鼓励家长通过亲自参与或录制视频的方式，共同肯定幼儿的进步。这样的公开表扬不仅能激励幼儿，还在同伴中树立了他的积极形象，从而增强幼儿的自尊心与归属感。同时，也增进了家园联系，让幼儿深切感受到家长对自己的支持与鼓励。

7. 持续观察幼儿表达表现的进步情况，根据反馈灵活调整方法和策略。

（1）教师需要持续观察幼儿在不同情境下表达的情况，包括在小组活动中的互动和在集体活动中的表达表现。这些观察有助于教师及时发现幼儿在表达能力上的进步和面临的挑战。

（2）基于对幼儿的持续观察，教师应灵活地调整支持策略和活动安排，如提供更多的一对一支持、调整问题的难度、改变小组的构成等，以确保所有幼儿都能得到个性化的支持和发展。

（3）定期与家长沟通，分享幼儿在集体表达方面的进步和教师所采取的支持策略，让家长了解幼儿在幼儿园的表现，鼓励家长在家中采用相似的方法以促进幼儿表达能力的发展。通过家园合作，确保幼儿在幼儿园和家庭中都得到一致的支持和鼓励。

案例 37

老师，我不想说

分享会上，孩子们轮流分享周末趣事。轮到幼儿 A 时，他站起身轻轻地摇了摇头，低头小声地说："老师，我不想说。"随即，他低着头缓缓坐回了位置，小脸紧绷。甲老师见状，微笑着走到幼儿 A 身边，蹲下身，拉着他的手说："没关系，我们可以等你想好了再说。"甲老师又继续问旁边的幼儿 B："你周末去哪里玩了呀？"幼儿 B 滔滔不绝地说道："我去动物园看了好多动物，有长颈鹿、老虎、河马、猴子……"接着，甲老师继续引导幼儿 A："周末有没有什么让你觉得特别开心的事情呢？"此时，甲老师注意到幼儿 A 抬头看了看其他小朋友。于是，甲老师趁机说："看，大家都很期待你的分享呢！"同时，对着幼儿 A 做出想倾听的动作。这时，幼儿 A 小声地说："我周末和妈妈一起去街上买了东西。"甲老师继续问："那你们买了什么呢？""买了鱼，买了菜，还有我喜欢吃的杧果。"幼儿 A 回答。听完，甲老师鼓起了掌，其他幼儿也都鼓起了掌，幼儿 A 笑了。分享会结束后，甲老师还私下与幼儿 A 约定，下周可以带一件自己最喜欢的玩具或一本看过的书，与小组里的小伙伴一起分享。

案例来源：成都市双流区黄龙溪幼儿园

【案例说明】

幼儿阶段是个体社会性与语言能力发展的关键时期，幼儿在集体面前的表达不仅是其语言技能的展现，更是自信心、社交技巧及情绪管理能力的重要体现。在本案例中，面对幼儿因缺乏自信而拒绝回答问题时，教师通过问答引导、语言鼓励与简单任务，帮助幼儿逐步积累成功的体验，建立自信，鼓励其在集体中勇敢发声，这一系列的支持策略不仅体现了教师对于幼儿心理发展特点与需求的深刻理解与细致关怀，也为幼儿未来的社交发展奠定了良好的基础。

问题 *39*

如何对有特殊需要的幼儿进行更好的照料?

参照联合国《儿童权利公约》、相关国家以及学者对特殊需要儿童的相关研究,结合我国特殊教育相关指导文件等,我们认为有特殊需要的幼儿通常是指在身心发展或学习、生活等方面与普通幼儿有着明显差异,需要给予特殊照顾、支持和帮助的幼儿。主要涵盖四类:一是有生理特殊需要的幼儿,如肢体残疾、视听障碍幼儿;二是有智力特殊需要的幼儿,如智力发育迟缓及超常幼儿;三是有心理发展特殊需要的幼儿,如孤独症、注意力缺陷多动障碍、情绪行为障碍幼儿;四是有其他特殊需要的幼儿,如患有慢性疾病、过敏体质、营养不良等健康问题的幼儿。

《幼儿园教育指导纲要(试行)》中明确指出,"幼儿园的教育是为所有在园幼儿的健康成长服务的,要为每一个儿童,包括有特殊需要的儿童提供积极的支持和帮助","关注幼儿的特殊需要,包括各种发展潜能和不同发展障碍",因此,为了促进每一个幼儿全面发展,对于有特殊需要的儿童,幼儿园可以采取以下策略。

1. 创设安全、平等的物理环境。

(1)提供无障碍设施。幼儿园的空间和设施适当、无障碍,为特殊需要儿童的日常生活,以及参与教育活动提供可能,满足特殊需要儿童在班级、园内能自由通行与使用的需要。如,为过敏体质幼儿准备单独的营养餐,为视听障碍幼儿设置明显的标识和提示。同时,配备适合他们特殊需要的设施设备、数字化工具,如特殊座椅、助听器等。如果有必要,还可建立独立的融合教育资源教室。

(2)创设平等环境。幼儿园创设的环境要能满足包括特殊需要儿童在内的每一个幼儿学习活动的需要,若存在参与障碍的情况,需合理调整环境。

2. 营造尊重、包容、温暖的文化氛围。

(1)家园共育。幼儿园管理人员、保健人员、班级教师等要以尊重、包容的心态密切与特殊需要儿童家长联系与沟通,让家长感受到幼儿园的关心关爱,对幼儿园产生信任、理解、支持并能主动参与园里开展的一些活动。及时与家长分享特殊需要儿童的成长和进步,了解他们在家庭中的表现,认真倾听家长的意见建议。同时,还要加强宣传引导,积极争取普通儿童家长的理解和支持。

(2)教师助力。幼儿园全体教职工,尤其是特殊需要儿童的执教教师、保育员要充分认识融合教育的责任与使命,积极支持融合教育的开展,尊重特殊需要儿童独特的身心发展和学习特点,以包容、尊重的心态接纳有特殊需要的儿童。在一日生活中,教师要注意自己的言行举止,公平公正地对待每一个幼儿,保教配合,为特殊需要儿童提供生活、游戏、学习等方面的帮助。同时还要善于发掘特殊需要儿童的优点,采用多样化的教学方法,以满足幼儿不同的学习风格和特殊需求。如,对于视觉障碍幼儿,可运用触摸、听觉等感官体验进行教学;对于注意力缺陷多动障碍幼儿,可采用时间短、频率高、趣味性强的教学方式。

(3)同伴友好。教师应在班级中营造尊重、包容的氛围,引导其他幼儿与特殊需要儿童友好互动、合作互助,培养幼儿的同理心和包容心,让特殊需要儿童感受到被尊重和被关爱。同时，教师还要注意避免过度保护，一是给予特殊需要儿童适当的挑战和尝试机会，让他们在安全范围内探索世界、发展能力；二是避免普通儿童觉得老师不公平、偏心等。

3. 加强特殊需要相关研培，提高教师的知识技能。

（1）理论学习。通过园内培训、教研活动、外出学习等，让教师了解特殊需要教育、融合教育的理念，了解各类特殊需要儿童的心理与学习特点，了解特殊需要儿童的障碍诊断与评估、感统训练、语言沟通等专业知识。

（2）个案研究。以个案研究的形式，帮助教师将理论应用于实践，能根据特殊需要儿童的身心发展状况，有针对性地制订个别化教育计划，并进行科学、有效的评价。

4. 寻求多方专业力量的支持与帮助。

（1）医教结合。针对特殊需要儿童的教育，需要采用医学和教育相结合的模式，如借助科学的医学理念和先进的临床医疗技术对儿童进行医学评估，从而制定针对特殊需要儿童的照料策略、教育干预等。

（2）专业协同。在幼儿园设置"特殊需要教育协调员"，邀请医疗专家、儿童心理专家、家庭教育指导师等进行入园指导，一起在生活上护理特殊需要儿童，一同规划特殊需要儿童教育活动，并定期为教职工和家长提供培训和指导。

5. 制订个别化支持计划。

（1）建立专案管理档案。为特殊需要儿童建立个人档案，包括幼儿的个人信息、家庭基本信息、疾病史、各项评估报告、教育记录、观察记录等，以便随时跟踪和调整照顾方案。

（2）综合评估。对于个别的特殊需要儿童，除了家长、教师，还可以联动不同领域的专家（如医生、康复治疗师、心理咨询师以及符合专业资质的评估人员）共同参与，利用多种评估方法对幼儿进行综合评估，判断幼儿的具体情况，对有特殊需要的幼儿实施早期识别、早期诊断、早期干预。

（3）制订个别化教育计划。依据各项评估结果、幼儿现阶段发育水平和其情绪行为特点、家庭期望和需求等制订个别化教育计划，制定短期和长期训练目标，选择各时期适合的干预方法，并制定综合教育方案。

（4）定期评估，灵活调整。定期邀请家长、各领域专家来园商讨个性化教育实施情况、出现的问题以及可以采取的调整措施。

6. 有效推动家园深度合作。

（1）心理疏导。及时做好特殊需要儿童、其父母及其他带养人的心理疏导。密切关注幼儿的身心健康状况，及时发现并处理疾病和不适。鼓励幼儿发挥自身优势，勇敢克服困难，并及时给予他们安慰、支持和适当的奖励，表扬幼儿的表现和进步，让幼儿感受到自己的进步。同时，积极与家长沟通，引导教师和家长之间交流经验做法，相互取长补短，减轻家长的焦虑和担忧，共同见证幼儿的成长和进步。

（2）提供支持。为家长提供丰富的资源和信息，帮助他们了解特殊需要儿童的照料方法。通过现场示范、案例分析、手把手教授、问题解答以及后续跟踪指导等形式，帮助特殊需要儿童的父母和其他家庭成员科学认识特殊需要、融合教育等，教授家长具体可行的家庭干预策略。

（3）密切沟通。定期与家长交流幼儿在园的表现，分享幼儿的进步和成长，并定期了解幼儿在家中的表现和需求，结合在园情况与家长共同制订照料计划。

案例 38

过敏体质幼儿的照料

幼儿 A 是我园新入园的幼儿，该幼儿对牛奶、鸡蛋和花生严重过敏，有着特殊的饮食需要。我园在幼儿 A 入园前就从家长那里了解到了这一情况，并将相关信息详细记录在案。为了确保幼儿 A 得到妥善的照料，我园采取了下列措施。

1.饮食规划。保健医与厨房工作人员共同为幼儿 A 制定了专门的食谱，确保每日的餐食既要能满足他的营养需求，又要避开过敏食物。如，当幼儿园餐食安排中有牛奶时，就会为幼儿 A 准备豆浆或椰奶等富含多种营养的植物奶替代牛奶。

2.食材采购与管理。采购人员在采购食材时，要求供应商提供详细的食材成分说明。

3.厨房操作规范。厨房工作人员在烹饪幼儿 A 的餐食时，使用单独的炊具和餐具，避免与其他食物交叉接触。

4.教师监督与照顾。班级教师在幼儿 A 用餐时密切关注，确保她食用的是为她准备的特殊餐食，同时观察她是否有过敏反应的迹象。

5.教育引导。教师向班级其他幼儿介绍幼儿 A 的特殊饮食需要，引导幼儿 A 知道自己过敏的食物，不吃过敏的食物并引导其他小朋友关心和帮助幼儿 A，不分享可能导致她过敏的食物。

6.家园共育。幼儿园还积极与幼儿 A 的家长沟通，共同制订和执行饮食计划。家长提供了幼儿 A 在家中的饮食情况和喜好，幼儿园则根据这些信息调整了幼儿 A 的在园饮食方案。同时，幼儿园还向家长传授了一些照顾特殊饮食需要幼儿的技巧和方法，以便家长在家中也能更好地照顾幼儿 A。

在整个学期中，幼儿 A 在幼儿园里从未因饮食问题出现过敏反应，身体状况良好，能够开心地参与幼儿园的各项活动。同时，通过这个过程，班级里的小朋友们也学会了关心他人，增强了团队意识。

案例来源：成都市双流区永安幼儿园

【案例说明】

本案例展示了幼儿园在关爱有特殊饮食需要幼儿方面所做的努力，该园在幼儿A入园前就已经充分了解了其过敏情况，并采取了多项措施确保其在幼儿园得到妥善的照料和关怀。这些措施不仅涵盖饮食管理、环境控制、家园合作等方面，还注重情感关怀和心理支持，为有特殊饮食需要的幼儿A提供了全方位的关爱与照料。需要注意的是，每个有特殊需要幼儿的情况都是独特的，其原因可能是多种因素共同作用的结果，针对具体的个体，需要进行详细的评估和诊断，以确定确切的原因和制定合适的干预方案，并不断调整和改进照料方法，以适应幼儿的变化和发展需要。

怎样帮助幼儿养成良好的学习习惯?

    幼小衔接是指幼儿园到小学之间的过渡阶段,是关系到幼儿终身发展的一个重要环节。帮助幼儿科学做好入学准备教育,是幼儿园教育的重要内容。培养良好学习习惯是《幼儿园入学准备教育指导要点》中学习准备的重要内容之一。养成良好的学习习惯不仅能帮助幼儿更快地适应小学生活,还能减轻他们对作业和考试的恐惧心理,为其适应小学的学习生活做好充足的准备,以达到事半功倍的教育效果。

    幼儿阶段是培养良好学习习惯的关键期,幼儿园可以通过以下途径帮助幼儿养成良好的学习习惯。

1.通过创设启发性的学习环境、鼓励提问等培养幼儿的好奇好问。

    (1)营造一个充满启发和探索氛围的环境。通过设置多样化的学习角落,配备各种教育玩具和学习材料,让幼儿在游戏中学习和探索。如,设立一个自然观察区,让幼儿能够近距离接触植物、昆虫等,培养他们对生命科学的兴趣。

    (2)重视并鼓励幼儿提出问题,对他们提出的问题给予重视和耐心的解答。当幼儿表现出好奇时,家长和教师应引导他们进行思考和探究。如,当幼儿问"鱼为什么能在水中呼吸？"时，家长和教师可以引导幼儿通过观察鱼缸中的鱼，了解鱼是如何通过鳃呼吸的。

（3）通过富有创意的故事讲述和互动游戏来激发幼儿的想象力与创造力。通过富有教育意义的故事，可以引发幼儿对各种知识点的兴趣。而通过设计富有挑战性的互动游戏，如科学实验游戏，让幼儿可以在玩耍的过程中学到科学知识。

（4）家长和教师的示范作用。幼儿喜欢模仿大人的行为，如果家长和教师能够持续表现出对知识的渴望和探索，这将会对幼儿培养良好的学习习惯有很大的激励作用。

2. 通过游戏、任务设定等培养幼儿的专注力和坚持性。

（1）通过游戏活动培养幼儿的专注力，如玩拼图、华容道、七巧板、积木、棋类等游戏，让幼儿在游戏中提高专注力。

（2）通过设定目标和任务，在完成任务过程中培养幼儿的坚持性。可以设定短期目标，如本次活动要完成一幅画或拼图，让幼儿在实现目标的过程中学会坚持。设置一些具有挑战性的任务，如"拼图大挑战""棋艺擂台赛"等，让幼儿在挑战中学会坚持和面对挫折。当幼儿在某项任务上表现出坚持时，及时给予表扬和奖励，增强他们的成就感和自信心。

（3）开展需要持续努力的活动，如种植花草、饲养小动物、记录身高体重等，让幼儿在照顾这些生命、记录自己身体变化的过程中体会到坚持的重要性。通过这些活动，幼儿不仅能学会坚持，还能培养责任感、爱心以及自我认知。

（4）通过故事和角色扮演，让幼儿了解坚持的重要性和价值。选择一些关于坚持和毅力的经典故事，如《愚公移山》《精卫填海》等，让幼儿在听故事的过程中学会在面对困难时要坚持不懈。

3. 通过环境创设、开放式提问、合作学习等激发幼儿勇于探究的精神。

（1）为幼儿提供丰富的学习材料和工具，如科学实验材料、自然观察工具、绘画材料等，激发他们的好奇心和探索欲。

（2）设计开放式的问题和活动，鼓励幼儿提出自己的见解和解决方案。如，在进行科学实验时，教师可以提出一些开放性问题，如"你们认为会发生什么？""为什么会这样？"，让幼儿通过观察、实验和讨论，自己得出结论。

（3）开展小组合作学习，让幼儿在与同伴的互动中学会独立思考。在小组活动中，鼓励每一个幼儿发表自己的见解，同时也要引导幼儿学会倾听和尊重他人的想法。通过小组合作，幼儿可以在交流和讨论中提升自己的思考能力和解决问题的能力。

（4）提供反馈和指导，帮助幼儿在学习过程中不断进步。教师在观察幼儿的自主学习活动时，应给予适当的引导和建议，帮助他们更好地理解任务要求和学习目标。提供个性化的支持和指导，以更好地激发幼儿的学习动力。

4. 通过创设阅读环境与鼓励亲子共读培养幼儿的阅读兴趣。

（1）创设良好的阅读环境。教师为幼儿提供丰富的、适宜的、符合其年龄特点的读物，设定专门的阅读时间和空间，有目的有计划地和他们一起阅读图书，安排固定的时间组织幼儿一起分享阅读后的收获。

（2）鼓励亲子共读。鼓励家长设定家庭亲子共读时间，陪伴幼儿一起选书、读书，阅读后通过提问启发幼儿思考。

5. 通过多元表达活动，培养幼儿的创造力和表达能力。

（1）组织多样化的艺术活动，如绘画、手工制作、音乐和舞蹈等，让幼儿在动手操作和艺术创作中自由表达自己的想法和情感。通过艺术活动，幼儿可以学会用不同的方式来表达自己，从而增强自信心和创造力。

（2）开展角色扮演游戏。通过模拟真实场景，如商场、医院、超市等，让幼儿在角色扮演中学习交流和表达技巧。

（3）激发幼儿书面表达的意愿。要根据幼儿的年龄特点进行有的放矢的引导练习，如，针对中小班幼儿，可提供可以随时取放的纸笔，满足他们涂涂画画的书面表达意愿，鼓励幼儿将自己感兴趣的事情或故事用符号、图画等记录下来；针对大班幼儿，通过情境、游戏等强化正确的坐姿与握笔、书写姿势，还可以鼓励幼儿绘制心情日记，将每天发生的重要的事，用画画写写的方式记录下来。

（4）激发幼儿倾听与表达的欲望。教师经常和幼儿一起谈论他们感兴趣的话题，使其感受到语言交往的乐趣；耐心地倾听幼儿讲话，等他们讲完后再表达自己的观点；用故事会的形式创设语言情境，讲故事时要做到绘声绘色，运用丰富的面部表情、夸张的肢体动作、带有人物特点的语言吸引幼儿。

案例 39

好玩的华容道

学期初，大二班甲老师在益智区投放了华容道。孩子们初次见到华容道显得有些困惑："这是什么玩具？""怎么玩啊？"于是甲老师向孩子们介绍了华容道玩具的历史背景、结构和移动规则，在亲自示范玩法后鼓励幼儿进行自主游戏。

刚开始玩的时候，孩子们尝试移动数字木块，却越移越乱，怎么也不能将数字木块按顺序排列，有的幼儿甚至在几次尝试失败后显得有些沮丧。甲老师注意到这一点，为了帮助幼儿更好地理解，她还设计了一些简单的步骤提示卡片，上面画有移动数字木块的示意图。这样孩子们可以一边看着卡片一边动手操作，渐渐地，他们掌握了一些基本的移动技巧。

随着经验的积累，孩子们开始尝试更复杂的排列方式，甚至能够独立完成数字木块的正确排列。班级里掀起了一股"华容道热",孩子们在餐前、餐后等环节总是喜欢聚在一起,互相比赛谁能在最短的时间内完成挑战。甲老师也开始思考投放带有人物故事的华容道,以进一步激发幼儿的游戏兴趣。

　　案例来源:成都市双流区协和幼儿园

【案例说明】

　　幼儿专注力、坚持性的培养和发展是一个由易到难、循序渐进的过程,幼儿需要通过反复的探索与练习,才能更好地控制自己,逐渐提高自己的专注力和坚持水平。在本案例中,教师在益智区投放了华容道,因为这一益智游戏本身就具有一定的难度和挑战性,需要幼儿做到手、脑、心并用,有助于提高幼儿的专注力。同时,教师利用亲身示范、投放示意图等方式引导幼儿细心观察和不断尝试,鼓励幼儿逐步克服困难,提高了幼儿的坚持性,也在无形中提高了他们人际交往、主动学习、解决问题等能力,为其进一步养成良好的学习习惯、顺利适应小学生活打下了良好的基础。

问题 *41* / 部分家长担心幼儿上小学"跟不上",因此希望幼儿园能开展拼音、算数等"超前学习"活动。面对这样的情况,教师应该如何做?

部分家长因担心幼儿会输在"起跑线"上,会让幼儿进行"超前学习"。这种教育方式不仅可能扼杀幼儿对学习的好奇心,还可能让他们在面对挑战时感到极大的压力和焦虑。长期来看,这可能还会削弱幼儿的自尊心和学习动力,甚至影响其社交和情感发展。因此,顺应幼儿的自然成长节奏,通过游戏和探索的方式激发幼儿的学习兴趣,才是更明智的选择。

但是在现实生活中,很多大班家长就存在"拔苗助长",让幼儿"超前学习"的情况,主要原因如下(见表18)。

表 18 造成家长让幼儿"超前学习"的主要原因

主要原因	具体阐述
教育环境的改变	随着社会对教育成绩的重视日益提高,小学教育内容的难度和学习压力有所增加。家长意识到幼儿园与小学在教学内容、学习方法和课堂管理等方面存在较大差异,担心幼儿不适应小学的学习节奏和要求
家长之间的竞争心理	在教育竞争激烈的社会背景下,家长在日常生活中可能会与其他家庭进行比较,注意到其他幼儿已经开始接受"超前学习",出于"不输在起跑线上"的考虑,家长希望通过让幼儿提前学习汉语拼音、算数等基础知识,以帮助幼儿更好地适应小学学习环境,减轻其在学习上的焦虑和挫败感

续表

主要原因	具体阐述
教育观念的差异	家长的教育观念与幼儿园的教育理念存在差异。幼儿园注重游戏化学习和全面发展，而家长可能更关注知识和技能的早期积累
对未来的焦虑	家长担心幼儿上小学后无法适应新环境，过早为幼儿准备入学物品，过度干预幼儿的生活作息，担心幼儿的学习成绩，不断搜集学校信息，但信息过载易导致产生焦虑情绪。因此，这种不确定性驱使家长选择让幼儿进行"超前学习"，力求为幼儿在未来竞争中赢得优势
媒体和广告的影响	培训机构的宣传和广告也可能影响家长的决策。这些机构通常会强调"超前学习"的重要性，以此吸引家长为幼儿报名参加幼小衔接培训班

在面对家长可能存在的"超前学习"观念时，教师应当采取积极、科学的策略来引导家长转变观念，缓解家长的焦虑情绪，以促进幼儿健康成长与全面发展，具体可以采取以下措施。

1. 家园双向沟通，传递科学衔接理念，共同关注幼儿成长。

（1）通过家长会、专家或小学教师专题讲座、家长沙龙等方式，向家长传递科学的幼小衔接内涵，分享科学的幼小衔接做法，转变家长的观念，减缓家长的焦虑，引导家长关注幼儿的长远发展。[①]

（2）有针对性地开展一对一家访及日常沟通，了解家长"焦虑"和热衷让幼儿"超前学习"的根本原因，提出有针对性的指导建议。

2. 家庭、幼儿园和社会多方协同，共同为幼儿打造连贯的学习环境，帮助其顺利迈入小学。

（1）组织幼儿或家长陪同幼儿参观小学，帮助幼儿提前了解小学的学习环境等，减缓入学焦虑。

（2）邀请家长走进幼儿园和小学的教学现场，感受不同学段的不同学习方式，明白学习要遵循幼儿的发展规律。

---

① 本刊编辑部，何晓勤，楼梦娜.圆桌会：双向衔接，变入学焦虑为入学期待 [J].幼儿教育，2022（17）：7-9.

（3）组织幼儿园和小学之间开展联合教研,如可以采取"同课异构"的方式,让幼儿园老师和小学老师互换角色,深入交流不同学段幼儿的学习特点,以便更好地做好幼小衔接。

（4）鼓励家长建立家长互助小组,让家长之间互相交流经验、分享心得,共同面对幼小衔接的挑战。[①]

（5）幼儿园可定期采取到小学实地观察、采访家长、采访已经上小学的幼儿和小学教师等方式追踪回访幼儿入学后的适应情况,并及时调整幼小衔接实施方案。

3. 幼儿园做好入学准备教育,帮助幼儿在进入小学前打好全面而坚实的基础。

（1）调整一日作息安排,鼓励幼儿准时入园,不迟到,不早退,培养幼儿养成遵守时间的好习惯。在大班下学期,可通过模拟"课间十分钟"和增加集体学习活动等方式,培养幼儿的专注力,为其顺利适应小学生活做好准备。

（2）在大班下学期,适当调整活动室布局,增设学习区和"幼小衔接"专区,投放与小学相关的学习材料。通过模拟小学课堂、创设主题墙等方式,帮助幼儿初步了解小学生活,激发其对小学生活的期待。

（3）重视培养幼儿的倾听和阅读能力。创设自由、宽松的语言环境,提供丰富的阅读材料,引导幼儿认真倾听、自主阅读,鼓励幼儿表达想法。引导幼儿感受文字、符号在日常生活中的功能和意义,激发幼儿对书面表达的兴趣,提醒幼儿在写画时保持正确姿势,帮助其做好必要的书写准备。

（4）通过寓教于乐的方式提升幼儿的自我管理意识和生活自理能力,帮助幼儿学会独立处理个人卫生、整理衣物,鼓励幼儿参与一些力所能及的简单劳动,引导幼儿制订计划和做好个人生活管理,引导幼儿树立时间

---

① 张园.家园共育视域下幼小衔接路径研究 [J].当代家庭教育,2023（22）:45-48.

观念，培养幼儿的任务意识。同时，强化安全自护教育，教幼儿一些简单的自救和求救的方法，提高幼儿的自我保护能力。

（5）在大班幼儿发展评估中，可围绕入学愿望、学习兴趣、情绪管理、自理能力、学习习惯、自我保护、社会交往能力及表达表现能力等方面进行观察和评估。[①] 在日常活动中为幼儿提供自我评估的机会，帮助幼儿感受成功，体验成长的快乐。

案例 40

小书包里的作业本

幼儿 Ａ 是一名大班幼儿。进入大班两个月左右，甲老师注意到幼儿 Ａ 在集体活动时注意力总是不集中，也不太积极参加各项活动，总是独自一人坐在那里写写画画。一问才知道是家长给布置了"作业"，作业本上是幼儿 Ａ 写的歪歪扭扭的汉语拼音和加减算数题。甲老师通过与幼儿 Ａ 交流了解到，幼儿其实很不愿意做"作业"，但家长还是要让其继续。随后甲老师又与该幼儿的家长进行了交流，家长认为孩子上大班后就应该学习汉语拼音、写字和加减法，不然上了小学会跟不上，所以家长在家给幼儿"开小灶"，同时，家长希望幼儿园也能开展相关活动。

为了帮助家长树立科学的育儿观念，正确理解科学幼小衔接，提升幼儿的学习兴趣，甲老师主要做了以下工作。首先，甲老师安排了一次家访，与家长坦诚交流了幼儿 Ａ 近期在园的表现及可能出现的原因。她耐心地向家长解释了幼儿阶段身心发展的特点，强调过早的学习可能带来的负面影响，如学习兴趣的丧失、社交能力的减弱等。其次，甲老师通过班级群向全体家长推送了与幼小衔接相关的政策文件和一系列关于"科学做好幼小衔接"的专业文章，引导家长树立正确的教育观。再次，为了加深家长的理解，班级

---

① 刘晓吟.家园校共育，搭建成长阶梯 [J].教育家，2022（8）：52-53.

还组织了一次家长开放日。活动中，甲老师通过寓教于乐的活动形式，展示了如何在游戏中促进幼儿的全面发展，特别是语言、认知、交往和情感等多方面的能力。最后，针对幼儿 A 的情况，甲老师还与家长共同为其制订了个性化的成长计划，鼓励家长在家多陪伴幼儿进行亲子阅读、手工制作、体育运动等活动，减轻不必要的学习压力，同时加强家园共育，共同关注幼儿的身心健康成长。

经过一个多月的努力，幼儿 A 小书包里的作业本不见了，之后在开展集体活动时幼儿 A 能认真听并乐意回答问题，参与各种活动的积极性也更高了。同时，家长也慢慢认识到了"超前学习"的弊端，转而支持幼儿按照自身节奏成长，享受童年的快乐。

案例来源：成都市双流区黄龙溪幼儿园

【案例说明】

作为教师或家长，我们应当扮演好观察者、引导者和支持者的角色，鼓励幼儿根据自己的兴趣和需求去探索、去学习，而不是盲目地追求知识的提前灌输；要尊重幼儿的成长规律和学习特点，让他们拥有各自的学习节奏和方式。这样，幼儿才能在成长的道路上稳健前行，实现全面、和谐的发展。

在本案例中，教师在面对家长的"超前学习"观念和行为时，通过有效的沟通、提供科学依据、开展实践活动以及个性化指导等多种方式，成功帮助家长转变了教育观念，让家长明白了"超前学习"不仅占用了幼儿大量的游戏和休息时间，还让幼儿在幼儿园的日常活动中出现力不从心、注意力难以集中、对集体活动失去兴趣，甚至出现抵触情绪等严重后果。同时，在了解了幼儿园科学的教育方式和正确的幼小衔接做法后，家长也开始尝试改变自己的教育方式，积极与幼儿园一起做好幼儿的幼小衔接，为幼儿的健康、全面发展奠定基础。

问题 *42*

教师如何与家长建立平等、互信的关系?

　　教师与家长之间平等、互信的关系是指在教育过程中,教师与家长之间建立的一种相互尊重、信任、坦诚的关系,具体体现在教师和家长相互支持和学习、尊重对方的专业知识和经验、能坦诚开放地交流思想和信息、当遇到关于幼儿的问题或挑战时能共同合作解决问题等。教师和家长的协调与配合,能促进幼儿的全面和谐发展,但教师和家长是朋友并不代表就建立了平等、互信的关系。教师和家长是朋友不一定有利于家长工作的开展,"朋友"关系在言行上过于亲近,可能会影响教师开展家长工作的公平性和有效性。教师和家长沟通时,应以尊重、专业、真诚的态度与家长进行沟通,实现家园共育的目标。具体可以采取以下措施。

　　1. 遵守职业道德规范,树立良好职业形象。

　　教师在与家长进行沟通时,应遵守《新时代幼儿园教师职业行为十项准则》,谨记《幼儿园教师专业标准(试行)》,明确自己的身份和角色,将工作与生活严格分开,与家长保持适当的距离,把握好沟通的分寸,并调整与家长的沟通内容,将交流内容聚焦幼儿发展,不掺杂过多私人事务与感情。[①]通过自身的言行举止树立良好的职业形象，赢得家长的尊敬与信任。

2. 建立多种沟通渠道，全面交流幼儿在园情况。

根据家长的实际情况，教师可以通过家长会、家访、家长开放日等形式与家长进行积极沟通，相互了解、相互配合、相互支持，通过家园合作共同促进幼儿的发展。

（1）家长会。幼儿园可通过组织形式多样、内容针对性强的家长会，为家长提供教育指导和交流经验的平台，促进家长之间、家长和教师之间的深度交流。此外，幼儿园的家长会还可以向家长分享家庭育儿经验，向家长传递正确的教育思想和教育技能，帮助家长解决育儿问题，让家长更全面地了解幼儿园的教育教学工作、管理与服务工作等。

（2）入户家访。家访是教师和家长建立良好关系的重要途径之一。通过家访教师不仅能与家长沟通幼儿的具体发展情况，了解家庭教育环境和家长教育理念，还能更深入地了解幼儿在家庭和幼儿园不同环境中的表现和特征，有利于教师与家长有针对性地共同探讨教育方法，达成教育的一致性，共同促进幼儿健康成长。

（3）家长开放日。幼儿园的家长开放日活动是开展家长工作、实施家园共育的主要形式。在观摩或直接参与幼儿活动的过程中，家长可以了解幼儿园的环境创设、办园理念，熟悉幼儿一日生活作息、主题活动、游戏活动及教师的具体工作内容，深入了解幼儿在园的学习及身心发展情况，让家长实际感受幼儿园的教育方法和特点，从而更好地实现家园共育。

（4）线上交流。随着科技的发展，家园沟通的渠道越来越多，也越来越方便。通过打电话、发信息等线上交流的方式，教师不仅能及时、高效地向家长反馈幼儿的具体情况，方便处理紧急或突发情况，确保问题得到及时解决，还便于与家长针对幼儿的具体情况提出建议。

---

① 冯婉桢，席晋阳. 幼儿园教师亲师关系定位偏差与调整：基于家园合作的分析 [J]. 教师发展研究，2024，8（3）：96-101.

3. 明确沟通目的和主题，提高沟通效率。

沟通前，教师首先要明确本次沟通的目的和具体主题，可以是幼儿的学习情况、行为表现、兴趣特长、发展需求等方面的内容，有针对性地和家长展开交流，提高沟通效率。沟通过程中，教师可借助真实的案例和数据，用具体、客观的语言描述幼儿的行为和表现，向家长正面反馈和表扬幼儿的长处，强调幼儿的进步和优点。需要注意的是，教师要客观地描述需要改进的地方，尽量保持信息的清晰和简洁性，使家长能够全面地了解幼儿的具体表现和发展情况，并记录重要的沟通内容，增强家长对幼儿教育的支持和合作意愿。

4. 倾听家长的心声，确保家园双向沟通。

家长是幼儿最亲密的人，对幼儿的理解往往更深入和全面，在与家长沟通时，教师应以真诚、平等的态度对待家长，给予家长充分表达的机会，注意倾听家长的具体想法和真实感受，从另一个角度了解幼儿，获得更多关于幼儿的信息和反馈。此外，教师应保持开放的态度，尊重家长的意见和建议，不急于打断或反驳，与家长共同探讨幼儿的教育问题，确保沟通是双向的，而不是教师的"一言堂"，从而建立信任感，使沟通更具人性化，密切家园联系。

5. 提供专业指导，助力家长树立科学育儿观。

教师要加强学习，提高自己的专业素养。针对幼儿需改进的地方、家长的需求和困惑，提出具体且有针对性的建议，帮助家长科学地解决问题，更好地支持幼儿。当发现家长的某些看法与科学的教育理念相违背时，应正面引导，循序渐进地帮助家长树立科学的育儿观。此外，教师应了解每个家庭的特殊情况和需求，适时采取个性化沟通。

案例41

家长开放日

甲老师和班里的幼儿 A 住在同一个小区，彼此较为熟悉，经常与幼儿 A 的家长交流幼儿的教育问题。其他家长注意到甲老师和幼儿 A 的家长经常交流，便猜测"老师可能会给幼儿 A 更多的照顾"。

在一次家长开放日活动结束后，甲老师与幼儿 A 的家长反映幼儿 A 在园的情况。甲老师用亲切的口吻说："孩子最近参与活动非常积极，经常帮助老师做事情，但是中午不睡午觉，时间长了可能会影响其他小朋友。"幼儿 A 的家长说："孩子不想睡就不要强迫他。"甲老师察觉到了这一微妙变化，开始反思自己平时在和幼儿 A 的家长沟通交流时是否太过随意，没有树立良好的教师职业形象，但还是告诉幼儿 A 的家长要逐步培养幼儿养成良好的午睡习惯。幼儿 B 的家长在旁边目睹了全过程，并与甲老师深入沟通了幼儿 B 近期在园的情况，发现甲老师对幼儿 B 在园的情况非常了解，也给了一些非常实用的教育建议。通过本次家长开放日活动，家长们感受到老师们对班上的每一个幼儿都很关心和爱护。

案例来源：成都市双流区怡心第九幼儿园

【案例说明】

在本案例中，教师在和家长沟通幼儿午睡情况时，敏锐地察觉到幼儿 A 的家长因为彼此关系熟悉，表现得比较随意，但教师并没有因为和家长关系亲近而忽略这一情况，而是进行积极的自我反思，并针对幼儿午睡情况向家长提出建议。另外，通过家长开放日活动，展现了教师应有的亲和力和专业性。教师还结合平时对班级幼儿的关注，与其他家长交流幼儿在园的情况，并向家长提供了一些实用的教育建议，充分展现了教师的专业性。

問題 *43*

遇到部分家长无法来园参加活动等情况，教师应该如何做？

家园合作是指家庭和幼儿园在教育幼儿方面进行密切配合与协作，共同促进幼儿的全面发展。良好的家园合作能充分整合资源，发挥家庭和幼儿园的优势，实现优势互补，为幼儿创造一个良好的成长环境。幼儿园提供机会让家长来园参加活动，不仅有助于增进亲子关系，提升家园合作效果，促进家园共育，还能加深家长对幼儿园教育理念、幼儿园各项工作内容以及幼儿成长环境的理解和认同。

由于幼儿园组织的活动多在工作日期间，因此部分家长没有时间来园参加活动。此外，还有部分家长对活动内容不感兴趣、对幼儿园组织的家园活动的价值认识不全面，于是放弃来园参加活动的机会。为了达到较好的家园合作效果，可采取以下措施。

1. 了解家长需求，激发家长参加活动的兴趣。

（1）不定期通过家长会、家委会活动、伙委会活动、专题讲座、家长沙龙、公众号等线上平台推送文章等方式让家长了解家园活动的意义，帮助家长树立正确的育儿观。

（2）通过调查问卷、班级群等线上形式，了解家长感兴趣的活动内容和形式，从而根据家长的需求有目的、有计划、有针对性地策划家园活动，激发家长参与活动的兴趣。

（3）通过打电话、面对面交流等形式与家长进行沟通，让家长明确家园活动的目的，同时了解家长参加家园活动的实际困难，共同探讨解决方案，如调整活动时间，让家长尽量参加活动，未能参加的可通过提供活动的照片和视频等方式弥补家长的遗憾。

2. 优化活动设计，丰富活动内容，提高家长参与度。

（1）鼓励家长与幼儿一起讨论家园活动项目，让幼儿与家长共同参与家园活动的策划、准备及组织过程，充分发挥幼儿的主观能动性，调动家长参与活动的积极性。

（2）设计不同类型的家园活动，满足不同家长群体的需求。可以设计一些适合家长参与的活动，如亲子运动会、育儿经验分享会等，充分调动家长参与活动的热情；还可以组织相关的教育培训，让家长了解科学的教育理念和教育方法，帮助他们树立正确的育儿观，解答他们在育儿方面的困惑，鼓励他们积极主动地参与到幼儿园活动中。

3. 持续跟踪与及时反馈，加强家园沟通，优化家园合作效果。

活动结束后及时总结，并向家长反馈幼儿在活动中的参与情况。可以通过打语音和视频电话等方式，直接与家长沟通幼儿情况，及时解答家长疑问；也可以通过社交媒体、幼儿园网站、班级群等向家长分享幼儿在园参加活动的视频和照片，让家长了解幼儿的情况；还可以利用调查问卷的形式了解家长对家园活动的满意度和具体建议，以便教师及时了解活动的效果，并做好问题记录，以避免在下一次活动中出现类似问题。

案例 42

欢度中秋，共享成长

为了让幼儿度过一个愉快的中秋节，加强家长与幼儿之间的情感联系，同时增进家长和教师之间的合作与理解，大一班计划举办一场"欢乐中秋，共享成长"的节日主题活动，活动包括才艺展示、手工制作、民俗游戏等。

当甲老师向家长发放活动方案后，部分家长反馈活动当天因工作、外出等原因无法参加活动。得知这一情况后，甲老师立即组织召开班务会议对本次活动进行了讨论，为确保每个幼儿都能充分参与活动并在活动中得到充分关注，对活动方案进行了灵活调整，同时扩充了活动内容，以满足不同家长和幼儿的需求。针对没有家长陪同的幼儿，增设了"小伙伴同行"，让幼儿组成小组，由老师或者保育员陪同参与活动。在幼儿才艺展示环节，通过线上直播平台，让不能到场的家长通过直播的形式观看幼儿的表演；在手工制作活动中还增加了手工制作和创意绘画的内容，以满足不同发展水平幼儿的需求。同时，为不能到场的家长准备了手工材料包，让他们可以在家与幼儿共同完成作品，并通过照片或视频的形式，将活动情况分享到班级群里。

活动结束后，甲老师先和参与现场活动的家长和幼儿进行交流，听取他们的感受和建议。随后，老师们精心挑选了活动中的精彩瞬间，制作成照片和视频向家长分享。此外，甲老师还与未到场的家长进行了一对一的沟通，详细反馈了幼儿在活动中的表现，让家长感受到亲子活动对幼儿成长的价值与意义，也鼓励家长在未来尽可能多地参与到幼儿园的各类活动中来。

案例来源：成都市双流区怡心第九幼儿园

【案例说明】

从本案例中可以看出，教师在了解到部分家长没有办法来园参加活动时，及时与班级教师研讨，根据家长到园情况调整活动内容。针对没有到场的家长，提供线上直播，让他们线上观看节目表演；提供材料包，让幼儿回家和家长共同制作手工；在班级群里分享活动照片或视频，让家长了解活动具体情况。另外，让每个家庭都能根据自己的情况选择适宜的活动项目，体验参与活动的快乐。同时，活动结束后，教师及时与参加活动的家长和幼儿讨论交流，了解家长和幼儿关于本次亲子活动的感受和相关建议，并主动与未到场的家长就本次活动的意义与价值进行一对一的反馈，沟通幼儿在活动中的具体表现，促进了家园共育的深度发展。

问题 **44** / **面对保育员在教育教学活动中的"缺位"现象，幼儿园如何做好保教配合？**

保教配合，从广义而言，是指对幼儿保育和教育要给予同等的重视，并使两者紧密配合；从狭义而言，则是指在班级一日工作中教师与保育员的合作与分工、交流与协商。[①] 保教配合既是幼儿园教育工作的应有之义，也是幼儿园开展其他教育教学工作的基本前提。[②] 因此，在实施保教配合的过程中，幼儿园需要为幼儿提供科学的"保"和"教"。

但在幼儿园教育教学活动中，我们经常发现保育员"缺位"的现象。保育员在保教配合中的"缺位"可能会使教育质量下降、安全隐患增加、家园共育受阻。究其原因，主要有以下几点。

1. 认识偏差，保教失衡。

尽管《幼儿园管理条例》和《幼儿园工作规程》等文件对保育员的职责有所规定，但在实际操作中，部分保育员对于保育工作的理解比较片面。这导致保育员在自我定位上存在偏差，认为自己只需负责环境卫生、幼儿

[①] 翁增云. 优化保教配合，促进大班幼儿养成良好的整理书包习惯 [J]. 幼儿教育研究，2023（3）：37-39，36.

[②] 宋蓉. 幼儿园保育价值的失落与回归 [J]. 学前教育研究，2020（8）：89-92.

的生活照料和安全等工作，而教育教学活动则应由教师负责，从而导致保育员在教育教学活动中的参与度不够。

2. 专业薄弱，支持较少。

部分保育员缺乏一定的课程观、教育观、儿童观，导致其在保教配合中不具备促进幼儿身心发展的相关知识与能力。而相较于教师，幼儿园对保育员的专业发展重视程度不够，缺乏系统的规划与一定的研培支持，致使保育员专业发展空间较局限，这大大限制了保育员在教育教学活动中的参与度和贡献度。

3. 缺乏沟通，合作不畅。

班级中的教师和保育员是一个团队，团队缺乏沟通就会导致保教配合出现问题。作为教师不能有效指导保育员配教，作为保育员不能做到积极主动配教，彼此之间工作内容和程序的不熟悉成为大家沟通不畅的关键，导致保育员有行动的意识，却缺乏行动的能力。

4. 价值不明，定位不清。

保育员对一日生活各环节价值的不清晰以及各环节中自己的角色定位、保教配合的内容不明确。因此需要在实践中，让保育员明确保教配合的具体内容与策略，形成合作、沟通、一致、互补的保教融合理念，和教师一起共同促进幼儿的成长与发展。[①]

因此，幼儿园应重视保育员在保教配合中的重要性，加强对保育员的专业发展支持，确保保育员在保教配合中充分发挥作用。在不同活动中，保教配合是促进幼儿全面发展的重要手段。以下是在生活活动、教学活动、户外体育活动和游戏活动中实现保教配合的一些具体策略。

1. 生活活动中的保教配合策略。

（1）关注幼儿个体差异。在进餐、午睡等环节中，保育员应关注幼儿

---

① 姚丽娟 ."保教结合"再审思 [J].早期教育（教育教学），2019（10）：34–35.

的身体状况、饮食偏好等个体差异，提供个性化的照顾和指导。

（2）安全与健康管理。保育员应确保活动场所和设施的安全，定期进行清洁消毒工作，防止疾病传播。同时，要关注幼儿的身体状况，及时发现身体健康问题并处理。

（3）情感关怀与心理疏导。保育员要给予幼儿足够的关爱和支持，关注他们的情感需求。在幼儿遇到困难或感到身体不适时，及时对其进行心理疏导和安慰。

（4）站位配合。保育员和教师应合理分工确定站位，实现对幼儿活动区域的整体把控，观察幼儿的活动和保护幼儿的安全。同时，保育员和教师还应该根据不同环节幼儿活动区域的差异，合理地调整各自的站位，保证幼儿的安全，防止发生意外。如幼儿在洗手时，保育员可站在盥洗室观察幼儿洗手情况，教师可站在教室通道处观察在座位上等待的幼儿和出入通道的幼儿情况等。

2. 教学活动中的保教配合策略。

（1）提前了解教学目标与内容。保育员应提前了解教师的教学目标和内容，以便在活动中提供有针对性的支持和辅助。

（2）准备教学环境与材料。保育员应协助教师提前准备好适宜的教学环境和材料，如布置教室、摆放教具等，确保教学活动能够顺利进行。

（3）观察幼儿表现。保育员应密切观察幼儿在活动中的表现，包括他们的兴趣、参与度、学习状态等，以便配合教师有针对性地支持和帮助幼儿。

（4）提供生活照顾与情感支持。在教学活动中，保育员应继续关注幼儿的生活需求，如饮水、如厕等，并提供必要的情感支持，让幼儿感受到关怀和温暖。

（5）维护活动秩序与安全。保育员应协助教师维护活动秩序，确保幼儿在活动中的安全。

（6）参与教学互动。在适当的时候，保育员可以参与到教学活动中，与幼儿共同学习和交流，增强活动的趣味性和互动性。

（7）站位配合。在教学活动中，由于教师通常站在全体幼儿的前面或中间教学，导致处于后面或边缘的幼儿缺少教师足够的关注，容易出现安全隐患。因此，需要保育员紧密配合教师的教育教学工作，一前一后，一里一外，确保全部幼儿都在教师的视线范围内。

3. 户外体育活动中的保教配合策略。

（1）活动前的准备。教师与保育员共同检查活动场地和器械的安全性，确保无安全隐患。

（2）活动过程中的指导。教师负责活动的组织与指导，确保活动有序进行。保育员密切关注幼儿的身体状况和运动状态，发现幼儿身体不适或其他意外情况后应及时处理。

（3）安全保护。教师与保育员相互补位，确保每个幼儿都在视线范围内，预防安全事故的发生。

（4）活动后的整理。活动结束后，保育员协助幼儿进行放松和整理活动，如擦汗、换衣服等。

（5）站位配合。在户外活动中，教师和保育员应分别站在区域衔接处和视野广阔处，以便及时观察幼儿的活动情况，防止意外发生。

4. 游戏活动中的保教配合策略。

（1）预先准备。教师和保育员应共同做好游戏活动前的准备工作，如检查玩具、活动场所、操作材料等是否安全、卫生，玩具和操作材料的数量是否充足，等等。

（2）安全监护。在游戏过程中，保育员应密切关注幼儿的身体和精神状态，如发现异常应及时处理，防止发生意外事故。保育员也应时刻注意幼儿的安全，确保游戏活动在安全的环境中进行。

（3）教育引导。教师负责激发幼儿参与游戏的兴趣，教育幼儿遵守游戏规则，并鼓励他们发挥想象力和创造力。保育员可在一旁协助，关注幼儿在游戏中的表现，适时给予指导和帮助。

（4）问题解决。当幼儿在游戏中遇到问题时，教师应鼓励、引导幼儿自己解决，保育员可在一旁观察并提供必要的支持。

（5）活动评估。游戏活动结束后，教师和保育员应共同对活动进行评估，总结经验教训，以便更好地指导今后的游戏活动。同时，教师和保育员也可以借此机会了解幼儿在游戏中的收获和感受，为他们的个性化发展提供支持。

（6）站位配合。根据游戏活动开展的实际情况，教师和保育员做好分工配合，确定各自的观察范围，可以采用定点观察和巡视观察等不同方式，从而确保幼儿安全并能够及时进行游戏指导。

综上所述，保教配合策略在不同活动中具有不同的侧重点和实施方式。无论在哪种活动中，都需要教师与保育员共同努力、密切协作，促进幼儿的身心健康、全面发展。

案例 43

一场滑梯旁的意外

在一个阳光明媚的下午，中班的甲老师和乙老师（保育员）带领班级幼儿在操场上进行户外游戏。

按照班级的岗位分工，每位老师都应站在指定的位置，以便随时观察并保护幼儿的安全。因此，甲老师站在大型玩具左侧负责照护玩平衡木的幼儿，乙老师站在右侧负责照护玩滑梯的幼儿。

这时，乙老师突然想起自己出来时忘了带装衣篓，于是便准备回教室去拿。离开之前，乙老师简单地告诉幼儿"好好玩，不要打闹"，但是她并没有告知甲老师。在乙老师离开的几分钟里，幼儿继续玩着滑梯。很快，由于没有老师的看护和提醒，一些幼儿因为插队打闹起来，幼儿 A 在和同伴的推搡中不慎从滑梯上摔了下来，头部撞在了滑梯上，他立刻大哭起来。其他幼儿见状，纷纷围了过来，有的吓得不知所措，有的则大喊大叫。这时，甲老师注意到了这边的异常情况，赶紧跑过来查看，她发现幼儿 A 头部有轻微红肿，立刻通知幼儿园的保健医和管理人员，并将幼儿 A 送去了医院。

案例来源：成都市双流区机关幼儿园

【案例说明】

《幼儿园教育指导纲要（试行）》中指出："幼儿园必须把保护幼儿的生命和促进幼儿的健康放在工作的首位。"在本案例中，我们可以看到保育员在配合教师组织幼儿进行户外活动时，因未和教师进行沟通便擅自离开了自己的站位，从而间接导致意外发生。

本案例也告诉我们，教师和保育员在教育教学活动中的不合理分工与站位、擅自离岗等行为均可能对幼儿的安全构成严重的威胁。因此，加强教师和保育员的责任意识，明确各自的职责与岗位分工是非常有必要的。同时，幼儿园也应加强管理和监督，共同为幼儿营造一个安全、和谐的学习和生活环境。

问题 *45*

幼儿园如何做好传染病防控工作?

幼儿园传染病防控工作事关师幼健康、家庭幸福和幼儿园安全稳定，是幼儿园安全工作的重点，也是幼儿园正常开展教育教学活动的基础。建立健全的防控制度、实施日常监控与预防、加强应急演练、加强与卫生部门的沟通与合作、持续评估和改进等能有效预防与应对传染病，以下是一些具体措施。

1. 建立组织管理体系，有效应对传染病。

幼儿园成立由园长作为第一责任人的传染病监测和预警工作领导小组，建立健全传染病症状监测和预警工作管理制度，明确岗位职责和工作程序，规范信息报告流程。

2. 实施日常监控与预防，增强传染病防控意识。

（1）健康监测。幼儿园健康监测包括晨（午、晚）检、因病缺勤登记追踪和全日健康观察，如幼儿有发热、咳嗽、头痛、咽痛、腮腺肿大、腹痛、腹泻、呕吐、皮疹、头晕、乏力、结膜充血等症状，应及时报告并送其就医，做到早发现、早治疗。

（2）卫生管理。保持园内环境整洁，定期对幼儿活动室、玩具等进行清洁消毒；每天定时开窗通风，确保室内空气流通；引导幼儿养成良好的卫生习惯，如勤洗手、不随地吐痰、不乱扔垃圾等。

（3）饮食安全。严格把控食品采购、加工、储存等环节，确保食品安全；提供营养均衡的饮食，增强幼儿免疫力；做好餐具消毒工作，防止交叉感染。

（4）宣传教育。通过图片、故事、游戏等，让幼儿了解传染病的症状、传播途径和预防方法；向教师及家长宣传传染病防控知识，提醒教师及家长密切关注幼儿的健康状况，了解最新的传染病防控知识，并能正确指导幼儿进行预防。

（5）预防接种。积极配合社区卫生院与幼儿的监护人，保证幼儿及时接受预防接种，有效避免传染病的发生或病情加重。

（6）应急物资。储备足够的消毒液、口罩、体温计、防护服等应急物资，设置独立的观察室用来暂时留观身体不适的教职工和幼儿。

3. 熟练应急处置流程，提升应急处置能力。

（1）制定处置流程清晰、人员分工明确的传染病应急预案，一旦发现疑似传染病病例，立即启动应急预案，采取隔离、报告、消毒等措施，防止扩散。

（2）定期进行传染病应急演练，以检验现有传染病应急预案的可行性和有效性，同时提高保健医、教师和其他相关人员的传染病防控技能和意识，不断增强他们的应急处置能力。

4. 加强与卫生部门的沟通与合作，确保信息及时有效。

（1）主动与卫生监督机构加强沟通，接受技术指导、培训和督导检查。

（2）在传染病流行期间，及时向卫生部门报告疫情，并配合其开展调查和控制工作，确保信息的准确性和及时性。

5. 持续评估和改进，完善防控策略。

（1）确保所有防控措施符合国家法律法规和卫生部门的要求，关注卫生政策的变化，及时更新幼儿园的防控策略。

（2）定期评估防控效果，及时收集教职工、家长和幼儿的反馈。

（3）持续改进防控方法，根据疫情变化及相关人员的反馈，不断优化防控流程。

案例 44

幼儿在园突发传染病处置流程

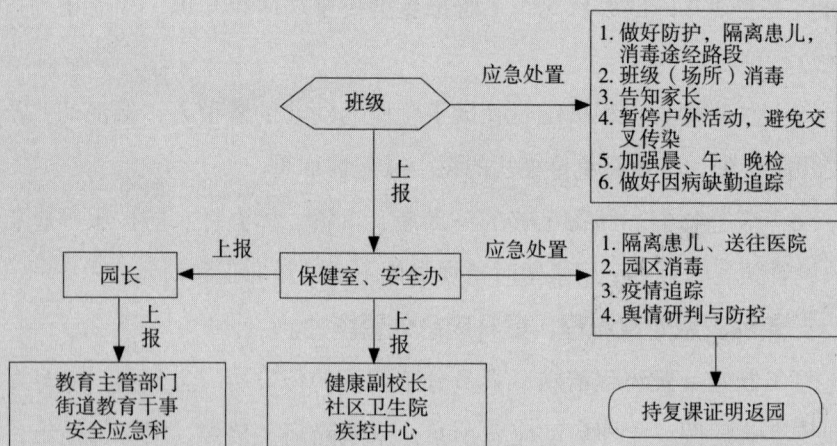

幼儿在园突发传染病处置流程

当班级幼儿发生传染病时，班级教师应立即上报保健室和安全办，安全办上报园长，园长上报给上级教育主管部门、街道教育干事和安全应急科；保健室同步上报健康副校长、社区卫生院和疾控中心。同时，采取应急处置，班级教师要做好防护，隔离患儿，并对患儿的途经路段和班级（活动场所）消毒；告知家长患儿的病情；暂停本班户外活动，避免与其他班级交叉传染；加强晨、午、晚检，了解其他幼儿的身体情况；做好班级幼儿的因病缺勤追踪。保健室组织人员隔离患儿和对园区环境进行消毒；患儿根据传染病隔离要求隔离，隔离期满后到医院复查，若康复则持复课证明返园。

案例来源：成都市双流区怡心第九幼儿园

【案例说明】

从本案例中可以看出，当幼儿出现传染病时，教师应立即将情况上报保健室和安全办。保健室和安全办在上报给上级主管部门的同时，应组织班级教师采取应急处置。班级教师在做好防护的同时，隔离患儿并进行场所消毒；保健室和安全办根据情况对患儿进行隔离或将其送往医院，并组织保安和保洁对园区进行消毒，做好舆情研判与防控。此外，班级教师还应及时做好对患儿关心关爱和缺勤追踪。在突发传染病时，幼儿园应快速、高效地进行应急处置，最大限度地减少传染病对患儿身心健康以及幼儿园整体运转的影响。

案例 45

传染病防控应急预案

一、指导思想

根据《中华人民共和国传染病防治法》《中华人民共和国传染病防治法实施办法》《突发公共卫生事件与传染病疫情监测信息报告管理办法》《突发公共卫生事件应急条例》等法律法规，为加强传染病及突发公共卫生事件信息监测报告管理工作，结合本园实际情况，本着"科学预防、依法管理、分级负责、快速反应"的原则，特制定本应急预案。

二、应急处置领导小组

（一）组建传染病防控应急小组，明确职责，统一组织、协调应急工作，确保传染病及突发公共卫生事件不在幼儿园内蔓延。

（二）应急小组成员名单

组　长：园长

副组长：总务主任、安全副主任

成　员：保教副主任、办公室负责人、保健组长、保健医、办公室助理、总务助理及各班教师

（三）应急小组职责及分工

1. 应急指挥组长（园长）

防控工作总指挥，发生应急事件时，应第一时间赶到现场并全面负责对现场进行总指挥，根据应急突发事件启动应急预案，并负责向上级部门做好汇报工作。

2. 应急指挥副组长（安全副主任）

当有应急事件发生时第一时间控制封锁现场、维持秩序、严禁人员出入，防止出现混乱局面。及时调查事件的起因，掌握第一手资料。

3. 医疗救援小组（保健医）

负责现场应急隔离救护；将患儿带到留观室，并对患儿做心理疏导工作，安抚患儿情绪；负责指引疾病预防控制中心人员对怀疑传染病患儿的现场救护并进行消毒处理。配合医疗、防疫机构进行现场消毒、取样分析等工作；监督传染病发生班级保育员及保洁做好班级、公区的卫生消毒工作。根据传染病发展的情况，迅速向社区医院、疾控部门汇报情况。

4. 后勤保障小组（总务主任、总务助理）

负责应急物资储备，保证防疫物资安全充足且在有效期内，做好后勤保障工作。

5. 信息小组（保教副主任、办公室负责人、办公室助理）

负责现场的指导，协助班级教师处理班级工作，根据现场情况配合相关应急小组人员的工作。

6. 班级教师（主班老师、配班老师、保育员）

班级教师做好传染病应急事件发生后的健康监测、信息收集及上报工作，安抚幼儿及家长的情绪。

三、预防措施

（一）加强健康教育工作

定期通过宣传栏、公众号、班级群、告家长书等形式，广泛开展宣传教育活动，使教职工和家长了解传染病的预防措施，增强自我保护意识。

（二）落实全日健康观察

幼儿在园期间，班级教师对其健康状况进行全天观察，出现身体不适及时向保健室报告，不带病入园。

（三）做好因病缺勤登记追踪

班级教师每日对因病缺勤的幼儿进行登记追踪，追查其主要症状、发病时间、就诊信息、诊断结果、家庭共同生活人员相似症状等，并协助幼儿园对其病情和转归进行追踪。

（四）卫生消毒防疫管理

为了避免传染病的发生，认真做好园内环境卫生，及时清理卫生死角，做好"五防"、灭"四害"工作，切实防止病从口入，严把晨检和卫生消毒关，加强每日陪餐制，餐具一用一消毒。

（五）饮食卫生消毒管理

进一步完善食堂卫生防病管理制度；严格执行食品安全法律法规等文件；严禁采购腐烂变质和不新鲜食品，食堂48小时留样，每种的留样量不少于125克；食堂人员持健康证上岗，并做好个人卫生。

四、应急流程处理措施

（一）发现传染病或安全突发事件

一旦发现疑似传染病病例或安全突发事件，立即启动应急处置预案。

（二）信息报告

班主任第一时间向应急处置领导小组报告，领导小组迅速研判形势，启动相应级别的应急响应。

（三）隔离与救治

对疑似病例进行隔离观察，同时联系医疗机构进行救治。保健医负责现场消毒和卫生防疫工作。

（四）信息发布与舆情应对

领导小组及时向上级主管部门报告疫情或安全突发事件情况，并通过合适渠道向家长和社会通报相关信息，避免不实信息的传播。

（五）后勤保障

后勤人员确保应急物资充足，设备正常运行，场所清洁消毒工作到位。

（六）恢复正常秩序

在应急突发事件得到有效控制后，领导小组根据评估结果决定恢复正常教学秩序。

五、设备的使用

（一）应急物资储备

幼儿园应储备足够的口罩、消毒液、体温计等防疫物资，以及应急照明、灭火器等安全设备。

（二）场所消毒

使用符合卫生标准的消毒剂对幼儿园内场所进行定期消毒，确保环境卫生安全。

（三）通信设备

确保园内通信设备畅通，方便应急处置领导小组与各相关部门、班级之间的沟通协调。

六、后续工作

（一）在传染病得到有效控制后，对防控工作进行全面评估和总结，及时总结经验教训，完善防控措施。

（二）各类突发事件相关信息在没有得到证实之前，严格执行保密制度。

（三）所有涉及传染病信息的资料均应按相关要求妥善保管。

（四）未经授权或未通过正式渠道公布传染病信息，任何个人或媒体不得随意宣传。

（五）信息发布应当及时、准确、全面。

案例来源：成都市双流区怡心第九幼儿园

【案例说明】

从本案例中可以看出，该幼儿园的传染病应急预案是较为完善的，班级突发传染病时，各岗位人员能够按照既定职责，根据应急处置流程，有条不紊地开展隔离患者、疫情报告、卫生消毒、通知家长等工作，在有限的时间内快速、高效地进行应急处置，最大限度地减少了传染病对园所整体运转的影响。此外，在对传染病进行应急处置后，停课班级教师还应做好对患儿的病情追踪、居家指导等关心关爱工作，一方面可以给予患儿及其家庭提供心理支持，帮助他们应对传染病带来的心理压力和困扰；另一方面可以及时掌握患儿的行踪，防止传染病在社区或更大范围内扩散。

问题 46

经过软件分析的带量食谱就一定适合幼儿吗?

幼儿期是身体和大脑发育的关键时期,对营养的需求特别高。而科学的带量食谱对于幼儿的生长发育具有至关重要的作用,它不仅能确保幼儿获得全面均衡的营养支持,还能促进幼儿的生长发育。

幼儿园为了确保幼儿摄入的营养达到标准,利用营养食谱软件来计算热量、脂肪、蛋白质、碳水化合物、维生素和水六大营养素,以进行更好的配比。经过软件分析的带量食谱中的数据固然精准,但不一定适合本园幼儿,需在口味、菜式等方面根据地域、幼儿需求等斟酌调整,以保证幼儿的营养均衡。因此,在利用软件分析制作带量食谱时,可以从以下几个方面入手。[①]

1. 前期根据地域特点、当下季节及幼儿身体状况,制定基础食谱。

(1)根据地域性的饮食文化、当地食材及供应情况制定符合本地幼儿饮食习惯的食谱。比如,沿海地区可以多选择丰富的海鲜,内陆地区则可以利用丰富的果蔬资源,不仅能确保幼儿能够摄入新鲜有营养的食物,还

---

① 胡博森,周波.幼儿园应用计算机软件制定带量食谱的膳食营养评价 [J]. 中国社区医师,2019,35(6):165-166.

210

能减少食材污染和损耗问题。

（2）选择当季的时令食材，确保食材的新鲜度和营养价值，避免反季节食材带来的健康风险。如，春季可以选择营养丰富、口感多样的菠菜、春笋等；夏季由于易出汗，体内盐分流失较多，可以准备西瓜、黄瓜等清爽生津的食物，以保持体内水盐平衡和防止中暑；秋季可以多吃南瓜、梨子等润燥食物；冬季则可以选择高蛋白的牛羊肉、高热量的红薯及白菜等食物。

（3）设计多样化的食谱，包括主食、副食、汤品、饮品等。注意主副食搭配、荤素搭配、粗细搭配等。

（4）评估幼儿身体状况，定期测量幼儿的身高、体重、头围等生长发育指标，并与标准生长发育曲线进行对比，评估幼儿的生长发育状况，以便评估其营养需求和能量消耗。

（5）通过问卷调查、信息统计等方式调研特殊儿童的健康状况，包括是否存在慢性疾病、过敏史、特殊饮食需求等，以便制定个性化的食谱。

2. 制定带量食谱时，需综合软件数据、建议及实际情况反复调整。

制定带量食谱时，先由专业的营养师或利用膳食软件对食谱进行审核和调整，确保其符合营养学原理和幼儿的身体需求。在此基础上，再根据幼儿的实际情况和反馈意见对食谱进行适时调整和优化。

3. 制定带量食谱后，通过调味、鼓励等方式均衡幼儿的营养摄入量。

（1）考虑口味，食谱应色香味俱全，同时也要考虑食物的烹饪方式和口感，确保幼儿易于消化和吸收，这有助于幼儿更好地接受和喜欢幼儿园的饮食。

（2）教师通过餐食播报等方式鼓励、引导幼儿尽可能地摄入定量的食物，以保证多数幼儿的能量需要。另外，对于过于肥胖或有代谢疾病的幼儿，可引导其通过饭前喝汤、喝水等方式减少食物摄入量。

4.定期运用称重法等跟踪幼儿进食情况，以便了解营养摄入情况，及时调整食谱。

食谱制定后，由于烹饪情况、幼儿喜好等会影响幼儿对食物的摄入量，需要通过巡班、记录、定期称重食物剩余量等方式了解幼儿的进食情况，从而持续跟进、优化食谱的制定和食物的味道，以更好地均衡幼儿的营养。

案例 46

基于川蜀时令的幼儿园食育教育优化实践

我园保健医根据成都的地域特点、夏季特点以及幼儿的个体差异，制定了夏季6月的一周食谱。

首先，保健医梳理出四川夏季时令蔬果，并将川菜文化与幼儿饮食相结合，充分考虑夏季季节特点，设计了适合幼儿口味的清热解暑的川菜菜肴，如肉末豆腐、宫保鸡丁、莲子百合汤、南瓜绿豆汤等。同时，考虑到儿童个体差异，给那些对牛奶、鸡蛋、海鲜等过敏的幼儿，肥胖儿以及消瘦儿等特殊幼儿制定了个性化食谱。

其次，保健医参考中国营养学会发布的《中国居民膳食指南2022》及《中国学龄前儿童膳食指南2022》，结合幼儿年龄段和生长发育需求，确定各类食物的种类和大致用量，设计餐次和搭配，利用带量食谱合理安排午餐、晚餐及间餐，确保每餐食物种类丰富、营养均衡。如，午餐和晚餐需有主食、肉类、蔬菜及适量汤水；间餐则以水果、牛奶或小点心为主，给对牛奶、鸡蛋、海鲜等过敏的幼儿制定替代餐食，同时对肥胖儿进行有针对性的管理。

一周个性化食谱

时间	早点	午餐	午点	晚餐
星期一	鹌鹑蛋 牛奶 过敏餐点: 黑芝麻糊	金银米饭 宫保鸡丁 嫩滑蒸蛋 葱香油麦菜汤 过敏餐点: 黄瓜肉片	水蜜桃 葡萄	鸡汤蝴蝶面
星期二	蒸南瓜 酸奶 过敏餐点: 豆浆	紫米米饭 白灼基围虾 西红柿炒蛋 蔬菜猪肝汤 过敏餐点: 肉末豆腐	苹果 西瓜	彩虹炒饭 时蔬汤
星期三	蔬菜鸡蛋饼 牛奶 过敏餐点: 蒸红薯、 玉米糊	黑米米饭 鱼香肉丝 清炒藕片 鲫鱼豆腐汤 过敏餐点: 白玉豆腐汤	小番茄 香蕉	南瓜粥 鲜肉蔬菜包
星期四	香糯玉米 牛奶 过敏餐点: 水果燕麦	番茄土豆牛肉烩饭 黄瓜肉片汤 过敏餐点: 肉炒土豆丁	哈密瓜 蓝莓	海鲜馄饨 过敏餐点: 鲜肉馄饨
星期五	五彩馒头 牛奶 过敏餐点: 玉米糊	高粱米饭 肉末豆腐 清心莲子百合汤 过敏餐点: 什锦肉丸	梨 火龙果	蔬菜肉末面

在食谱实施过程中，保健医定时记录每餐结束后各类食物的剩余量，关注幼儿的食物剩余比例，并和厨师一起与班级教师沟通交流，分析幼儿对不同食物的偏好以及可能存在的营养偏好或排斥现象。通过不断追踪，发现幼儿非常喜欢面食，吃面点时几乎不剩，但对一些如猪肝、芹菜等味道不寻常的食物摄入得并不多，因此后期对食谱进行了调整。以牛肉、菠菜等替代猪肝，补充丰富的铁元素，以菠菜、油菜、茼蒿等维生素、矿物质及膳食纤维与芹菜相似的蔬菜替代芹菜。同时，厨师利用每日调查访谈让烹饪的口味更加适合幼儿。幼儿的进餐积极性提高了，挑食、偏食的现象逐渐减少。

案例来源：成都市双流区怡心第三幼儿园

213

【案例说明】

科学制定食谱是保证幼儿健康成长的重要措施之一，有助于增强幼儿的体质和抵抗力，减少疾病的发生。制定食谱时应综合考虑幼儿的生理特点、营养需求、口味偏好、食材的新鲜度和季节性等因素。在本案例中，该园保健医在制定食谱时，首先，充分考虑当地的地域特性及季节特点，选择新鲜的、能够补充盐分和较清爽的时令蔬果；其次，保健医充分考虑成都饮食文化的特点，设计了幼儿熟悉又喜欢的肉末豆腐、鱼香肉丝、宫保鸡丁等川菜，以满足幼儿的口味需求，增加其食欲。同时，针对对牛奶、海鲜等过敏的幼儿设立爱心餐。

另外，本案例中的保健医并不止步于食谱的制定，在后期和厨师一起定期到班级了解情况，根据食物剩余情况分析幼儿喜好及营养摄入情况，以更好地调整食谱，并烹饪出更受幼儿青睐的食物，如此才能达到更高水平的营养均衡的效果。需要说明的是，食谱的制定是一个动态的过程，应充分考虑多方因素，导入软件生成带量食谱并不是终点，应该持续跟进幼儿的进餐情况，了解食谱的接受度和改进空间，不断改进和优化食谱，改善膳食营养搭配，让幼儿更健康。

问题 *47* / 生活照料中教师往往会出现"过度帮助"或"过度放手"的情况，如何平衡并实现对幼儿科学的生活照料？

　　幼儿生活照料是指幼儿在日常生活中所需的各种照顾和关怀，旨在促进幼儿的身心健康和全面发展。幼儿园中的生活照料涵盖入园、如厕、喝水、盥洗等多个环节，注重科学、合理、有序的生活活动安排，同时强调幼儿生活自理能力的培养和健康习惯的养成，以及情感交流与心理支持等方面。具体来说，生活照料要求成人站在儿童立场，通过科学、合理的方法，引导幼儿建立良好的生活常规，学会自主饮水、盥洗、如厕、增减衣物等，并养成良好的生活卫生习惯。同时，还要指导幼儿进行餐前准备、餐后清洁、图画书与玩具整理等自我服务活动，以增强其环保意识、集体责任感和劳动习惯。[①]

　　但对幼儿进行生活照料时，教师往往会出现"过度帮助"或"过度放手"的情况。"过度帮助"时，教师可能出现代替幼儿完成能够由他们自己完成的任务的现象，这会限制幼儿独立性和自主性的发展。而当教师"过度放手"时，又会让幼儿处于无引导或缺乏安全保障的状态，导致幼儿面

---

① 曹莉，唐薇薇. 家园协同实施幼儿劳动教育的策略 [J]. 儿童与健康，2023（10）：76-77.

临一定危险或无法得到有效的学习。因此，教师在幼儿生活照料中面临的这两种极端情况，都是对幼儿全面发展的潜在威胁。出现"过度帮助"和"过度放手"这两种情况的主要原因如下（见表 19）。

表 19 "过度帮助"和"过度放手"的成因

成因类别	具体表现	
	过度帮助	过度放手
教育理念	由于幼儿园、家长对于幼儿安全的高度重视，导致教师在面对幼儿时采取"安全第一""多一事不如少一事"的保守态度，不敢放手，倾向于"过度帮助"	由于教师的教育理念偏差，过度放大幼儿的潜力，忽视幼儿能力的局限性，忽视对幼儿的引导与支持，倾向于"过度放手"
专业能力	教师对幼儿年龄发展目标不清，对幼儿的身心发展规律不够了解，通常只能看到幼儿所表现出的表面现象，导致教师在照料过程中忽视了幼儿的实际需求和能力发展水平	
教育经验	缺乏足够的判断力和应对能力，导致教师在面对幼儿的需求时无法给予恰当的帮助，从而出现"过度放手"或"过度帮助"的情况	
师幼比／工作量	由于师幼比例不合理或工作量大等原因，教师为了提高效率，会出现"过度帮助"的情况	同样的情况，教师也可能无法充分关注到每一个幼儿的需求，出现"过度放手"的情况

为了更好地对幼儿进行生活照料，教师需要在"过度帮助"和"过度放手"之间找到平衡，以下是一些建议。

1. 通过学习提升、研读文件、家园沟通等方式，了解幼儿的发展水平。

要实现对幼儿科学的生活照料，既不"过度帮助"又不"过度放手"，教师首先得转变观念且了解幼儿。

（1）通过园本培训、讲座、研讨等，加强对生活照料的理解，以培养幼儿养成良好生活习惯为核心，学习合理安排一日生活各环节的活动。

（2）通过研读《3—6 岁儿童学习与发展指南》，深刻了解幼儿的发展目标，掌握不同年龄段幼儿在认知、情感、社会性和身体等方面的能力发展，清晰区分幼儿能够实现的目标与尚需努力的方面。

（3）通过班务会议加强与班级教师、保育员的沟通，通过问卷调查、一对一访谈等加强与家长的沟通，全面了解幼儿已有的发展水平，并做出正确的判断。

2. 通过对幼儿发展、幼儿能力、幼儿状态的"三问"，分析当下情况并给予幼儿适当照料。

教师在判断何时给予幼儿帮助或放手让幼儿自主探索，或支持幼儿到何种程度时，面临极大的挑战。由于每个幼儿的身心发展存在个体差异，教师需要根据幼儿的状态和需求进行灵活调整。在进行生活照料时，教师可考虑三个问题："对幼儿的发展是否有价值？""幼儿是否具备完成此任务的能力？""幼儿当前的情绪状态如何？"由此，教师可以更好地自省，评估何时介入（见表20）。

表 20　"三问"及教师指导策略

问题	教师指导策略
1. 对幼儿的发展是否有价值？	幼儿完成这个动作或者行为，得到了什么样的发展？如，大班幼儿在餐点环节自己拧开点心罐，可以让幼儿的大肌肉动作得到发展，那么教师就不必包办代替
2. 幼儿是否具备完成此任务的能力？	明白不同年龄阶段的幼儿能够做什么事情，不能做什么事情。如，小班刚入园的幼儿通常无法独立撕开面包的包装袋。虽然教师希望通过这样的任务来锻炼他们的自理能力，但如果教师仅仅选择默默旁观而不提供适当的支持，这实际上就属于过度放手
3. 幼儿当前的情绪状态如何？	幼儿在出现这个行为的时候情绪状态怎么样？如果是积极情绪，教师可以选择继续观察，当幼儿出现消极情绪的时候，教师应该及时帮忙。如，幼儿在拧瓶盖的时候，一直在积极探索尝试各种方法，教师可以让幼儿自己探索，直至他出现消极情绪时，再及时帮忙

案例 47

拧饼干罐盖子

幼儿园的午点有小朋友们喜爱的饼干，有袋装的，也有罐装的。拧开罐装饼干的盖子是一件很费力气的事情，通常是保育员将盖子扭开，将饼干提前倒入分餐盘里，幼儿再按量取用。

这天的点心刚好是罐装饼干。中一班的小朋友纷纷起床进行盥洗，由于某个小朋友突然尿床需要老师的帮助，因此保育员还没有来得及分餐。这时，作为当天值日生的幼儿Ａ，看到饼干罐子还没有打开，便兴奋地跑过去说："老师，我来拧瓶盖！"保育员回头看了他一眼，说："你力气太小了，拧不开，等我回来弄。"保育员处理完床单回来后，看到幼儿Ａ在那里使劲拧饼干罐的盖子，盖子却纹丝不动。保育员笑着摇摇头，连忙走过去把饼干罐拿过来，边拧盖子边说："你力气太小了，去喝水吧！我已经打开了。""老师，那我帮忙分饼干吧！"保育员看了看墙上的时钟和已经慢慢变长的队伍，依然拒绝了："老师来分吧，会快一些。"幼儿Ａ离开了，看起来似乎有些沮丧。

班上的甲老师观察到了这件事情，她记录下幼儿和保育员的言行，"一对一倾听"了幼儿Ａ和保育员的想法，了解到幼儿的自我服务和服务他人的主观意愿非常强，虽然拧瓶盖较费劲儿，但分饼干完全是力所能及的事情，而保育员的做法则倾向于"过度帮助"，其对幼儿的直接拒绝无疑是对幼儿的伤害。因此，幼儿离园后甲老师组织召开了一次班务会，专门围绕"中班幼儿可以做什么"进行了讨论。会议上，三位老师逐渐达成一致，认为餐点环节是培养幼儿自我服务意识的绝佳机会之一，并可逐步延伸到其他生活环节。

很快，又到了品尝罐装饼干的时间。这一次，三位老师悄悄把罐子盖拧松一点点，鼓励小朋友们尝试自己拧开盖子，并提供了勺子，让小朋友们可以自己把饼干取放到餐盘里。小朋友们拿着自己取来的饼干，吃得津津有味。

案例来源：成都市双流区机关第一幼儿园

【案例说明】

本案例描述了餐点活动中教师从"过度帮助"到逐步实施较科学的生活照料的转变。案例中，保育员出于对幼儿能力及效率的考虑，选择了不让幼儿尝试拧开饼干罐的盖子及分饼干，剥夺了幼儿尝试的机会。其初衷是保护幼儿，避免他们在尝试中遭遇挫折，但她没有意识到这种做法是一种教育的"过度帮助"，无形中会降低幼儿的自信心和探索欲，限制幼儿的自我服务意识和能力的提升。

而通过甲老师的观察、倾听、分析及班务会议的沟通等，班级教师共同讨论一日生活中"中班孩子可以做什么"，在生活照料上逐步达成一致，不仅根据幼儿的意愿、能力给予相应的支持，还考虑了幼儿的情感体验，如提前把罐子盖拧松让幼儿更有成就感，巧妙地把握了"过度帮助"和"过度放手"的平衡点，提高了幼儿的自我服务能力。

问题 *48* / **教师在生活照料中如何培养幼儿的劳动习惯?**

幼儿的劳动习惯是指幼儿在生活中表现出来的对劳动的兴趣，愿意加入劳动，且获得劳动能力的行为习惯。[①] 幼儿劳动与幼儿生活密切相关，生活活动的各个环节有很多幼儿劳动的机会，蕴含丰富的劳动教育价值。教师应充分利用生活活动中的劳动教育契机，帮助幼儿在幼儿园的入园、进餐、喝水、盥洗、如厕、睡眠、离园等生活活动中，形成正确的劳动态度，获得积极的劳动体验，习得基本劳动知识和技能，养成良好的劳动习惯。[②]

然而，在实施过程中，教师虽然能够在一定程度上挖掘生活中的劳动习惯培养的契机，但往往缺乏深入和系统的规划，对于各个年龄阶段的幼儿在生活中劳动的具体目标不够明确。为此，我们整理了在生活活动中实施幼儿劳动教育的目标及教育建议（见表 21）。

---

① 郭乐.大班幼儿劳动习惯培养现状的调查研究 [D].武汉：华中师范大学，2021.
② 梁梦姣.幼儿园生活活动中的劳动教育研究 [D].桂林：广西师范大学，2021.

表 21　生活活动中实施幼儿劳动教育的目标及教育建议

目标		教育建议			
		自我服务类	集体服务劳动类	种植饲养类	手工劳动教育
总目标		1. 能掌握吃饭、穿衣等基本的生活自理技能 2. 能在日常生活中独立、自主地完成吃饭、穿衣等力所能及的事情	1. 愿意为集体做事情 2. 愿意帮助他人	1. 形成劳动观念 2. 养成劳动责任感	1. 热爱手工活动 2. 形成整理工具、收拾场地的劳动习惯
具体目标	3—4岁	1. 能把书包放到指定的位置 2. 能将玩具和图书放回原处 3. 自己能端餐盘,饭后把餐盘、餐具归位 4. 在帮助下能穿脱衣服或鞋袜	能主动收拾整理小组的桌面	1. 愿意参与种植和养殖活动,积极照料 2. 能初步认识常见的植物和动物,如萝卜、白菜、兔子、鸡等 3. 掌握简单喂食、播种、除草、浇水等劳动技能	1. 积极参与各种手工劳动,感受手工劳动的乐趣 2. 初步形成归纳整理、将材料放回原位的劳动习惯
	4—5岁	1. 能把座椅摆放整齐 2. 能整理自己的物品 3. 自己选择玩具,结束后整理并放回原位 4. 能自己穿脱衣服,叠衣服、鞋袜,扣扣子 5. 尝试清洗自己的水杯	1. 餐前能主动擦桌子,餐后做卫生 2. 愿意帮助同伴脱衣服、脱鞋子、垫汗巾	1. 积极主动参与种植和养殖活动,形成劳动责任感 2. 认识各种劳动工具,了解动植物的基本特点及习性 3. 掌握松土、分苗、除虫、施肥等种植技能	1. 热爱手工活动,积极表达自己的创作想法 2. 养成认真投入、坚持完成手工作品的劳动习惯 3. 能安全、规范地使用劳动工具
	5—6岁	1. 能按类别整理好自己的物品 2. 能把椅子摆放整齐 3. 饭后能整理自己的桌面和地板 4. 能清洗自己的水杯并将水杯擦干 5. 知道根据冷热增减衣服,会穿、脱、叠衣服,会自己系鞋带	1. 能协助教师收、放桌椅、抬床 2. 能协助教师清洗、晾晒擦手毛巾 3. 愿意帮助他人系鞋带、扣扣子	1. 能自发、自主地参加养殖、种植活动,照料动植物 2. 了解一些基本的农耕、养殖的劳动知识 3. 掌握堆肥、嫁接等种植技能	1. 积极分享作品和感受,对劳动成果感到自豪 2. 能够独立完成手工制作项目,并自觉养成整理与维护工具的习惯

续表

目标	教育建议			
	自我服务类	集体服务劳动类	种植饲养类	手工劳动教育
教育建议	1.提供适宜的劳动工具 2.指导幼儿掌握一定的生活自理技巧	1.提供为集体劳动的机会，如值日生、厕所管理员、餐桌管理员、午睡管理员等 2.鼓励幼儿维护班级环境。在教师的组织下，幼儿可以参与清扫活动室、修补图书、清洗玩具等劳动	1.设置班级种植区、植物角、饲养区 2.个人认领动植物，培养劳动责任感	1.提供多种手工劳作的材料，如自然材料、生活废旧材料等 2.丰富手工劳动活动类型，如剪纸、泥塑、扎染等

了解幼儿是教育的开端，只有了解幼儿的发展特点、兴趣需求等才能因材施教，从而培养幼儿养成良好的劳动习惯。为促进幼儿良好劳动习惯的养成，应抓住一日生活照料中的点点滴滴，适当帮助，适时放手，可从以下方面着手。

1. 营造环境，为幼儿提供适宜的劳动工具。

（1）布置整洁有序的生活环境，通过设置物品标签，激发幼儿的自我服务意识，让幼儿在潜移默化中学会整理和归位。

（2）提供适合幼儿身高和能力的桌椅、柜子、餐具、衣物等，便于他们进行自我服务。

（3）教师应保证班级里有适合该年龄段每个幼儿的劳动工具，如，给小班幼儿提供毛巾，给中班幼儿提供毛巾、小扫把、小簸箕，给大班幼儿提供中号或大号扫把、簸箕以及合适的拖把。

2. 多元方式，指导幼儿掌握劳动技巧。

（1）在日常生活中，教师应以身作则，为幼儿提供正确的示范和指导。

（2）利用儿歌或游戏，帮助幼儿学习和掌握一定的劳动技能。如引导幼儿学习扫地的儿歌："小扫把，双手拿，双手摆动腰弯下，拿簸箕，装垃圾，双手端着倒掉它。"

3. 鼓励劳动行为，培养幼儿的劳动意识。

（1）在幼儿尝试自我服务时，给予及时和积极的反馈，如奖励小贴画、在班级积分榜上加分或设置"劳动小达人"栏目，表彰表现出色的幼儿。

（2）当幼儿行动缓慢时，给予一定的耐心和引导，不催促、不直接帮助幼儿完成。

4. 开展活动，为幼儿创造劳动机会。

（1）在常规活动中，教师及保育员避免出现完全包办行为，给予幼儿服务自己的机会。如，餐后环节的桌面、地面的整理；点心结束后，水杯的清洗；等等。

（2）教师可根据幼儿年龄段适当设计相应的劳动活动，为幼儿提供服务他人的机会。如，小班餐前小值日生为其他幼儿分发勺子和渣盘；中班幼儿午睡前帮助其他幼儿叠脱下的衣物；大班幼儿餐后协助保育员用扫把、拖把打扫活动室；等等。

（3）组织亲子劳动活动，加强家长与幼儿之间的互动，向家长宣传养成劳动习惯的重要性，鼓励他们在家庭中让幼儿参与劳动，共同培养幼儿的劳动习惯。

案例48

地上的饭粒

在进餐活动中，先吃完的幼儿擦嘴、漱口后，用手将洒落桌面的饭粒捡到渣盘或用手抛到地面上后，便搬椅子离开了活动室，甲老师观察到了这个情况，经过分析发现，班级幼儿均能在餐后对桌面进行整理，却忽略了对地面的清洁。

经过思考，甲老师在当天的餐后环节，以开放性问题导入："你们每次吃完饭后的桌面都整理得特别干净，但是你们瞧瞧地面上还洒落了许多饭粒，被小朋友们踩来踩去，该怎么办呢？"孩子们开始积极讨论，幼儿Ａ说："我们可以用扫把把饭粒扫进垃圾桶里。"幼儿Ｂ说："我们还可以用拖把拖地。"甲老师继续问："那什么时候扫地、拖地呢？"幼儿Ａ说："小朋友们吃完饭之后。"甲老师根据幼儿的需求，在班级角落设计了一个卫生整理角，放置了两套小扫帚和小簸箕、两把小拖把、12条毛巾等，鼓励幼儿进行劳动，但并未强制要求。

第二天餐后，一些幼儿对卫生整理角表现出好奇并产生了尝试的欲望，等同桌小朋友都吃完饭后，幼儿Ａ上前拿了小扫把，在地面挥动着，但饭粒始终没有被扫进簸箕里。甲老师见状拿了扫把和簸箕进行动作示范，嘴里还自言自语地念叨："小扫把，双手拿，双手摆动腰弯下，拿簸箕，装垃圾，双手端着倒掉它。"

在第三天、第四天的餐后，主动清扫地面的幼儿越来越多，卫生整理角里的扫把和簸箕数量已经无法满足幼儿，后来的幼儿常常需要等许久才能拿到扫把。甲老师经过分析发现，现阶段幼儿餐后使用扫把还不太熟练导致清扫速度较慢，其他幼儿常常需要等待很久，于是甲老师就在卫生整理角新增加了两套扫把和簸箕，供幼儿使用。

在幼儿尝试使用扫把和簸箕的过程中，甲老师密切关注每个幼儿的餐后整理情况，对于扫地动作不熟练的幼儿，耐心示范并进行一对一指导，同时给予一定的鼓励；对于整理快速且干净的幼儿，则给予肯定和表扬。

　　案例来源：成都市双流区机关第一幼儿园

【案例说明】

本案例展示了在中班餐后整理环节中，教师发现并挖掘了餐后清扫地面这一劳动教育机会的场景。案例中,教师观察、分析了幼儿当下的自我服务能力,以提问引导幼儿自主思考劳动的必要、劳动的工具及劳动的时间等,强化了幼儿的劳动意愿。接着,教师设立卫生整理角,投放了相应的劳动工具,不强求不规定,以激发幼儿劳动兴趣为前提。随后持续地关注着幼儿的一举一动,通过儿歌渗透、亲身示范等多种方式,指导幼儿掌握扫地、拖地的劳动技巧,促进幼儿劳动能力的提升。案例中的教师有效地将劳动教育融入到了餐后活动中,以了解幼儿为先,并持续观察幼儿的行为,为幼儿创设了一个良好的劳动氛围,让幼儿从愿意劳动到热爱劳动,从不会、不熟练到快速而干净,获得了积极的劳动体验,良好的劳动习惯也在不知不觉中养成了。

问题 *49* 　班级中幼儿体格常存在较大差异，教师应如何制订全面且科学的体格锻炼计划？

　　幼儿期是人类生命周期中最为关键的发育阶段之一。在这个阶段，幼儿的各个器官和系统的功能也在逐渐完善，骨骼、肌肉和神经系统的发育特别重要。通过适当的体格锻炼可以帮助幼儿增强体魄，提高免疫力，促进大脑发育，并培养良好的运动习惯，还能在促进心理健康、社会性发展等多个方面发挥积极作用。而制订科学的体格锻炼计划，并有效地实施计划是促进幼儿身体健康发展强有力的保障之一。

　　但教师在制订体格锻炼计划时常出现忽视幼儿年龄差异、锻炼内容单一、缺乏系统性规划、忽视个体差异等问题。因此可采取以下措施制订全面且科学的体格锻炼计划。

　　1. 分析幼儿体检报告及幼儿体测结果等材料，了解幼儿的体格发育状况。

　　首先，教师可以通过幼儿的年度体检报告、体格检查报告以及幼儿园学期体测结果等材料以及相关数据，了解幼儿的体格发育状况。其次，教师可以通过日常观察，结合《3—6岁儿童学习与发展指南》等记录幼儿在园的活动表现，如身体控制和平衡能力、身体移动能力、器械（具）操控能力等，这些观察结果可以作为体格发育的参考。[①]再次，教师可以通过与家长的沟通，了解幼儿在家的饮食习惯、睡眠情况、日常活动等，这些信息有助于教师更全面地评估幼儿的体格发育状况。最后，教师可根据《7岁以下儿童生长标准》《0岁~6岁儿童发育行为评估量表》或《国民体质测定标准（2023年修订）》幼儿部分等来分析幼儿的体格发育水平。通过以上方法，教师可以全面了解幼儿的体格发育状况，并根据结果制定相应的干预措施，促进幼儿健康成长。

2. 设计符合幼儿年龄阶段的体格锻炼内容，丰富体格锻炼活动。

晨间锻炼、户外体育活动、体育教学活动、区域体育活动、室内体育活动是幼儿体育活动的主要组织形式，教师可结合幼儿园实际情况，选用多种组织形式并进行科学合理的设计，促进幼儿身心和谐、健康地发展。

在制订幼儿体格锻炼计划时，可从锻炼的组织形式、锻炼时间、运动负荷、锻炼环境四个方面进行考虑。

（1）锻炼组织形式（见表22）。

表22　幼儿体格锻炼组织形式一览

组织形式	具体表现
晨间锻炼活动	队列练习、队形变化、基本体操的练习、韵律操、运动量较小的体能锻炼游戏等
户外体育活动	运用大、中、小型运动器械活动，利用环境的自然力锻炼，体育游戏等
体育教学活动	身体基本动作技能、基本体操练习、发展身体素质练习
区域体育活动	钻爬区、跳跃区、投掷区、玩沙区、骑行区、玩球区、民间体育游戏区等
室内体育活动	室内体育活动、室内分组体育活动、室内体操、室内区域性体育活动

---

① 马丽阳.中班幼儿运动核心经验发展现状研究[D].南充：西华师范大学，2018.

（2）锻炼时间。

《3—6 岁儿童学习与发展指南》指出："幼儿每天的户外活动时间一般不少于 2 小时，其中体育活动时间不少于 1 小时，季节交替时要坚持。气温过热或过冷的季节或地区应因地制宜，选择温度适当的时间段开展户外活动，也可根据气温的变化和幼儿的个体差异，适当减少活动的时间。"[①] 在安排幼儿户外活动时间时需进行合理安排并考虑幼儿各年龄阶段的特点。一般来说，幼儿集体体育教育活动的时间根据年龄班有所不同，小班为 15—20 分钟，中班为 20—25 分钟，大班为 30 分钟左右。在高温天气或阴雨天，教师应酌情调整活动时间，确保幼儿的运动量和活动形式适宜。

（3）运动负荷。

运动负荷指在进行身体活动时，人体所承受的生理和心理负荷的总和。运动负荷过高或过低都不利于幼儿健康，需根据幼儿的年龄特点、活动项目、活动质量等合理安排运动负荷。《学龄前儿童（3—6 岁）运动指南》建议，学龄前儿童每日身体活动总时间至少 180 分钟，其中，中等及以上强度的运动应累计不少于 60 分钟。中等强度的运动对 3—6 岁儿童尤其重要，能有效刺激幼儿心脏、心血管、骨骼和肌肉等器官的发育。对于体弱的幼儿，应适当降低运动强度，并循序渐进地增加运动量。

（4）锻炼环境。

为幼儿营造轻松、愉快、自由的运动环境和氛围，并在每一次活动之前检查活动场地，提供丰富有趣的活动材料和器械，如球类、跳绳、平衡木等，以激发幼儿的兴趣。同时，确保所有用具的安全和卫生，定期进行安全隐患排查。

---

① 李季湄，冯晓霞.《3—6 岁儿童学习与发展指南》解读 [M]. 北京：人民教育出版社，2013：292.

3. 制定体格锻炼措施，增强幼儿身体素质。

（1）体格锻炼的原则

①循序渐进。应根据幼儿的生理特点，有计划、有步骤地进行。结合幼儿的年龄特点和身体健康状况，合理地安排锻炼方式及运动强度，采取由易到难、由简到繁、由短到长、由少量到大量的原则逐步进行体格锻炼，以保证幼儿神经、呼吸和心血管等各系统具有一定的适应能力。

②持之以恒。经过持续的锻炼，幼儿大脑皮质建立起有关的联系，当周围环境发生变化时，能灵活准确地调节有关的器官，使之迅速做出相应的反应，保持机体与外界环境的平衡。经过多次反复的练习，大脑皮质上有关的联系就变成了巩固而复杂的条件反射，从而达到增强体质，减少疾病的目的。[①]

③注意个体差异。不同年龄、不同健康状况的幼儿选择锻炼方式、时间、强度应有所区别。如体弱儿的体格锻炼应较一般幼儿缓慢些，时间应短，并注意仔细观察。[②]

④适量性原则。在制订体格锻炼计划时应根据幼儿的生理、心理特点规划体格锻炼内容，人体功能的改善和提高，必须在适当的运动负荷下才能够实现，而运动负荷的大小将直接影响幼儿身体的发展。若长期幼儿运动负荷过低，则幼儿身体无法得到锻炼，身体素质和动作技能无法得到提高和掌握；若幼儿运动负荷增加过快，则会对幼儿身体的正常发育有害，使幼儿在面临挑战时产生畏难情绪，降低对活动的兴趣，甚至有可能发生运动损伤等伤害幼儿的情况。因此，在制订体格锻炼计划时应根据幼儿的发展特点，并结合季节、场地等多方面因素，使幼儿体格锻炼能够有效开展。

⑤多样性原则。在制订体格锻炼计划时应考虑多样性原则：一是活动组织形式的多样性，二是教师指导方式的多样性，三是器械选择的多样性。

---

①② 潘苏彦，黄春明 . 儿童社区护理与健康管理 [M]. 北京：人民军医出版社，2010.

（2）具体措施

①组织形式多样、内容丰富的体格锻炼活动。《幼儿园教育指导纲要（试行）》明确指出，"要根据幼儿的特点组织生动有趣、形式多样的体育活动，吸引幼儿主动参与"。通过晨间锻炼活动、户外体育活动、体育教学活动、区域体育活动、室内体育活动等多种形式开展幼儿体格锻炼活动，并结合幼儿园的家长开放日、亲子运动会等活动有效促进幼儿体格锻炼和身体素质发展。此外，以走、跑、跳、钻爬等基本运动动作，早操、大中小型运动器械活动等作为体格锻炼的内容，激发幼儿的运动兴趣。

②提供种类丰富、数量充足的活动器械。《3—6岁儿童学习与发展指南》提出，"为幼儿准备多种体育活动材料，鼓励他选择自己喜欢的材料开展活动"①。在幼儿园体格锻炼活动中为幼儿提供种类丰富、数量充足、层次分明的体育活动器材，保障幼儿能够选择自己喜欢的材料进行体格锻炼。

③家园共育，提升活动效能。通过家长会、家长开放日、班级群等方式，加强与家长的沟通交流，并积极反馈幼儿在园的运动情况，引导家长认识体格锻炼对于幼儿身体健康发展和身体素质提升的作用，并可结合每年的成都市天府幼儿体育大会的"乐动家"家庭亲子运动项目向家长推广家庭亲子运动游戏，指导家长引导幼儿在家进行体格锻炼活动。

④体弱儿特别关怀个性化锻炼方案。一是为体弱儿设计低强度、易执行的锻炼计划，如散步、简单的体操动作等，避免剧烈运动带来的身体负担；二是健康监测，定期监测体弱儿的身体状况，包括体重、身高、心率等指标，及时调整锻炼计划；三是家园共育，与家长保持密切沟通，共同关注体弱儿的饮食、睡眠等生活习惯，确保身体得到全面恢复。

⑤肥胖儿健康管理综合干预。一是结合有氧运动（如快走、慢跑、游泳等）、力量训练（如简单的器械操）和饮食指导，制订个性化的减肥计

---

① 李季湄，冯晓霞.《3—6岁儿童学习与发展指南》解读 [M]. 北京：人民教育出版社，2013：297.

划；二是心理支持，鼓励肥胖儿参与集体活动，帮助其树立自信心，避免因体型问题而产生自卑心理；三是持续跟踪，定期记录肥胖儿的体重变化、身体成分等数据，评估减肥效果并调整计划。

⑥对动作发展水平不一致的幼儿采取的措施。一是分层教学，根据幼儿的动作发展水平进行分组教学，确保每个幼儿都能在适合自己的难度和强度下进行锻炼；二是差异化指导，为发展水平较低的幼儿提供基础动作的教授和练习机会，为发展水平较高的幼儿增加挑战性和技巧性的运动内容。

4.阶段性评估与调整，完善体格锻炼内容。

教师应对幼儿的体格发育计划进行阶段性评估与调整。教师通过观察幼儿在日常活动中的表现、行为举止等来评估其发展情况。观察可以结合记录、拍摄等方式进行，以便于准确记录和追踪幼儿的发展进程。此外，教师应记录幼儿在运动中的反应，如面色、精神状态、呼吸、出汗量等，以便及时调整锻炼计划。

案例 49

小班秋季学期体格锻炼计划

冬季也是小班新生入园的第一个学期，天气慢慢由凉变冷，应以培养幼儿对户外体育活动和体能锻炼的兴趣为主，重点培养户外体育运动常规及必要的安全保护意识。以锻炼幼儿身体的适应能力为重，鼓励幼儿不怕冷的意志品质，能在寒冷的冬天里快乐地运动。本学期，我们将根据幼儿生长发育和体育活动的规律，以多种形式开展幼儿体格锻炼活动，充分保障幼儿锻炼时间，促进幼儿动作发展，提升幼儿的运动能力。

一、幼儿情况分析

本班共有 36 个幼儿，结合《成都市托幼园所儿童保健证》《幼儿园儿童入园健康调查表》、入户家访等，了解到班级幼儿整体身体素质情况良好，但其中有 3 个幼儿为体弱儿，1 个为肥胖儿。我们将结合幼儿的体格发展目标及幼儿的实际发展情况，制订面向全体又兼顾个别幼儿发展的体格锻炼计划。

二、活动目标

（一）全体幼儿

1. 喜欢参加冬季体育活动，对体育运动感兴趣。

2. 动作协调、灵活，掌握走、跑、跳等基本动作的要领。

3. 培养不怕寒冷，坚持进行体育锻炼的品质。

4. 养成良好的体育运动习惯，具有自我保护意识和能力。

（二）个体幼儿

1. 体弱儿。通过适度锻炼增强体质，减少疾病发生，提高生活自理能力。

2. 肥胖儿。控制体重增长，提高身体素质和自信心。

三、体格锻炼内容

走、跑、跳跃、钻爬、投掷、平衡、悬吊、球类等。

四、体格锻炼措施

（一）开展多元的锻炼活动

一是开展专项体育活动，班级教师将认真组织好每一天的户外活动，包括早操、韵律操、体育游戏、体育教学活动、体能锻炼等，让幼儿得到充分的体育锻炼；二是融入日常活动的锻炼中，充分运用午休散步、幼儿园秋季运动会等，有意识地融入幼儿体能锻炼；三是结合不同需求及发展水平的幼儿，为其提供适宜的锻炼内容，保证活动量。

（二）保障充足的锻炼时间

一是扎实开展不少于 1 小时的户外体育锻炼时间；二是充分利用碎片化时间、家庭活动时间开展体格锻炼活动。需要注意的是，家园需共同明确幼儿体格锻炼的目标及时间，锻炼强度要适中。

（三）提供丰富的活动材料

让幼儿能积极主动地参与活动，自选材料有毽子、铁环、沙包、皮球、圈、跳绳等。让幼儿学会正确地运用这些材料进行走、跑、跳等基本动作，提高幼儿的活动技能，促进幼儿动作的协调性和灵敏性。

（四）家园共育提升幼儿体能活动效能

教师将加强与家长的联系与沟通，把幼儿的情况及时向家长进行反馈，并指导家长在家引导幼儿进行体育锻炼，确保幼儿的身体健康。

五、每月具体活动安排

时间	动作技能	晨间锻炼	户外体育活动	体育教学活动	区域体育活动
9 月	走、跑	早操学习，跟随音乐自由练习走、跑	"开火车""模仿走""吹泡泡""队列练习"	"小动物找家""可爱的小鸡""走平衡木"	滑梯等中大型器械、骑行区、走跑游戏区
10 月	跑、钻、爬	早操学习，自由进行跑、跳等动作练习	"钻山洞""老狼老狼几点了""花样爬行乐"	"垫子爬爬乐""小乌龟运粮食"	滑梯等中大型器械、攀爬区、综合游戏区
11 月	跑、跳、爬	早操活动，自由练习走、跑、跳等基本动作	"跳圈""快乐向前冲""乌龟爬爬"	"小鸡快跑""小花猫捉老鼠"	滑梯等中大型器械、骑行区
12 月	综合练习（走、跑、跳、钻、爬）	早操活动、自由进行走、跑、跳、钻、爬等动作练习	"小猫集训队""小猫晒鱼""绕障碍跑""摘星星"	"小兔子采蘑菇""小乌龟历险记""小熊过桥"	滑梯等中大型器械、攀爬区、骑行区、投掷区

案例来源：成都市双流区机关幼儿园

【案例说明】

在本案例中可以发现，该班拥有多样化的幼儿群体，包括体弱儿、肥胖儿。教师为了确保每个幼儿都能在体格锻炼中得到适宜的发展，在制订计划前与园内保健医一起对班级所有幼儿进行了全面的体格评估，然后根据体格评估结果了解了班级幼儿的体格发展水平，确定了班级体弱儿、肥胖儿体格锻炼关注点，并根据幼儿的生长发育和体育活动的规律分类确定了班级幼儿体格锻炼目标。在确定体格锻炼的内容时，教师根据《3—6 岁儿童学习与发展指南》中关于小班幼儿健康领域的发展目标及建议，结合班级幼儿的体格发展水平制定了相关锻炼内容，并按照周工作计划进行了详细的内容安排。在充分考虑班级幼儿全面发展的基础上，教师也关注到特殊需要儿童的发展需求，制订了翔实且操作性较强的体格锻炼计划。

幼儿园怎样帮助教职工保持健康的心理状态?

心理健康是指个体在认知、情感、行为等方面的正常状态，包括对自身和外界的适应能力。幼儿园教职工的心理健康至关重要，它不仅关乎个人的身心健康，更直接影响幼儿的健康成长与全面发展。随着家长对高质量学前教育的追求、幼儿园监控设备的全覆盖、现代网络媒体的快速发展等，幼儿园教职工的责任与压力增大，心理状态也随之波动。教职工常见心理状态及其表现主要有以下三类（见表 23）。

表 23　教职工不同心理状态及具体表现

状态	具体表现
健康状态	具有积极乐观、持续良好的心态，能以积极、乐观的心态与幼儿或同事交往互动，对工作充满热情
困扰状态	注意力分散、工作效率低下、与同事或幼儿相处感觉烦恼等
问题状态	焦虑和抑郁。焦虑自己的工作是否得到认可，以及对幼儿安全、健康等问题的异常关注；抑郁情绪具体表现为情绪低落、冷漠、悲观、失望等复合性负面情绪

教师心理健康是其身心素质的重要体现，在一定程度上决定着教育教

学的成效。因此，为了帮助教职工及时调适心理状态以保证其健康，幼儿园可以采取以下措施。

1. 建立心理健康管理机制。

（1）幼儿园管理者应将教职工心理健康放在管理工作的重要位置。通过分析教职工的组成结构、基本情况、实际需求，建立包含管理机制、物质建设、专业支持、人文关怀等的心理健康支持体系，使其具有合理性、操作性、实效性。

（2）建立民主决策机制。幼儿园定期收集教职工对管理的建议，充分发挥全园会、教代会的作用，鼓励教职工参与园务工作决策，尊重教职工的权利，培养教职工的主人翁意识，提高教职工的归属感。

（3）建立多种情绪疏导渠道。鼓励教职工之间、教职工与管理层之间积极沟通与交流，如利用线上和线下的交流平台、开设心理咨询园长热线、设置烦恼倾诉箱等，及时帮助教职工解决工作中的问题，减少误解和冲突的发生，营造平等、互助的工作氛围。

（4）制订教职工心理健康关爱计划是帮助教职工调适心理状态的有效保障。教职工心理健康关爱计划的制订需适合幼儿园管理现状、教职工实际需要，突出适宜性和操作性，主要从学期计划、月计划、周计划和周经验做法四项内容，层层推进、步步落实。

（5）改进评估方式。适当增加针对教师心理健康状况的评估和反馈，倾听和关注教师在工作中遇到的压力和困难，为教师提供心理支持和协助，采用灵活多样的评估方式，如定期座谈、个别谈心、小组讨论等，以适应不同教职工的需求和特点，为教职工提供更有针对性且有效的支持。

（6）提供专项经费支持。建立专项经费制度，专项资金用于提高教师的心理健康水平，如开展心理健康教育、心理咨询、心理疏导等。

2. 增强内驱力，提供有效的心理支持。

（1）设立心理咨询室。聘请专业心理顾问开展"一对一"的心理咨询与辅导，为教职工提供及时的心理支持和咨询服务。如定期开展心理健康问题的筛查，建立心理健康评估档案，对有心理健康困扰的教职工及时提供专业化的心理疏导和咨询服务。

（2）开设心理健康培训课程。帮助教职工识别和应对心理健康问题。在培训内容方面，涵盖压力管理、情绪调节、心理健康识别等主题。在培训方式上，正确处理集中学习和自主学习的关系，理论学习和教育实践的关系，灵活采取专家讲座、研讨交流、实践体验等方式。在培训效果方面，建立并管理本园教职工心理健康教育专项培训档案，确保培训活动有序、有效地开展。

3. 增强凝聚力，营造良好的人文环境。

（1）优化工作环境。创设舒适、安全、温馨的工作环境与接纳、关爱的心理氛围，提高教职工的幸福感与归属感。如建设"教师阅吧""茶话坊"，为教师提供休息、成长的空间，让他们在工作之余有机会休息和娱乐，以缓解工作压力。

（2）减轻工作压力。优化工作操作流程，同时根据教职工的实际情况和能力水平，合理安排工作任务和工作时间，帮助教职工提高工作效率，减轻工作压力。

（3）组织丰富多彩的文体和团建活动。如开设绘画、手工等体验课，开展压力测试、压力传递等活动，帮助教职工培养健康的生活方式，释放情绪和压力，提高职业认同感，使教职工在工作时能够保持积极、充实的心理状态。

（4）在工作和生活上给予教职工切实的帮助。幼儿园除了为教职工提供专业成长支持外，还应该多关心教职工的生活与家庭，及时给予教职工安慰和鼓励，营造良好的人文环境，提升教职工的归属感。

案例 50

幼儿园教职工心理健康关爱计划

学期计划	月计划	周计划	周具体做法
提升教职工心理健康自我管理能力	第一个月，体系构建与意识提升。初步搭建心理健康支持体系框架，提升教职工对心理健康重要性的认识	第一周，成立心理健康小组 第二周，组织心理健康讲座 第三周，设立心理健康热线或邮箱 第四周，发放心理健康手册	1. 通过教职工群发布心理健康小知识和放松技巧 2. 讨论近期案例，分享处理经验，优化支持体系 3. 鼓励教职工使用心理健康手册中的工具进行自我评估
	第二个月，环境改善与压力管理。改善幼儿园物理环境和文化环境，减轻教职工的工作压力	第一周，全面评估工作环境 第二周，认知重塑与赋能建设 第三周，实行弹性工作制度 第四周，开展压力管理培训	1. 向教职工展示环境改善成果，收集进一步反馈 2. 分享减压方法，如瑜伽课程、放松训练等 3. 组织团队户外活动，如徒步、野餐等，增进同事之间的感情，放松心情
	第三个月，团队建设与沟通机制。增强团队凝聚力，建立有效的沟通机制，促进信息共享和协作	第一周，开展团队建设活动 第二周，建立定期会议制度 第三周，推行开放式沟通政策 第四周，开展"我眼中的你"活动	1. 周例会，回顾上周工作，规划本周任务，确保信息畅通 2. 团队建设小活动，如午餐聚会、小游戏等 3. 月总结会，全面回顾本月工作，表彰优秀团队和个人，鼓舞团队士气

案例来源：成都市双流区怡心第四幼儿园

【案例说明】

在本案例中，园所通过制订教职工心理健康关爱计划，将长远目标分解为学期计划、月计划、周计划及具体的每周具体做法，形成了一个系统性强、内容全面的实施方案。这种层层分解的方式确保了计划的可行性和有效性，能够全面覆盖教职工的心理健康需求和改善工作环境。

案例中的各项活动和措施都紧密围绕教职工的心理健康和工作环境展开，具有很强的针对性和实用性。如，设立心理健康热线、成立心理健康小组、开展压力管理培训等，都是针对教职工的实际需求和问题设计的，能够为教职工提供及时有效的心理支持和帮助。注重教职工的参与和互动，通过开展"我眼中的你"等团队建设活动，增强了教职工之间的沟通和了解，提升了团队凝聚力。同时，通过教职工群等渠道发布心理健康小知识和放松技巧，鼓励教职工积极参与和进行自我调适，形成了良好的互动氛围。

案例中计划的实施过程是一个持续不断、动态调整的过程。通过定期收集教职工的反馈意见，对活动内容和形式进行持续优化和改进，确保计划能够始终符合教职工的实际需求和期望。

只有幸福的教职工，才有幸福的教育；只有幸福的教育，才有幸福的幼儿和幸福的人生。幼儿园和社会应该加强对幼儿园教职工心理健康的关注，采取有效的措施，以最大限度地减轻教职工的心理压力，并促进其心理健康。

问题 *51* / 幼儿园如何提升教职工的归属感和满意度?

　　归属感是指教职工个人对幼儿园的认同和维系的心理表现,是一种希望被接纳为一段关系或群体的一部分的情感需求。这种归属感不仅来自对职业价值的认同,更重要的是在工作中体验到的被爱、被信任和被尊重。借鉴已有研究[①]我们把工作满意度定义为由工资福利和工作环境等多种影响因素组成的层面,个体对不同影响因素的满意感觉之和就是工作满意度。教职工的归属感强弱和满意度高低,直接影响教职工对工作的投入和工作成效,进而决定了幼儿园师资队伍是否稳定和优化。有归属感、满意度高的教师更愿意为幼儿园贡献自己的力量,更愿意主动思考如何让幼儿园变得更好。稳定、优质的师资队伍是幼儿园健康发展的重要保障,它确保了教育质量的持续性和一致性,能为幼儿提供稳定的成长环境,是幼儿园实现可持续发展的必要条件。

　　通过调查、访谈、查阅文献等发现,幼儿园教职工队伍不稳定会出现教职工归属感弱、对自己的工作和幼儿园整体评估满意度不高,一般表现

---

① 王琪.农村幼儿教师职业认同、工作满意度与职业倦怠的调查研究 [D].黄石:湖北师范大学,2017.

为工作热情和兴趣降低、流动意愿大、辞职等，主要原因如下（见表 24）。

表 24　影响幼儿园教职工队伍稳定性的主要原因

维度	具体描述
领导与管理	1. 管理者过于强调权威，与教职工层级关系明显，缺乏有效的沟通渠道 2. 管理层管理行为缺乏以人为本的理念，对待教职工不公平、不公正 3. 管理层管理技巧和水平不高，对教师的情感需求、思想状况缺少必要的疏导和关怀，导致沟通不畅、教职工负面情绪较多等 4. 管理者专业知识和能力不足，不能有效支持教职工的成长与发展 5. 各岗位分工不明，职责不清，教职工工作迷茫无措 6. 园所文化形式化，教职工缺乏认同感
工作环境	1. 工作舒适度不佳，如幼儿园环境卫生不整洁、饭菜不可口等 2. 幼儿园硬件环境欠佳，缺少工作所需的工具或材料 3. 大量工作反复长时间做，教职工身心压力过大
付出回报合理性	1. 幼儿园现行的薪酬福利无法满足教职工的期望 2. 安排额外工作量，教职工无实质性奖励 3. 幼儿园现行考核、评优选先等制度执行时有失公平、公正
人际关系	1. 幼儿园人际氛围紧张，同事、管理层之间互动交流少、相处不融洽 2. 团队缺乏向心力 3. 家长的需求高、"维权"意识强、育儿观念不科学等，对教职工提出过高期望
自我实现	1. 缺乏多元性、个性化、针对性的培训及观摩学习，教职工可能感到学不到东西 2. 教职工可能感到被忽视或无法参与幼儿园的决策过程 3. 教职工的努力和成就得不到园方或家长的及时认可和奖励，他们感到自己的价值被忽视 4. 幼儿园缺少激励机制、发展平台或晋升空间，教职工可能感到没有成长空间

为有效提升教职工的归属感和满意度，以稳定教职工队伍并促进幼儿园的长期发展，幼儿园可以采取以下措施。

1. 共筑愿景，提高教职工对幼儿园的价值认同感。

让教职工参与文化建设。将办园文化作为教师工作的精神内核，以教师认同作为文化生成的关键基底，在全体教职工充分酝酿、讨论的基础上制定园所发展规划，明确办园理念、办园目标。如通过向教职工开展问卷调查，收集他们对于幼儿园顶层文化的想法、思考、建议，鼓励优秀骨干教师参与幼儿园园所文化的建设等。同时，及时宣讲幼儿园的发展状况和未来规划，举办"园所文化故事"演讲比赛等活动。

2. 管理者要做有魅力的领导者，提高教职工对幼儿园的信任度。

（1）实施以人为本的管理。管理者要不断学习先进的教育理念、现代人力资源管理理论、心理学等，提高自身的领导力、管理能力，提高幼儿园各项制度、计划、办法、职责等制定与实施的科学性，建立科学的选人、用人机制以及科学的薪酬管理和绩效管理机制。同时，采用"柔性管理"方式，采取谈心、团建、心理培训等方式，主动拉近与教职工的距离。

（2）保持决策的透明度。让教职工在幼儿园管理和政策制定中发挥作用，给予教职工表达和质疑的权利，让他们感到自己的思想和需求、意见被认真对待，并获得肯定与支持。如园内重大决策、制度执行等，通过教职工大会收集教职工的想法和建议。

（3）畅通教职工沟通、诉求渠道。管理层应秉持理解、包容、关爱的心态，搭建一个开放平等、互动双向的沟通渠道，让教职工能够自由地表达意见、提出问题和分享想法。定期以团队会议、个人面谈等形式，认真倾听教职工的需求与困惑，让他们感受到被关注和被尊重，并对他们的建议做出回应。如通过设置线下意见箱、线上园长信箱，建立教职工诉求解决机制，及时对教职工的诉求予以回复，并定期进行全园通报。尤其是学期末的教职工满意度调查，要对调查结果认真做好分析，结合教职工提出的建议和意见，拟定调整措施并对措施成效进行追踪、优化。

（4）创新组织架构。创新幼儿园组织架构，如设置年级组长和副组长、行政助理等，赋予教职工充分的自主权，鼓励教职工不断创新和突破，在各自的工作岗位上发光发热，并经常公开表扬、肯定他们的优秀表现和进步，让他们感到自己的工作是有价值、有意义的。

（5）关心教职工的身心健康。首先，管理者应充分理解和信任教职工，尊重教职工，允许教职工有负面情绪并适当表达负面情绪。其次，合理安排工作量，让教职工得到充分的休息，给予教职工充分的容错空间并制定相关的规范及工作标准，为教职工提供工作方向和目标。如可以提供各类文本资料的模板、工作流程图等供教职工参考，让教职工在开展工作时有抓手、有依据。减少加班，减轻教职工的心理压力。最后，还要关心关爱教职工的生活。

（6）树立教师专业形象。管理者应帮助教职工树立幼儿园教师正面、积极的专业形象，引导家长重视学前教育的价值与意义，从而认可、尊重教师的付出，并对教师保持理性期待与要求。如通过公众平台推文宣传教职工在保教过程中发生的感人故事等。

3. 创设温暖和谐的工作环境，提高教职工的愉悦度。

（1）营造温馨、舒适的办公环境。如建设"教师阅吧""茶话坊""心语心愿"等，为教职工提供休息、成长的空间，让他们在工作之余有机会休息和娱乐，以缓解工作压力。为教职工配备现代化、智能化的设施设备、图书资料等操作材料与工具，便于他们更好地开展工作。

（2）创建有意义的团队活动和社交互动。如组织节日庆祝、集体生日会、团队聚餐等，促进教职工之间的交流和合作，让教职工通过人际之间的情感互动与友好交流，感受到被接纳和被关心。

4. 建立激励机制、合理竞争机制，提高教职工的满意度。

（1）建立科学的薪酬管理体系，确保教职工获得有竞争力的薪资和福利待遇。幼儿园一方面要保障教职工工资待遇的稳定性，另一方面要增加福利的多样性，给予教职工生活与工作上的关怀，如年终奖、节日慰问金及礼品、绩效奖励、住房补贴、交通补贴等。

（2）制定有效的工作激励机制。如建立职称奖励制度，鼓励教职工提升职称；建立教科研奖励制度，鼓励园所和个人开展课题研究并发表论文。

（3）提供发展机会和晋升空间。基于教职工的能力、特质，培养和留住优秀骨干教师，给予他们更多的发展机会和更高的发展平台。如制定明确晋升路径和晋升标准，开展期末竞聘上岗、内部中层管理竞聘；设置星级教师评选体系，将教师梯队分为"一星级教师"到"四星级教师"四个等级，不同星级的教师获得对应的绩效和专业发展路径。

（4）多元化评估工作质量。从"德、能、勤、绩、廉"五个方面来评估教职工的工作质量，让评估回归教育的人文性和关注教师的情感。同时让教职工成为评估的主体之一，让教职工参与评估标准中情感规则内容的制定，还要重视教师的自我评估工作。

5. 关注教师的专业成长，提高教职工的成就感。

（1）分层分级建立人才库，帮助教职工做好职业规划。注重意愿管理和个别化管理，关注教职工的自我发展，主动了解每一位教职工的兴趣、能力和需要。为不同教龄的教师量身定制职业发展规划，并定期对教师发展进行客观评价，有针对性地提供支持。

（2）加强教师职业素养培养。定期开展师德师风专题培训和心理健康教育，引导教职工树立正确的职业道德观和教育理念，提高教职工的心理调适与抗压能力。

（3）提供持续的专业发展和培训机会。教职工能够对幼儿园产生归属感的原因是他能够在幼儿园的工作当中找到自我发展的未来和可能性。因此，需要关注教职工成长的连续性，并根据教职工的个人特点、优势、兴趣爱好等进行分层分类培养。如针对新手教师，要帮助他们快速适应生活、工作环境的变化，可通过"师徒结对""老带新"等方式帮助新教师自信、自主地开展教育教学工作，获得胜任感；针对成熟教师，要鼓励和支持他们参加各类比赛和评选，获得专业成长，提高职业效能感；针对专家型教师，要引导他们发挥专业带头作用，通过成立教研室、工作坊等方式，增强教师的职业荣誉感和责任感。

（4）搭建成才平台。鼓励教职工参加各类比赛、评比等活动，并为教职工创造在园区内、集团园内展示自我的机会，如每年举办技能大赛、早操评比、游戏观察案例评选、课程故事分享比赛等，有效缓解他们的职业倦怠，争当先进。

案例 51

"1+6+X" 教职工关心关爱计划

针对当前我园在开展教职工关心关爱工作中存在的不足以及教职工满意度调查中教职工关注的问题和建议，在充分借助多家企事业单位关心关爱工作良好实践的基础上[①]，我园提出实施"1+6+X"教职工关心关爱计划。

一、"1"，即建立一套教练式辅导机制

我园在"1+6+X"教职工关心关爱计划中，一是组建队伍，建立一支以管理层为核心力量的关心关爱小组，为教职工提供更好的心理关怀；二是成立教职工心理辅导工作室，设立 24 小时咨询热线，定期进行教职工心理健康调查，找准辅导的重点与难点，总结制定出相应的辅导流程和方案，以更好地改善和解决教职工遇到的问题。

二、"6"，即开展六项"第一时间关心关爱行动"

1. 第一时间健康关爱。

（1）合理安排工作量、作息时间，保障教职工正常充足的休息时间。

（2）设立"教职工健康驿站"，保健室配备常用的医疗器具和急救小药箱，让教职工能够随时对自己的健康状况进行简单处理、自助检测。

（3）建立职业病关爱制度，做好职业病高发的防护措施，围绕职业常见病、高发病及急救常识等组织开展健康讲座和培训。

---

① 刘思言.实施"1+6+N"员工帮助计划 全面推进关心关爱工作 [J].企业文明，2021（12）：87-88.

2. 第一时间生活关爱。

（1）教职工"六必访"。即教职工生病住院必访，教职工家有婚丧嫁娶事宜必访，家庭生活有困难的教职工必访，家庭有矛盾的教职工必访，教职工发生意外必访，教职工的家人发生重疾必访。

（2）做好节日关爱。除了开展传统节日（如春节、端午节、妇女节、教师节等）问候之外，还注重个性化关心关爱，如生日祝福、冬送温暖、夏送清凉等活动。

（3）做到精准帮扶。设立关心关爱小组帮扶基金，对患病或生活困难的教职工给予关怀与帮助，根据需要制订"家庭一帮一"计划；做好对异地教职工家庭的关爱，在远离家庭、且子女处于成长期等特殊时期，在周转住房、探亲待遇等方面给予政策支持；关注单身教职工婚恋交友需求，有针对性地组织开展联谊交友活动。

3. 第一时间心理关爱。

建立心理问题联系、处理、解决工作机制。适时聘请心理学专家，举办心理健康讲座和咨询；建立教职工心理健康档案，安排专人每年对教职工进行一次心理健康普查，运用多种心理疏导方法，排解教职工可能出现的心理障碍。

4. 第一时间职业发展关爱。

建立"师徒结对"青蓝工程机制。学期初保教办为每一名新入职员工、青年教职工明确一名导师，开展师徒结对仪式，并建立导师积分机制，与绩效和评优挂钩，促进优秀教职工、管理人员的"传帮带"。

5. 第一时间工作环境关爱。

开展"教职工小家"建设。如建立教职工书屋、瑜伽室、棋牌室、午休室等，为哺乳期的女教职工开设"爱心妈咪小屋"等。

6. 第一时间思想关爱。

进行"一对一"谈心谈话。管理层每月至少与教职工"一对一"谈心一次，每学期期末谈心一次。结合教职工绩效、职业发展和思想状况与教职工开展面谈，反馈教职工绩效表现，听取教职工意见建议，帮助教职工改进提升。

三、"X"，即实施 X 个特色关心关爱项目

建立项目模式，针对关心关爱工作需要、教职工的兴趣、要解决的各种难题等开展特色项目活动，鼓励有相关特长的教职工担任项目组长，自募组员。如组建各类文体兴趣小组，开展全员健步走项目活动，定期开展各类比赛活动，每月评选"奔跑之星"；组建"怡美心田"小组，组织开展静心隧道体验、音乐心理分析、关心关爱小组团体沙盘、红色电影影评会、心理游戏体验等活动。

案例来源：成都市双流区怡心第四幼儿园

【案例说明】

在本案例中，该园的"1+6+X"教职工关心关爱计划以"六个关心"为措施，"五个到位"为目的。"六个关心"即关心教职工健康、关心教职工生活、关心教职工心理、关心教职工职业发展、关心教职工作环境、关心教职工思想。"五个到位"即宣传教育到位、走访谈心到位、互帮互助到位、团队活动到位、表率示范到位。旨在全面覆盖教职工的生理需要、安全需要、爱和归属的需要、尊重的需要以及自我实现的需要，最大限度地满足教职工多样化的基本需求，聚合教职工"自我实现"的力量，提升该园教职工归属感、满意度，增强幼儿园的凝聚力，以保障师资队伍稳定优质，促进园所稳定和谐、持续高质量发展。

问题 **52** / **哪些途径可以识别教师的"最近发展区",最大限度地促进教师的专业成长?**

"最近发展区"由维果茨基提出,指的是幼儿独立完成任务的能力与其在更有能力的指导者的帮助下能够完成的任务之间的差距。在教育实践中,这个理论同样适用于教师的专业发展,即教师现有的专业发展水平与教师可能达成的专业发展水平之间的差距,是随着教师不断学习和发展而变化的一个动态区域。通过识别这一区域,可以更加精准地定位幼儿教师当前的能力水平,并提供恰当的帮助,从而最大化地促进其专业发展,具体可从以下方面着手。

1. 定位当前能力水平。

表25 定位教师能力水平的方法

方法	内容	注意事项
访谈调查	①教师。利用深度访谈或一对一访谈了解教师的教育观、教育理念、职业规划及对教师专业发展的认识和职业发展愿景 ②幼儿及家长。收集幼儿和幼儿家长对教师教学活动的看法、感受、建议、需求等	①多采用开放性问题,鼓励对方表达自己的想法和感受,避免使用封闭式问题限制回答 ②访谈过程中,认真倾听对方的回答,并给予积极的反馈和回应,激发其表达欲望 ③访谈结束后,要及时整理访谈记录和相关资料,确保信息的准确性和完整性

续表

方法	内容	注意事项
问卷调查	收集教师的基本信息和教学经历，包括学历、教学经验、专业技能、教龄、职称、教学成果（科研成果）等	对于涉及敏感信息的问题（如职称、科研成果等），可采取间接询问或提供选项的方式，减轻教师的心理负担
直接观察	①查看教师的教案、教学反思、培训记录、课题资料等 ②直接观察教师环境创设、活动设计与组织、师幼互动、家园沟通等实践过程	①始终保持客观、中立的态度，避免个人偏见影响调查结果 ②尊重每位教师的个性和教学风格，以事实为依据进行评估 ③确保观察过程的安全，避免对幼儿和教师造成不必要的干扰或伤害
间接观察	不便在现场观察的可使用录像法进行间接观察，录制教师的教学活动过程，然后由教师本人或其他专业人士进行回放分析，获取更详细的反馈	①选择合适的录像设备，确保画质清晰、声音清楚，能够准确地记录教学活动的细节 ②注意捕捉教学活动中的关键细节和亮点，如教师的创新教学方法、幼儿的积极反应等

通过上述方法（见表 25）系统收集教师在教育观、教育理念、职业规划、环境创设、活动设计与组织、师幼互动、家园沟通、应对突发事件等方面的信息后，对教师进行综合评定，从而精准定位教师当下的发展阶段和能力水平，进而明确当前能力水平与个人发展目标之间的差距。

2. 明确专业成长需求。

（1）专业理念与师德。明确教师在职业理解与认识、对幼儿的态度与行为、对幼儿保育与教育的态度与行为、个人修养与行为等方面是否存在不足，并在此基础上设定专业成长目标。

（2）专业知识。明确教师是否欠缺幼儿发展知识、幼儿保育和教育知识、通识性知识，从而制定相应的学习提升目标。

（3）专业能力。明确教师在环境创设与利用、一日生活的组织与保育、游戏活动的支持与引导、教育活动的计划与实施、激励与评价、沟通与合作、反思与发展中存在的能力不足与缺陷，据此制订具体的提升计划。

3. 提供个性化指导。

（1）开展分层培养。结合教师当前能力水平以及幼儿园队伍建设目标，对不同阶段的教师开展分层培养，与教师共同确定切实可行的短期、中期和长期发展目标，明确各个阶段的具体任务和成长路径，与教师共同制定个人职业发展规划，并制订实现这些目标的行动计划。

（2）建立帮扶机制。安排定期的一对一辅导会议，让经验丰富的教师、管理人员与缺乏经验的教师对接，深入讨论其在教学过程中遇到的具体问题。提供量身定做的建议和支持，如通过跟岗学习、观摩交流、专题研讨等多种途径展开指导，帮助他们改进教学实践，提升专业能力。

（3）提供丰富的资源。结合教师具体需求，为教师提供专业发展资源、教学资源、研究资源、心理支持资源等，如专业书籍、一对一导师、现代化信息技术工具等。

（4）专业发展研修。定期组织教学研讨会，让教师们分享各自的教学经验和遇到的挑战，通过集体讨论找到解决问题的办法，从而采取有针对性的研修方式。如组织关于如何培养幼儿阅读兴趣的主题研讨会。

4. 持续跟进与调整。

（1）定期评估与反馈。通过定期的评估来监测教师的专业成长进展，确保教师能够朝着既定目标前进，了解教师在一日生活组织与设计、师幼互动、幼儿管理、家园沟通等方面的具体进步情况。

（2）灵活调整计划。根据教师的成长情况和外部环境的变化，及时调整与改进对教师专业发展的支持策略。例如，如果某个教师在某个方面的进步速度比预期快，那么可以考虑提前引入更高层次的培训内容；反之，则需要提供更多的支持来弥补不足。

案例 52

量身定制的新教师专业成长支持计划

幼儿园来了两位新教师，在教学实践中遇到了不少问题，为了提升她们的专业能力、更好地支持她们的专业发展，园所管理者积极采取了一系列措施。

首先，通过对新教师的访谈、问卷调查以及教学观察，收集了新教师在教育观、教育理念、职业规划、环境创设、活动设计与组织、师幼互动、家园沟通、应对突发事件的能力等方面的信息。明确了新教师目前处于熟悉幼儿园日常工作流程和初步认识幼儿特点的阶段，但理论与实践脱节，需加强理论学习，强化教学技能，积累相关经验。

其次，根据两位新教师的不足及需求，为她们量身定制教师成长专业支持计划。其中，甲老师在活动组织上问题比较突出，主要表现在：①幼儿常规培养不足，幼儿在活动中缺乏良好的行为规范，导致活动过程中秩序较为混乱；②各环节之间的衔接不够流畅，常常使幼儿陷入消极等待的状态。针对以上问题，为甲老师制定了以下个人提升目标。①理论学习。深入研读《幼儿园一日活动保教常规操作手册》《幼儿常规教育指导手册》等专业书籍，熟悉一日活动的组织要点，掌握幼儿常规培养的有效策略。②现场观摩。观摩优秀教师的活动组织，在亲身体验、实际感知中明确活动组织的要点、难点。③师徒结对。与成熟教师或骨干教师结为师徒，通过师傅的亲身示范、悉心指导，学习如何更好地进行活动组织。④教研赋能。针对甲老师在活动组织中出现的具体问题展开深入研讨，梳理出能够帮助其突破瓶颈的有效策略。

而乙老师在游戏活动的支持与引导上问题比较突出，主要表现在：①游戏环境创设不足，未能充分考虑幼儿的兴趣、年龄特点及发展需要；②角色定位模糊，在游戏活动中，有时过于主导，限制了幼儿的自主探索，而在需要适时介入时又显得犹豫不决或介入方式不当，未能有效促进幼儿间的合作与交流，以及解决冲突的能力。针对以上问题为乙老师制订了以下个人提升计划。①理论学习。研读《幼儿游戏理论》《幼儿游戏与指导》等书籍，掌握游戏环境创设的原则、方法以及介入的时机。②现场观摩。观摩优秀教师的游戏活动支持与引导，在亲身体验、实际感知中明确游戏活动支持与引导的要点、难点。③师徒结对。与成熟教师或骨干教师结为师徒，通过师傅的亲身示范、悉心指导，学习如何更好地在游戏活动中支持与引导幼儿。④教研赋能。针对乙老师在游戏活动支持与引导中出现的具体问题展开深入研讨，梳理出能够帮助其突破瓶颈的有效策略。

同时，在这个过程中，定期对两位老师进行观察和评估，了解甲、乙老师分别在活动组织和游戏活动的支持与引导方面的进步情况，并鼓励她们根据跟进结果进行反思，并及时调整学习计划和教学方法。一学期后，在幼儿园的支持、鼓励下，甲、乙两位老师分别在活动组织和游戏活动的支持与引导上有了显著进步。

案例来源：成都市双流区怡心第六幼儿园

【案例说明】

在本案例中，幼儿园管理层并未采取一刀切的方法去推动甲、乙两位老师的专业发展，而是首先通过细致的评估与数据分析，深入剖析了每位教师当前的专业发展阶段、优势领域及亟待提升的关键能力领域，从而进一步依据"最近发展区"理论，为甲、乙老师量身定制了涵盖理论学习、实操演练、师徒结对、案例研讨等多种形式的提升计划。本案例展现了该园在支持教师专业发展时应有的科学态度与专业智慧，强调了精准识别教师发展空间、个性化规划成长路径、多元化实施提升策略以及持续性评估与反馈的重要性。通过这一系列措施，不仅有效促进了甲、乙两位老师的专业发展，更为整个教师队伍的素质提升与幼儿园的可持续发展奠定了坚实的基础。

问题 *53* / **幼儿园教职工的类别不同、素养不同，园长如何与他们共同研究制定个人发展规划？**

　　幼儿园教职工发展规划主要是指教职工根据自身发展需要和所处幼儿园文化环境，结合各岗位专业标准、工作规范等确立个人发展目标的过程。幼儿园教职工个人发展规划的制定有助于提升整体团队的凝聚力、团队合作能力，实现自我价值，促进各岗位工作人员专业成长，保障幼儿园可持续发展，提升园所整体保教质量。由于幼儿园岗位众多，人员结构复杂，教职工队伍存在文化水平、基本素养、专业能力等诸多方面差异，园长要根据教职工所在岗位、专业知识等，给他们提供必要的支持和帮助，与他们共同讨论、研究制定个人发展规划，帮助教职工明确自己成长的目标和努力的方向，合理安排自己的时间和资源，提高团队协作能力，相互支持，共同实现幼儿园的发展目标。

　　园长要向全体教职工强调个人发展规划的重要性，让他们认识到规划不仅是个人职业成长的路线，也是推动幼儿园整体发展的重要动力。园长要深入了解幼儿园内不同岗位，如教师、保育员、保安、后勤等的具体职责、工作特点和发展需求，从而有针对性地提出指导建议。可将幼儿园教职工分为行政人员、保教人员、后勤人员三个群体进行个性化指导（见表26）。

表26　教职工专业发展规划情况分析

类别	行政人员	保教人员	后勤人员
基本情况	管理人员应具备较高学历、文化水平、责任意识以及较为丰富的从业经验	教师平均学历应在大专以上，有一定的理论知识和教育思想	后勤人员整体学历、文化水平应在高中及以上
专业能力	能够清晰认识岗位责任，有较强的专业知识和业务知识，具有一定管理经验	教师要有一定的教学经验、专业特长、兴趣爱好；保育员要关注幼儿的日常生活，在日常生活中照顾幼儿，与教师紧密合作，共同促进幼儿全面发展	一般按照要求做事，文案工作相对薄弱，没有创新能力，但实际操作中很有想法和办法，且具有较强的执行力
整体评估	多数管理者具有较强的自觉性和自律性，能够发现自己的短板，努力学习，对个人专业成长以及发展较为重视，有主动成长和发展的愿望	优秀保教人员在工作中有较强的自觉性、主动性。也有部分保教人员缺乏成长意识，只完成布置和安排的工作，缺乏对自我成长的合理规划，对自己的成长定位不清楚	后勤工作人员一般不撰写成长规划，一是不会写，二是幼儿园没有明确规定，对他们来说，就是做好自己的手头工作

　　基于对教职工专业发展规划情况的分析，幼儿园应结合不同岗位的需要，提供相应资源与支持，如专家指导、外出培训等。同时园长要定期检查各部门是否在有条不紊地推进幼儿园发展规划，做到各部门与幼儿园整体发展和谐统一。此外，业务园长要结合实际情况，对保教人员在规划执行中遇到的问题和困难给予及时反馈和指导，帮助他们调整策略、克服困难，制定适宜的教职工个人发展规划，确保教职工专业发展规划的落实。

　　符合教职工自身发展的专业发展规划是一个全面、系统且个性化的计划，旨在提升教职工的专业理念与师德、专业知识和专业能力，教职工可结合以下基本要素，制定发展规划（见表27）。

表 27　教职工专业发展规划制定的基本要素

专业发展规划板块	专业发展规划内容
个人现状分析	1. 结合岗位对自己的基本情况进行深入剖析，了解自己的优势与不足，找准自己发展的方向
明确的发展总目标及阶段目标	2. 专业能力提升。找准学习目标和可用资源，积累经验，如以学习身边榜样、参与教学实践活动、承担教研课题等方式，提高自身的专业能力 3. 个人兴趣与特长发展。深化专业特长，制订进一步的学习和发展计划，形成自己的教育主张
具体的推进举措	4. 职业发展路径规划。设定明确的职称晋升目标，了解晋升所需的条件，制订相应的学习和工作计划，积极成为园级或区级优秀个人
自我反思与评估	5. 个人素养与师德建设。制订个人师德修养计划和心理健康维护。提升与幼儿、家长和同事的沟通能力，建立良好的人际关系，促进工作的顺利开展
持续更新	1. 根据幼儿园的发展需求和个人成长情况，持续更新 2. 关注教育行业的趋势，针对实际情况，动态调整

园长的支持和帮助能激发教职工的积极性和动力，使他们更加专注和努力地工作，以实现自己的职业目标，提升专业能力和素质，从而促进园所整体发展，营造良好的团队合作氛围。教职工在制定发展规划时，园长或业务园长要给予相应支持，引领其从自身素质、专业思想等方面进行自我评估，识别优势和不足，制定符合自身需要的成长规划，可参考如下策略（见表 28）。

表 28　教职工制定发展规划指导策略

指导策略	具体内容
个人优劣势	分析自己的性格，明确自己的职业价值观和自己感兴趣的职业方向，通过同伴评估、自我评估等方式，了解自己在工作中的优势和待改进之处
个人发展目标	结合幼儿园整体发展规划和个人优劣势，设定具体、可衡量的短期目标，规划自己在未来 2—5 年的职业发展路径，设定与职业愿景相符合的长期目标

指导策略	具体内容
个人发展计划	通过自我分析、设定明确目标，列出需要学习和提升的技能，制订具体的学习计划，建立定期自我评估机制，制订适宜自我成长的个人发展计划
个人工作措施	通过理论学习、榜样学习、同伴互助、自我反思、技能展示等途径，提升专业能力，同时，定期进行回顾和检查，不断调整和优化个人发展计划

案例 53

园长指导后勤工作人员制定个人发展规划

某幼儿园开始制定新一轮的教职工专业发展规划，后勤岗位工作人员由于学历、文化素养整体偏低，对专业发展的内涵和具体内容不理解，导致他们无法结合自身实际情况制定适宜的发展规划，因此，园长组织行政人员对后勤人员的职业发展规划进行了讨论，进一步帮助管理人员明确后勤工作的重要性，以及后勤人员在幼儿园工作中的具体定位。后勤园长还组织召开了一场关于规划的讨论交流会，进一步帮助后勤人员了解自己的工作价值以及自身工作对幼儿园发展的影响，为帮助后勤人员明确规划的重要意义，园长与厨房工作人员进行了面对面的交流，以下是交流的片段。

园长："你们觉得厨房工作为什么重要？"

帮厨 A："每个家庭都关心娃娃在幼儿园吃得怎么样？除了吃，我们还肩负着食品安全的责任。"

园长："很好，那你们觉得自己现在做的工作，有进步的空间吗？"

主厨 A："每个人都需要学习，我们还是需要学习和进步的，比如，搞大型活动时，我们要保质保量地制作那么多种食物，还是需要合理分工和密切配合的，我们也随时都在交流遇到的问题。"

园长："成长就在日常的实践中，希望你们在日常的工作中能学会去发现问题和思考问题。我想了解一下新一周的食谱制定后，你们是如何去落实的？"

帮厨B："就跟着要求做，他们安排啥我们就做啥，后勤主任说怎么做我们就怎么做。"

主厨B："我们两个大厨会一起看食物的食材是否是当季的，也会一起讨论每顿菜的菜品是否合理，比如，有一餐开了宫保鸡丁和藕丁，我们就会建议将藕丁换成蔬菜，还有就是看需要用哪些调料，不够的就会申请购买。"

帮厨C："一般食谱下来了，我们几个也会一起看有哪些菜和配料，然后考虑每天怎么切菜。"

园长："你们和老师一样，都是需要专业成长的。你们的专业就是看蔬菜是否为应季，思考怎么把菜切得适宜幼儿咀嚼，看每餐的菜品搭配是否合理，考虑食物是否色香味俱全。其实这些都是你们日常在做的事情。"

帮厨D："我们没想那么多，就是想到怎么把事情做好，把餐点准时送到班上，看到孩子们吃得很开心，我们就觉得很满足。"

园长："其实，把每个简单的事做好并不简单，厨房属于后勤工作，后勤看似平凡实则伟大。希望你们在日常工作中，要立足工作实际，结合个人的情况，分析自己的优势，找到自己的短板，更重要的是要给自己定一个成长的小目标，如有两个拿手菜，或者增加面点的花样等。凡事从孩子角度思考，怎么做才是利于孩子成长的，带着这样的思考去审视食谱、切菜、分餐，我相信你们会有更多的收获。"

帮厨B："我以前就是只顾着做事，没有思考那么多问题，只想着交给我的工作我按时完成不出问题就可以了。"

园长："咱们后勤的人都很勤劳，但是一定要有幸福感。我们的幸福来自吃你们做的美食，你们的幸福来源于你们的自我成长，希望你们在工作中要善于思考，善于发现问题，更要懂得解决问题。让我们从看食谱到看懂食谱，不断精进烹饪技巧。"

帮厨 A："其实我们关于膳食营养学习的机会还是很多的，但是我们更多的则是关注每天做什么事情。以后我们一定更加用心地学习跟膳食相关的知识，也给自己定个合理的目标。"

园长："从现在开始，我们一起进步。"

案例来源：成都市双流区东升音美幼儿园

【案例说明】

本案例中园长通过谈话的方式与后勤人员共同讨论交流专业发展的问题。从谈话中我们可以看出，后勤人员更多的是按幼儿园的要求和制度做事，并没有对自己的工作做专业的思考或是对个人的成长做规划。园长结合厨房工作人员的常规工作，针对食谱的落地与厨房人员进行了谈话，了解了他们工作的真实状态，在轻松的氛围中让他们充分表达，也让他们认识到厨房工作的重要性及专业性，激发了厨房工作人员的工作积极性和实践反思能力，进一步促进他们发现问题、解决问题，从而实现后勤岗位的应有价值，同时促进了其自我技能的提升。

问题 **54** 幼儿园可以通过哪些途径支持每一位教师有计划地达成专业发展目标?

《幼儿园教师专业发展标准（试行）》明确了幼儿园教师专业发展方向，为幼儿园教师的专业成长提供了明确的指导和依据，其中涵盖了提升教师的专业理念与师德、专业知识和专业能力等方面的内容，旨在满足学前教育事业的发展需求并促进幼儿的全面健康成长。因此，提升教师的专业能力，支持教师的专业发展，对幼儿园来说至关重要。幼儿园可以通过以下途径支持教师专业发展：建立分层培养机制，形成分层培养方式，构建专业培训体系，搭建多元成长平台，实施多元化评估（见表 29）。通过系统的培养路径，确保每一位教师都能获得适宜的成长，达成专业理念与师德、专业知识和专业能力的发展目标。

表 29 教师专业发展培养途径

途径	内容	措施
建立分层培养机制	明确培养层次	1. 新手教师。培养具备基本教育教学能力，能够胜任幼儿园教育教学工作的新手教师 2. 成熟教师。培养在教育教学实践中表现出色，具备一定教育教学研究能力的优秀教师 3. 骨干教师。培养在教育教学领域有较高影响力，具备教育教学研究能力和引领作用的骨干教师

途径	内容	措施
形成分层培养方式	实施差异化培养	1. 针对新手教师，通过入职培训、教学实习、师徒结对等方式，帮助其快速适应幼儿园教学环境，掌握基本教学技能 2. 针对成熟教师，加强教育教学理论学习和研究方法指导，鼓励其参与课题研究和学术交流，提升专业素养和创新能力 3. 针对骨干教师，重点培养其教育领导力、研究能力和辐射带动作用，推动全园教师专业发展
构建专业培训体系	系统培训	1. 组织教师参加系统的专业知识培训，包括儿童发展心理学、学前儿童观察与分析、幼儿园教育活动设计与实施、学前课程与教学研究、学前游戏与案例分析、学前教育评价等多个方面，为教学实践提供理论支持 2. 开设专题培训课程，如教学方法创新（游戏化教学、项目式学习等），教育技术应用（多媒体教学工具、小程序开发），心理健康教育（常见心理问题识别与干预、情绪管理与疏导），提升教师的专业技能
	实践指导	1. 实施"传帮带"，由经验丰富的教师或特长教师指导新教师进行教学实践，传授教学经验和技巧 2. 组织教师进行教学观摩和研讨，让教师们分享各自的教学经验和遇到的挑战，通过集体讨论找到解决问题的办法，从而采取有针对性的研修方式，提升教学能力
搭建多元成长平台	学术交流	1. 举办学术研讨会、讲座和论坛，邀请教育专家进行指导，分享最新的教育理念和研究成果 2. 鼓励教师参与学术交流活动，如课题研究、发表论文、参加学术研讨等，提升学术水平
	教学展示	定期组织公开课观摩、教学技能竞赛、教育教学案例分享、成果展示等活动，为教师提供自我展示、相互观摩、学习借鉴的机会，推动教师专业成长、教学改革和创新
	资源共享	建立教学资源库，收集和整理优秀的教学案例、课件等资源，供教师共享和学习。鼓励教师开发和使用新的教学资源，提升教学效果和质量
实施多元化评估	制定评估标准	根据教师的专业发展阶段和培养目标，制定科学合理的评估标准，包括职业道德、专业知识、教学能力、研究能力、创新能力等方面
	实施评估活动	1. 定期进行教师教学评估，包括活动观察、幼儿反馈、同伴互评和自我反思等多种方式，全面了解教师的教学表现 2. 对教师的教育研究成果和贡献进行评估
	反馈与改进	及时向教师反馈评估结果，肯定优点并指出存在的问题和不足，提出改进建议。鼓励教师根据评估结果进行自我反思和改进，不断促进其专业成长。根据教师的成长情况和外部环境的变化，及时调整与改进对教师专业发展的支持策略

案例 54

教师专业发展的分层培养路径

为了提升教师的专业能力，建设高素质的幼儿教师队伍，我园通过建立分层培养内容、构建专业培训体系、搭建多元成长平台、实施多元化评估四条培养路径，支持每位教师有计划地达成专业发展目标。我园围绕 10 项具体内容，在教师发展的不同阶段明确培养层次，将全园教师分为新手教师、成熟教师和骨干教师三个层级。根据层级专业发展目标架构不同的培养内容，不同层级匹配针对性的培养措施，让所有教师在专业理念与师德、专业知识、专业能力上达成不同层级的专业发展目标。下图为我园针对三个层级教师专业发展制定的具体培养路径。

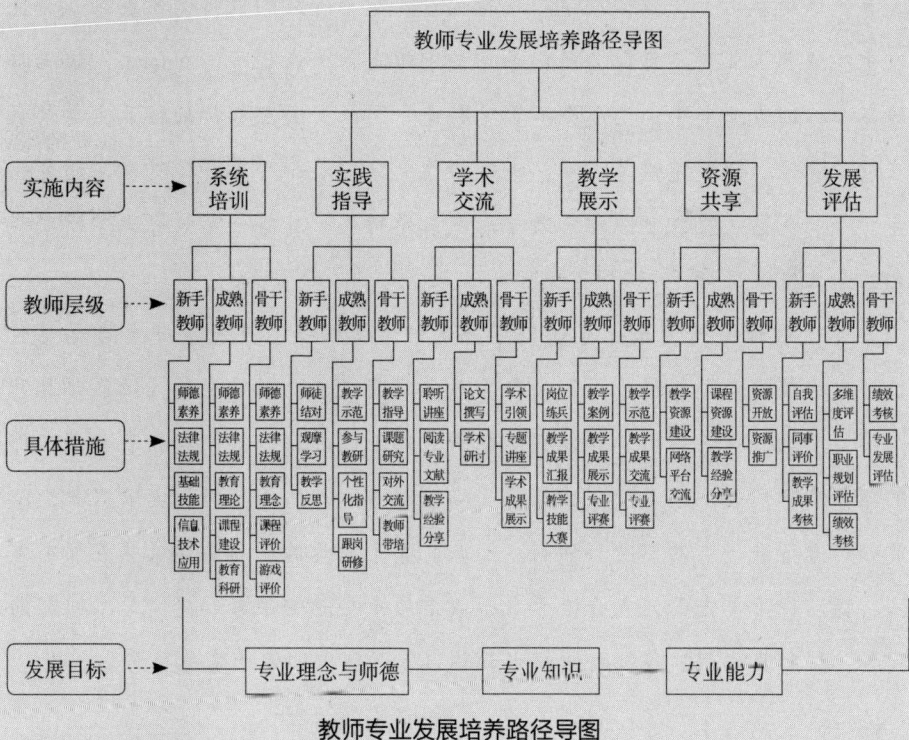

教师专业发展培养路径导图

案例来源：成都市双流区东升丰乐幼儿园

261

【案例说明】

本案例主要呈现了针对三个层级教师的专业发展制定的不同培养路径。

新手教师处于专业成长的基础阶段，基本熟悉幼儿园一日生活和工作流程，对所带班级幼儿的年龄特点在实践中已有初步的认识。这个阶段的教师在专业发展方面面临的主要矛盾是理论知识与实践应用之间的差距，这时最需要提升的是基本教学技能和专业知识，以适应现实教学环境的要求。因此，新手教师的培养主要聚焦在专业知识、教学技能、师德师风等基础内容方面，提供多个教育教学实践机会并对其进行有针对性的指导，以帮助其达到具备基本教育教学能力，能胜任幼儿园日常教育教学工作的专业发展目标。

成熟教师能够较熟练地运用教育教学规律因材施教，尊重幼儿的个体差异，会观察儿童、解读儿童、支持儿童。这个阶段的教师需要在挑战和突破中唤醒其专业发展自信，他们面临的困难是如何在已有的基础上，进一步提高个人的专业水平，形成个人教学特色。因此，成熟教师的培养主要聚焦在教学理论、课程建设等方面，以及给予充分的展示平台和提供教学研究指导，帮助其达成在教育教学实践中形成教学特色，具备一定教育教学研究能力的专业发展目标。

骨干教师成绩突出，并达到了一定的学术水平，在教育研究方面有较为突出的能力，并取得了一定的教育教学研究成果。他们是对其他教师具有示范、带动和指导作用，并能够承担所在幼儿园或辖区教学和教育研究工作的优秀教师代表。这个阶段的教师面临的困难是如何保持对研究的兴趣，以及如何进行进一步的突破和创新。因此，骨干教师的培养主要聚焦在研究方法、课程评价等方面，充分给予教师成果展示交流的平台和提供学术研究的指导，帮助其达到具备教科研能力和辐射带动作用的专业发展目标。

问题 **55** / 园长如何在深入班级了解一日生活和师幼互动过程中，与教师共同研究、解决保育教育实践问题？

园长是园所的领导者和管理者，不仅要清楚地知道班级一日生活和师幼互动的具体内容，还要掌握深入了解班级一日生活和师幼互动过程的具体方法和策略，才能实现与教师共同研究、解决保育教育实践问题的效果，最终和教师在相互影响、相互接纳、相互包容、积极互动、双向奔赴的过程中实现专业成长。园长需要了解的班级一日生活和师幼互动情况的具体内容如下（见表30）。

表30 园长需要深入班级了解一日生活和师幼互动情况的具体内容

类别		具体内容
一日生活	晨间接待与自由活动	观察幼儿入园时的情绪，教师如何进行晨间接待，以及晨间自由活动的组织情况
	早操与户外活动	了解早操的编排、音乐选择，以及户外活动的安排、场地利用和安全措施
	集体教学活动	关注教师教学内容的选择、教学方法的运用、幼儿的学习状态、师幼互动等情况
	区域活动	观察不同区域的设置、材料的投放、教师的指导以及幼儿在各区域中的游戏行为和发展水平

续表

类别		具体内容
一日生活	生活活动	包括进餐、午睡、如厕等环节的组织与实施，以及教师对幼儿良好生活态度、生活习惯和生活自理能力的培养
	游戏活动	关注幼儿游戏情况，以及教师对幼儿游戏的观察、支持情况
	过渡环节	关注教育是否融入过渡环节、过渡环节的数量与时长、过渡环节的组织策略等
师幼互动	互动氛围	感受教师在互动过程中的态度是否亲切、耐心，是否尊重幼儿，以及是否营造了一个积极、愉快的学习氛围
	互动内容	了解教师与幼儿互动的内容是否丰富多样，是否符合幼儿的兴趣和发展需要，是否围绕活动目标展开
	互动方式	观察教师与幼儿之间的互动方式（如语言、肢体语言等），以及这些互动是否有效促进了幼儿的学习和发展
	互动效果	观察幼儿在互动后的反应和行为

园长在深入班级清楚地了解一日生活和师幼互动的具体内容的基础上，还需要通过创设宽松的心理环境、聚焦班级现场观察、研究典型案例、鼓励教师进行反思等方法，形成协同学习、相互支持的良好氛围，具体内容如下。

1. 园长需要认识到心理氛围对深入班级了解相关情况的重要性，创设一个宽松、民主、互动、开放、包容的心理环境，有助于打消教师的顾虑，从而更加有效地深入班级，与教师共同探讨问题、解决问题。

（1）树立赏识的教育观念。园长对教师的赏识很大程度上能够给教师带来自信。在深入班级时，园长把眼光放在发现教师的优点和进步上，要多鼓励教师，及时肯定教师的每一次进步，表扬教师好的观念、态度和行为，树立教师的自信心。如发现问题后，不急于否定，而是分析问题出现的原因，给教师提供必要的支持。

（2）尊重和关注教师的感受。园长以平等的心态同教师对话，耐心倾听，了解教师的内心想法和需要，与教师亲切交流，了解教师的思考、做法的原因，交流时不随意打断教师的讲话。当出现不同意见时，园长与教师能够共同探讨，达成一致，不随意的、强行的直接下命令。

2. 园长聚焦班级进行现场观察并与教师共同分析问题、研讨问题和解决问题，需要在观察的前、中、后三个环节做到相应的准备，才能够进行深入观察，全面了解。

（1）观察前，园长要明确观察的目标和内容，并提前告知班级教师，以便教师能够正常进行日常教学活动，避免其因紧张而影响表现。

（2）观察中，应尽量采取不干扰正常教学活动的方式进行观察，如坐在教室一角或通过监控设备进行远程观察，记录下观察到的关键行为、事件和互动情况，包括积极的表现和需要改进的地方。

（3）观察后，园长应与教师进行面对面的交流，先请教师分享今日活动的感受、优点或需改进之处；再分享自己观察到的情况，针对问题和教师一起分析，启发教师主动发现和分析问题出现的原因，根据原因来共同探讨解决的办法。园长应定期跟踪改进措施的效果，确保问题得到有效解决。

3. 园长通过筛选出班级在一日生活和师幼互动过程中的典型案例，带领教师共同分析、共同讨论、共同解决，以此来增强教师之间的沟通合作、经验共享。

（1）选择案例。园长需要与教师一起挑选出具有代表性的案例，这些案例可以是日常活动中的成功经验，也可以是遇到的问题或挑战，确保案例具有普遍性和教育意义，能够引起教师的共鸣。

（2）收集资料。收集与选定的案例有关的详细资料，包括活动背景、过程、结果以及师幼互动的情况等。可以通过观察记录、视频录像、访谈等方式来收集。

（3）分析讨论。组织教师团队对案例进行深入分析，讨论案例中的关键问题、师幼互动的方式、幼儿的反应等。园长可以引导教师从不同角度思考，如教育理念、教学方法、幼儿发展需求等。

（4）识别问题。在讨论过程中，帮助教师识别出案例中存在的问题，这些问题可能是关于教学策略、班级管理、幼儿个体差异处理等方面的。

（5）探讨解决方案。鼓励教师提出解决问题的策略和方法，园长可以提供专业的指导和建议。通过集体智慧，找到切实可行的解决方案。

（6）实施与反馈。将讨论的解决方案付诸实践，并在实施过程中进行观察和记录。实施后，及时收集反馈信息，评估解决方案的实施效果。

（7）持续跟进。园长应该持续关注案例的实施效果，并定期与教师进行交流，确保问题得到有效解决，同时也为未来可能出现的类似问题做好准备。

4.园长要经常鼓励教师对班级的一日生活和师幼互动过程进行反思，让教师拥有反思的意识和常常进行反思的习惯，提升教师积极主动发现问题、分析问题和解决问题的能力。

（1）园长可以带头示范，通过自己的行为来示范反思的重要性，并与教师分享自己的反思过程，鼓励教师也这样做。

（2）公开认可那些展现出优秀反思能力和团队合作精神的教师，可以是口头表扬、颁发证书或者送小礼物等形式。

（3）引导教师了解和掌握一些反思的方法和技巧。如，每天或每周写教学日志，记录教学中的成功之处、挑战、幼儿反应以及自己的感受和思考；录制自己的教学过程，之后观看并分析，找出可以改进的地方；邀请同事进入课堂观摩，之后进行讨论和反馈；回顾活动目标，检查哪些目标已经达成，哪些没有达成，并思考原因，等等。

案例 55

深入班级观察户外自主游戏开展情况

某幼儿园园长在一次日常巡视中，观察到在大班户外自主游戏活动中教师缺乏互动意识和互动方法。为了深入了解情况并提升教育质量，园长决定深入班级，与教师共同探讨并解决教育实践中遇到的问题。

一、准备阶段

园长提前通知该班甲老师，告知其将对该班进行一次户外自主游戏的观察，并强调这是为了共同观察幼儿游戏，而非单纯的检查或评估。她鼓励甲老师保持平常心，按照平时的计划进行，不必刻意准备或改变教学方式。另外，园长还准备了相机，以便详细记录观察到的情况。

二、观察阶段

户外自主游戏时，园长跟班级老师一同来到户外自主游戏区域，园长站在一旁，尽量不打扰到正常的教学秩序，她仔细观察孩子们的行为表现、教师的引导方式以及师幼之间的互动情况。在观察过程中，园长发现孩子们对"花样滑冰"很感兴趣，四个女孩子用"衣架"替代"滑冰鞋"，开展了一个"花样滑冰"表演，在表演过程中因为有人想要退出，有人想要坚持而出现僵局。这一过程也被甲老师关注到了，而甲老师只在一旁观望，没有进行进一步的引导和支持。

三、反馈与讨论阶段

观察结束后，园长邀请甲老师一起回顾刚才的情境。首先，认真聆听了甲老师的观察和思考，对甲老师能够捕捉到教育契机这一点进行了肯定和表扬，也把自己观察到的非常重要且有价值的这个点讲述给甲老师听，并通过分析游戏中幼儿对"花样滑冰"感兴趣这一事件的教育价值和儿童丰富的生活经验在游戏中的反应与甲老师达成了共识。

四、共同分析与解决问题

园长对甲老师的困惑"当幼儿在游戏中出现僵局时，自己不知道应该怎么互动和提供支持"进行了分析和探讨，与教师一同研讨出启发、追问、建议、参与等四种与儿童互动的策略，并鼓励她在下一次游戏中进行尝试。

五、后续跟进

园长在后续的观察中发现，甲老师在引导和支持幼儿开展自主游戏时逐步表现出积极情感、积极交流和保持敏感，并越来越有方法和策略跟幼儿进行互动。

案例来源：成都市双流区怡心骑龙幼儿园

【案例说明】

本案例充分展现了一位园长深入班级观察，与教师共同讨论解决问题的完整过程。本案例中，园长善于观察教师的行为，发现教师在一日生活和师幼互动中的问题，通过充分的观察准备、不干扰的现场观察、赏识与包容的反馈与讨论、选择典型案例共同分析和讨论、鼓励教师坚持自我分析及后续的持续跟进等一系列措施，与教师共同研讨解决教育教学实践中的问题，最终实现教师和园长在相互影响、相互接纳、相互包容、积极互动、双向奔赴的过程中实现专业成长。

问题 56

教师如何寻找教研中的真问题?

问题是开展幼儿园教研活动的出发点与落脚点,只有来自实践的真问题才有教研的必要。对所有教研活动而言,不论何人组织、何人参与、何时进行、何种方式、何种层次,教研主题都应当针对幼儿园实践中的真问题。[①] 真问题一般具有真实性、共通性、具体性、可操作性等特征(见表 31)。

表 31　教研真问题的特征

特点	表现
真实性	真问题是教师在教育实践过程中遇到的真实问题,不是为研究而虚构的、脱离教学实践的问题
共通性	真问题是在符合当前社会背景及主流教育理念下确定的问题,能解决大部分教师的共性问题,不是因为部分教师因个人兴趣而确定的问题
具体性	真问题在表述上应具体、清晰,避免含糊其词或模棱两可,也不是笼统的、抓不到重点的问题
可操作性	真问题应具有较强的可操作性,即能够通过一定的研究方法和手段解决,并得出具有实际应用价值的结论或建议

[①]　林杭英. 以现实真问题为导向,将园本教研落到实处 [J]. 幼儿教育研究,2018(5):57-59.

要将教师在实践中遇到的真问题真正落实到教研活动中，需要教师和管理人员携手深入分析问题，逐步聚焦关键问题，找到问题的核心。可以尝试从以下方面着手。

1. 预设问题内容，把握教研方向。

依据原有研究的基础和教师提出的问题方向，结合教师的实际现状给出一定的范围，提出几个预设的问题，教师可以在该范围内结合自己的实际进行选择、排序，然后再根据选择、排序进行分析，寻找共同的关注点，分析对不同问题的关注度，从而选择并确定要研究的真问题。

（1）幼儿园各类活动中的各种问题是教研主题的重要来源，主要包括生活活动、学习活动、游戏活动、体育活动等。

（2）基于教师专业发展能力提出的问题也是教研主题来源之一。如一日生活的组织与实施、班级保教配合、游戏活动的观察与支持、教育活动的计划与实施、激励与评价、沟通与合作、教师反思等。

（3）关注教科研开展过程中的某一问题，甚至某个细节，不断生成和深化，满足教师个性化需求。如教师在名为"幼儿园自主游戏质量自我评估的实践研究"的课题背景下发现，教师不清楚自主游戏组织流程的现实问题，于是开展了以"户外自主游戏组织流程"为题的教研活动。

2. 自下而上，确定教师实践中的真问题。

（1）通过全面调研和追问找问题。首先，通过开放性的调查问卷、组织教师教研需求访谈以及日常工作中的随机对话等方式，全面调研教师的需求，在对话中找到教师在实践中遇到的问题、困惑。其次，针对教师的现状和困惑展开追问，既追问教师产生困惑的具体情况，也追问教师的问题解决的意义，从而得到有价值的真问题。

（2）深入现场观察找问题。对幼儿及教师的行为进行深入实践现场的观察，在观察基础上分析幼儿发展现状、教师教育行为的适宜性，对工作中存在的优势、不足、问题进行分析，找出共性问题，对问题追本溯源寻找导致问题发生的根本原因，进而从源头入手形成研究的真问题。

3. 上下衔接，明确可研究的问题。

教研需要解决的问题往往是多样且复杂的，不是简单的"一对一"或者随机开展一次甚至一段时间的教研活动就能有效解决的，所以管理者应该从长计议，从园所文化、课程建设、队伍培养、现有资源等方面，并结合当前各项工作计划，找到教师能够解决的主要矛盾，确定研究的真问题。

4. 明确结构，凝练教研主题表述。

教研问题明确之后，往往会因为表述显得研究主题宽泛而不聚焦，所以我们应该及时对教研主题进行归纳提炼，包括研究主体、研究对象、研究范畴三个要素。

5. 持续优化，灵活调整教研问题。

教研真问题不是每次都是针对新出现的问题进行研讨，有时候也可以是对上一个教研活动的持续研讨。教研问题往往是具体、动态的，教师可以根据实际需求进行灵活调整。

案例 56

通过教研解决保教工作中的真问题

在日常巡班过程中，保教管理者发现中班组部分教师时常在保教工作中出现教师手忙脚乱、保育员闲散无为等现象，这直接影响了教育教学和班级保教工作预期目标的达成。于是，他们结合日常进班观察和情况分析，明确保教配合步调不一致的问题，并做出原因分析：①保教人员对岗位工作的理论认识和工作目标不统一，存在重教轻保的理念认识不足；②保育员不知道如何配合教师的工作，教师未能给予有效的指导提示；③双方沟通不畅通。

为进一步明确原因，保教管理者从岗位认知、工作目标、合作现状、沟通机制等多个维度设计访谈问卷，确保数据收集的全面性和准确性。通过访谈发现，大家更关注在教学过程中的教师行为，却未意识到保教配合问题。

于是在教师的一致同意下，确定了一日生活中保教配合策略的专题教研，内容包括"中班户外活动保教配合要点研究""中班教学活动中保教配合要点研究"，进一步明确了哪个人在哪个时间节点做哪些事。针对保育员不知道如何配合教师工作的情况，后勤管理人员还单独开展了"保育员在过渡环节的任务"的讨论，按照时间顺序依次梳理了工作内容，确保保育员做好保教配合。

经过为期一个月的研讨与实践，保教人员采取了诸多优化措施，包括组织保教人员共同学习保教结合的理论知识，明确保育与教育的同等重要性，增强保教配合的自觉性。针对户外活动、教学活动等具体场景，制定详细的保教配合流程图和操作指南，便于保教人员在实际工作中参照执行。鼓励优秀的保教人员分享保教配合经验、交流心得，及时解决配合中遇到的问题。通过上述优化措施的实施，中班组教师的保教配合步调不一致的问题得到了显著改善，教师与保育员之间的协作更加默契，教育教学及班级保教工作的预期目标达成度显著提高。

案例来源：成都市双流区东升丰乐幼儿园

【案例说明】

本案例充分体现了教师和管理者在上下衔接的过程中将在实践中遇到的真实问题凝练为可操作的教研话题的过程。为了与教师达成一致，保教管理人员通过"现状确定—问题分析—实地调查—明确问题—凝练提升"五个步骤，明确了以"一日生活中保教配合策略"为主题的专题教研。在教研活动推进中，聚焦保育员的实际困惑，并生成了与后勤部门联合教研的活动，促进了园所工作进一步整合，提升了管理工作质量。案例中，该园以真问题引导全员参与研究，以此来解决目标期望值和实践现状之间的矛盾，最终达成了统一的发展目标，并促进了教师的专业发展。

问题 **57**

如何激发教师参与教研活动的主动性?

幼儿园教研活动是人际交往活动,需要保教人员以语言为载体,进行思维碰撞从而达到解决保教工作中的问题、提高保教工作质量的目的。教师参与教研活动的主动性不仅影响着教师自身的专业成长,同时也影响着幼儿园教育教学质量的提升。但在实际教研活动中往往出现教师参与度不高、主动性不强的现象,具体原因如下(见表 32)。

表 32 教师在教研活动中缺乏主动性的原因及具体表现

原因	具体表现
内部原因	1. 个人职业发展需求。教师对自我提升和职业发展的渴望是激发其教研主动性的重要内部动力。当教师意识到通过教研可以提升自身的教学能力、拓宽学术视野时,他们会更主动地参与教研活动 2. 专业素养与自信。教师在专业知识、教学技能以及教育研究能力等方面可能存在不足,这直接影响了他们在教研活动中的表现,特别是教师在对一个陌生内容进行讨论的时候,往往会因为害怕出错或者不知道说什么而降低参与教研的积极性
外部原因	1. 教研内容。如果教研内容与实际教学脱节、缺乏针对性与实用性、内容陈旧未能反映最新教育理念与教学方法往往会让教师对教研失去兴趣,从而降低教师参与教研活动的主动性

原因	具体表现
外部原因	2. 教研形式。教研形式单一枯燥、缺乏互动往往会导致教师产生厌倦情绪，只是被动接受信息使得教师难以真正融入教研活动中，从而影响了他们的参与热情 3. 教研氛围。如果幼儿园的教研氛围不浓厚，缺乏积极向上的氛围和相互支持的环境，教师可能会感到孤立无援，难以在教研活动中找到归属感和自信心；如果教研活动中存在竞争和压力，也可能导致教师产生畏惧和退缩心理

基于个人职业发展需求与专业素养在短时间无法产生直观变化，从教研设计等外部因素出发提出以下策略。

1. 让教师全方位参与教研，提高教师在教研中的主体地位。

管理者应充分认识到教师在教研中的主体地位。教师不仅要作为参与者进入教研现场，还应该渗透到教研的各个环节，如让教师自己确定教研主题来源、设计教研形式、作为主持人主持教研现场、按照自身的意愿布置会场等，让教师能充分认识到教研是自己的事情，从而激发其参与教研的主动性。

2. 提高园本教研内容的实用性，提高教师对教研的兴趣。

引导教师寻找教育教学中的真问题，启发教师找到最具价值的教研论题，激励教师在解决这些问题的过程中发挥自身的聪明才智，这样才能真正激发教师对教研活动的兴趣。

3. 创新教研形式，提高教师在教研中的活跃度。

常见教研形式有专题式、互动式、案例式、现场观摩、问题式等，这些形式各有其独特优势，可满足不同情境下的教研需求。组织者应当充分认识教研互动性及问题真实性，促进教师教研主动性的发挥，有侧重地选择适宜的教研形式，让每位教师都能成为教研活动的主体。具体可采取下列组织形式。

（1）小组讨论。将教师分为若干小组，围绕特定主题进行深入讨论，每个小组可以分配一名组长负责引导讨论，确保每位成员都有发言机会。

（2）角色扮演。通过模拟教学场景或学生问题，让教师扮演不同角色进行互动。这种形式不仅能增加教研的趣味性，还能帮助教师从多个角度审视教学问题，找到更有效的解决方案。

（3）案例式教研。能够直观展示教学过程中的共性问题，鼓励教师从真实的场景下去分析问题，在真实问题下激发教师的参与热情。

4. 营造积极的教研氛围，提高教师参与研究的主动性。

教研组织者应改善园本教研活动的实施环境，塑造积极的环境氛围，比如采用游戏的形式进行开场，如击鼓传花、抛绣球、成语接龙等；组织者应当选用易于对方接受的语气、语言和方式提出具体且有效的建议，提高彼此间沟通的流畅性，让教师感受到园本教研是轻松、愉悦的。

5. 强调园本教研的收获及后续应用，提高教师教研活动的自我效能感。

组织者要帮助教师在每次教研结束之后总结、提炼教研收获，积极肯定教师在教学中的优点，并用明确、简洁的语言分享、记录这些教研收获。不仅如此，要激励教师在后续的教学实践中应用这些教研收获，在往后的教研活动中分享各自应用这些教研收获的情况。

案例 57

从"被动听"到"主动研"

作为大班组的教师，我深刻认识到数运算教学活动对于幼儿顺利过渡到小学数学学习起到的关键桥梁作用。在年级组长的引领下，本学期我们聚焦"大班数运算教学活动组织策略"这一核心议题，开启了深入的教研探索之旅。

起初，我对教研活动的认知仅限于聆听讲座与理论学习，但此次研究彻底颠覆了我的看法。从主题的确立到活动形式的精心策划，我全程深度参与，成为了其中不可或缺的一部分。当我鼓起勇气，分享自己在教学实践中遇到的困惑与挑战时，不仅获得了同事们的赞赏，更荣幸地看到我的问题直接融入到了教研的蓝图中。我从一名旁观者变成了积极的参与者，这一转变让我内心涌动着前所未有的责任感与使命感，更激发了我主动教研的热情。

随着教研的深入，我的思考与贡献得到了认可，年级组长更是对我委以重任，让我担任教研活动的主持人。站在聚光灯下，我虽心怀忐忑，但台下那一双双充满求知渴望的眼睛，成为了我不断前行的动力。为了不负众望，我更加积极地汲取理论知识，力求自己的教学见解有理有据。

值得一提的是，我们创新性地采用了教学场景模拟的方式，我亲自扮演幼儿角色，亲历了数运算教学的每一个细节。这种沉浸式的体验，让我仿佛置身于幼儿的学习世界，深切体会到了他们在学习过程中的真实需求与难点。这一宝贵经历，无疑为我日后的教学设计提供了鲜活的灵感，让我能够更加精准地把握教学方向，促进幼儿数学素养的提升。

回望这次教研之旅，我深感自己不仅收获了丰富的知识和扎实的教学技能，更是精神动力的不断加码。这次教研活动，无疑成为了我的教研主动性觉醒与飞跃的重要转折点。

案例来源：成都市双流区怡心第六幼儿园

【案例说明】

本案例记录了一位大班教师参与教研过程的感悟与反思，生动体现了教师在教研活动中的深刻转变与成长。从初期的旁观者，到主动发声、提出教学困惑并促进教研方案的优化，再到勇担教研活动主持人角色，教师实现了从被动接受到主动引领的华丽转身。这一过程不仅彰显了教师个人专业素养的飞跃，也深刻体现了多元化教研形式对激发教师参与热情与主动性的关键作用。这启示我们在组织教研活动时，应灵活采用多种形式，以满足不同教师的需求和兴趣，让教研成为教师专业发展的最强驱动力。

问题 **58**

如何在教研活动中提升教师的反思能力?

　　幼儿园教师的反思能力是指教师在日常工作中对自己的保教行为、支持策略、师幼互动情况等进行深入思考和反思的能力。这种能力对于提高保教质量、促进教师专业成长以及更好地满足幼儿的需求具有重要意义。通过反思，教师能够发现教学中的不足，及时调整教学策略和方法，使教学更加符合幼儿的特点和需求，从而提高教育教学质量。通过不断反思能够帮助教师积累经验，萌生出新的教学思路和方法；深化对幼儿教育理念的理解，更好地了解幼儿，关注他们的情感需求，从而建立更加和谐、亲密的师幼关系，不断提升专业素养，逐渐从经验型教师向研究型教师转变，促进专业成长。

　　通过参与各种形式的教研活动，教师能够深入探讨教育教学实际中的问题，不断提高反思的能力。但在实际工作中，教师会出现"思不到、思不全、思不深"等问题，导致这些问题的原因是多方面的，既有教师自身的原因，也有外部客观因素的影响，具体原因如下（见表33）。

表33　幼儿园教师反思能力不足的原因分析

原因	具体表现
理论素养不足	教师的理论素养是支撑其教学反思的重要基础。然而，部分教师可能由于知识储备有限，难以将实践中遇到的问题上升到理论层面进行剖析，导致反思缺乏深度和广度
缺乏反思习惯	由于工作繁忙、缺乏硬性要求等原因，教师可能不会经常进行教学反思，未养成反思的习惯
反思方法不当	教师可能缺乏科学有效的反思方法和技巧，导致一些教师在反思过程中可能习惯于依靠经验进行教学，忽视了反思在创新教学方法和策略中的作用，从而限制了其反思能力的发展
专业指导不足	教师在进行教学反思时，往往需要得到专业人员的指导和帮助。然而，由于资源有限、指导人员不足等原因，部分教师难以获得有效的专业指导，导致其反思能力难以得到有效提升
缺乏反思氛围	幼儿园的氛围对教师的发展起着重要作用。如果幼儿园缺乏鼓励创新、倡导反思的文化氛围，那么教师就可能缺乏进行教学反思的动力和积极性

在教研活动中，可采取以下策略提升教师的反思能力。

1. 关注教师的想法，营造反思交流的氛围。

（1）尊重与包容。在教研活动中，尊重每位教师的观点和意见，营造一个开放、包容的交流反思的环境，引导教师深入反思并勇敢地表达自己的想法和困惑。

（2）鼓励与支持。对教师在教研活动中的积极参与和贡献给予肯定和鼓励，同时提供必要的支持和帮助，让教师感受到反思的价值和意义，营造一种鼓励和支持教师进行自我反思的文化氛围，从而提升教师反思的积极性。

2. 专业支持，提升反思的深度和广度。

（1）专家引领。邀请教育专家或学者参与教研活动，为教师提供专业的指导和建议，分享适宜的反思方法，帮助教师从更高的层次上反思自己的教学实践，提升反思的深度和广度。

（2）运用反思工具。借助反思日志、教学录像等反思工具，让教师在记录和回顾自己的教学过程时更加客观和全面，从而发现潜在的问题和改进的空间。

3. 优化教研活动设计，激发反思积极性。

（1）聚焦保教真问题。围绕教师的教育教学实践，选择具有普遍性和代表性的教学真问题作为教研的重点，引起教师的共鸣，促使他们有针对性且更深入地反思自己的教学行为。

（2）发放教研预习单。提前发放教研活动预习单，帮助教师在参与教研活动前明确教研活动的主题和具体目标，并通过一些引导性的问题激发教师对自身教育教学活动的思考。

（3）设计反思和评估环节。在教研活动中，设计反思环节，鼓励教师对日常教育教学实践进行积极反思，养成反思的习惯。在教研活动结束后，增加教研评估环节，引导教师从教研活动的目标达成、教研流程设计、教研组织情况和教研成效等方面进行评估，帮助教师明确改进方向，提升教研活动质量。

4. 发挥教师团体力量，提升反思技能。

通过组织教师开展案例分析、活动观摩、评课和反馈等活动，帮助教师了解不同教学策略和方法。在共同交流讨论中，反思自己在工作中的优点和不足，不断提升反思能力，并能进行更加全面、深入的反思。

5. 定期评估和调整，提高反思效果。

对教师的反思进行定期评估，查找存在的问题和不足，根据反馈进行调整，促进教师进行有效的反思。

案例 58

以引导性提问促进教师反思能力提升

学期初，教研组长调查教师们在教学实践中遇到的问题。部分教师提出需要对幼儿户外游戏材料投放进行优化调整，保教管理人员在与教研组长和教师共同研讨后，明确现阶段亟待解决的问题是如何优化户外游戏材料，从而确定本学期将围绕户外游戏材料的适宜性来开展教研。教研计划中设计了理论学习、专家讲座、主题沙龙、观摩评价等教研内容。重点关注教师教研过程中的反思，希望教师在反思过程中能够从最初关注实践层面问题的解决，逐渐发展到能够将教育实践与理论相结合，形成更加全面、深入的反思。

在第一次教研中，教研组长首先带领教师们学习了相关理论知识，主要是对课程背景下"户外游戏材料优化"的知识的学习，随后各组教师实地到各个材料区，观察、统计各材料区现状，旨在发现其中存在的问题。

本次教研结束后，教研组长发现教师在总结中不够重视理论知识与实际的结合，而是更多地从自身经验解决问题，于是提出了"在教研中理论知识学习对教师反思有哪些影响？"这个问题。甲老师说："对于我来讲，我认为学习相关的理论知识对我进行反思助力很大，能帮助我在实践中运用相关理论知识去思考问题。比如刚才关于不同区域的材料投放，如果没有学习这些理论知识的话，我提出的方案就是完全基于自身经验去考虑的，而没有考虑户外材料区域划分是否适宜、材料投放是否能促进幼儿发展等问题。"教研组长的引导性提问，帮助教师反思在实践中如何能够结合所学的理论知识，而不单单是依靠以往经验解决问题，这个过程就体现了教师反思能力的提升。

案例来源：成都市双流区东升丰乐幼儿园

【案例说明】

在本案例中，教研活动中的教师能在主持人的引导下较好地回顾实践与理论之间的结合，发现潜在的问题和改进的空间，从而不断提升反思能力。引导性提问能激发教师对教学实践的主动思考和深入探究。在教研活动中，通过提出具有启发性和针对性的问题，引导教师关注教育教学中的实际问题，促使他们积极寻找解决方法，从而提升教师的教学主动性和积极性。教师教研反思能力的提升是一个持续性的过程，还应充分深化教师对教育教学问题的理解与认识，促进理论与实践的融合，以及增强教研活动的时效性与针对性，从而不断推动教师反思能力的提升，促进专业成长。

问题 **59** / **如何确保幼儿园教研成果的有效应用和推广？**

　　教研成果是指在教育科研活动中取得的具有实用性、创新性、推广价值的成果，往往代表着教育教学的最新理念，对于提升教育教学质量具有重要的支撑作用。教研成果的有效运用是教研活动走向深度的重要体现，将教研活动的成果转化为实际的教学行为或策略，确保教研成果的有效应用和推广，是提升教学质量和促进教师专业发展的关键，能够推动教育创新，引领教学的改革和发展。

　　幼儿园教研活动的成果无法转化为实际的教学资源并有效应用和推广的原因是多方面的，这些原因相互交织，共同影响了教研成果在实际教学中的应用效果，以下是一些主要原因（见表34）。

表 34　教研成果无法有效应用和推广的原因

对象	原因	具体表现
教师层面	专业能力不足	部分教师的专业能力不强，对教育教学理论和实践掌握不够深入，难以将教研活动中学习的新理念、新方法有效地应用到实际教学中。这可能导致教研成果与实践脱节，无法产生实际的效果

续表

对象	原因	具体表现
教师层面	缺乏主动反思意识	教师在观念上普遍认同教研活动的重要性，但在实际行动中普遍缺乏进行研究反思的能力和时间。缺乏主动反思的意识，教师就难以将教研成果内化为自己的教学行为，也无法及时调整和优化教学策略
教师层面	缺乏实践经验	教研活动的成果往往需要在教学实践中进行验证和修正。然而，部分教师可能由于教学经验不足或缺乏实践机会，导致无法将教研成果有效地转化为实际教学行为
管理层面	教研规划制度不完善	有些幼儿园可能缺乏系统的教研规划制度，导致教研活动的实施不够规范、不够系统，这可能导致教研成果难以形成体系，也无法为实际教学提供有效的指导和支持
管理层面	教研成果转化机制不健全	有些幼儿园在教研成果的转化方面可能缺乏有效的机制和措施。如，缺乏相应的激励机制，可能导致教研成果无法顺利转化为实际教学行为。此外，培训和支持不足、管理制度不完善、资源配置不均、信息传播不畅等因素也会阻碍教研成果的有效应用，从而影响教学效果
管理层面	教师支持环境不足	幼儿园在为教师提供教研支持方面可能存在不足。如，给予教师教研成果应用的时间仓促，甚至可能影响教师将教研成果转化为实际教学行为的积极性和效果
教研成果本身	缺乏针对性和可操作性	部分教研成果过于理论化，缺乏针对性和可操作性，难以直接运用于教学实践
教研成果本身	成果质量不高	有些教研成果在研究过程中存在方法不科学、数据不准确等问题，导致教研成果质量不高，难以被接受和被运用

以下是针对上述问题，将教研活动的成果转化为实际的教学行为或策略，确保教研成果的有效应用和推广的一些可行性方法和策略。

1. 将教研成果转化为实际教学行为的可行性方法和策略。

（1）深入理解教研成果。

教师首先要深入理解教研成果的核心内容和精神实质。教研成果可能包括新的教学理念、教学方法、教学策略或教学资源等。教师可通过阅读相关文献、参加培训、与同行交流等方式，确保自己对教研成果有全面而准确的理解。

（2）制订实施方案与计划。

制订详细的实施方案和计划，包括确定实施的时间表、具体的操作步骤、所需的资源支持等。实施方案和计划应具有可操作性和针对性，确保教师能够按照计划有序地开展工作。

（3）创设合适的教学环境。

在开展教研成果的教学实践活动之前，可以根据教研成果的要求调整教室的布局，创设有利于教学活动开展的环境。提前准备好教研成果所需的教具、教材和其他辅助材料。

（4）教学活动试实施。

在正式实施教学活动之前，先开展试教活动，在部分班级或地区开展试点教学，验证教研成果的实际效果。通过试点教学，教师可以观察到幼儿在新教学方法下的参与程度和感兴趣程度，以及是否满足了幼儿的个性化需要，从而及时调整教学策略，以确保教学效果的最大化。

2. 确保教研成果的有效应用和推广的可行性方法和策略。

（1）完善转化机制。

①制定明确的转化流程。制定一套完整的教研成果转化流程，包括成果评估、试点实施、推广反馈等环节。

②设立专门机构。成立教研成果转化小组或部门，负责教研成果的推广和监督。

（2）持续跟踪评估。

对教研成果的实际应用效果进行持续跟踪，评估内容应包括幼儿的感受、教师的教学效果以及家长的反馈意见等。通过评估结果及时反馈给教师和管理层，帮助教师了解自己在教研成果转化过程中的优点和不足，结合实际情况和幼儿需求，对教学方法进行微调或创新，进一步提高教学效果和满足幼儿的个性化需求。

（3）创设奖励机制。

①设立奖励机制。对积极应用教研成果并取得显著成效的教师给予奖

励，如表彰、奖金、晋升机会等。

②提供发展机会。为积极参与教研活动的教师提供更多职业发展机会，如外出学习、参加学术会议等。

（4）强化宣传推广。

①在幼儿园内部建立教研成果展示平台，如设立成果展示区、举办成果汇报会等，为教师提供展示和交流的机会。

②通过校园媒体、家长会、公开课等多种形式，积极宣传教研成果及其应用效果，提高家长和社会对幼儿园教研成果的认知度。

③利用信息化平台，如幼儿园网站等，发布教研成果信息，方便教师查阅和学习。

案例 59

幼小衔接教研成果的运用与实践

我园针对科学做好幼小衔接，聚焦"四个准备"开展了一系列教研活动。

1. 在教研活动中，形成了以下主要成果。

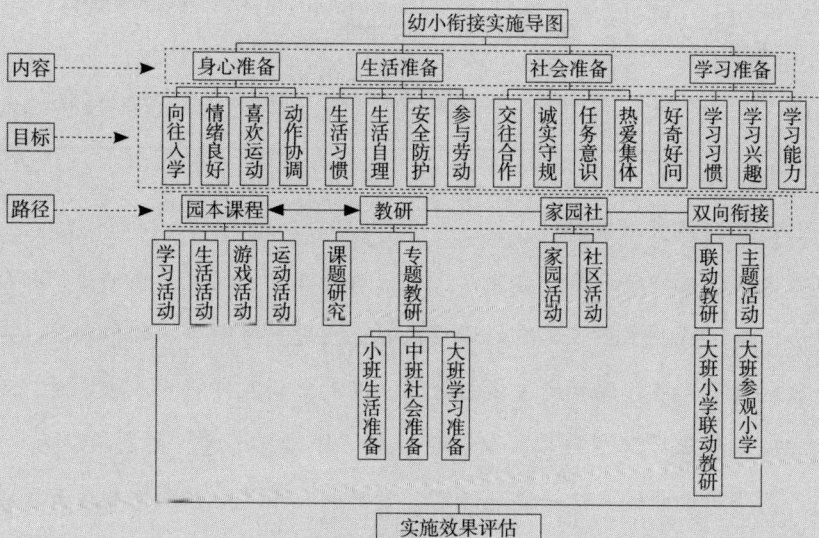

幼小衔接实施导图

幼儿园幼小衔接课程内容

指标	年龄段	重点内容	具体做法
身心准备	小班	分离焦虑，环境适应，体育锻炼	开展主题课程"我上幼儿园"，环境创设，家长会，家长宣教，户外体育游戏
	中班	情绪管理，动作协调	开展主题课程"我做哥哥姐姐了"，户外体育游戏
	大班	入学焦虑，精细动作	开展主题课程"你好，小学"，区域游戏，家长宣教，幼儿园与小学联动教研，参观小学
生活准备	小班	自理能力培养，愿意劳动	开展主题课程"我的小小手"，自理能力比赛，百香劳动时光，家园协同
	中班	生活习惯培养，参与劳动	开展主题课程"能干的我"，种植养殖活动，百香劳动时光，家园协同
	大班	生活管理，承担劳动	开展主题课程"课间十分钟"，值日生，种植养殖活动，百香劳动时光，家园协同
社会准备	小班	友好相处，遵守规则	规则游戏，创造性游戏，快乐运动时光
	中班	合作交往，诚实守规	规则游戏，创造性游戏，快乐运动时光，混班体育游戏，社会实践活动
	大班	任务意识，自主能力，热爱集体	升旗仪式，主题活动"大中国"，整理比赛，社会实践活动
学习准备	小班	探究欲望，阅读兴趣，乐于表达	主题活动，种植活动，阅读活动，家园协同
	中班	乐于探究，阅读习惯，倾听表达	主题活动，种植养殖活动，表演游戏，家园协同
	大班	持续探究，独立思考，阅读能力，书写准备	主题活动，种植养殖活动，科探活动，益智游戏，日程计划，幼儿园与小学联动教研

2.成果转化实践案例。

某大班幼儿即将迎来小学生活，该班教师在深入研究了该幼小衔接教研成果后，先了解并掌握了其中的课程内容，又进一步明确了具体做法，最后还提前制订了开展该课程的方案与计划。在大班幼儿即将步入小学时，该班教师积极调整班级环创内容，以教研成果"你好，小学"主题活动为资源，开展了"课间十分钟"这一主题活动，带领幼儿围绕一系列问题展开了深入的探索和体验，如"小学课间十分钟的作用是什么？""十分钟有多长？"

"能在课间十分钟完成哪些事情？""怎样规划自己的课间十分钟？"等。

通过"课间十分钟"这一主题活动，幼儿不仅了解了小学生活的具体细节，还学会了如何合理规划自己的时间，为即将到来的小学生活做好了充分的准备。这一系列活动不仅增强了幼儿的时间观念，还帮助他们养成了良好的习惯，为其未来的学习和生活奠定了坚实的基础。

案例来源：成都市双流区东升丰乐幼儿园

【案例说明】

从本案例可以看出，该园在深入探索幼小衔接的教研领域内，成功构建了系统化的幼小衔接实施路径，该路径紧密围绕"四个准备"这一核心理念，精心设计的课程与教研体系相辅相成，为教学实践提供了清晰的方向，展现出较强的操作性和突出价值。因此，教师能成功将其转化为实际教学行为，并在实际教学中取得显著成效。值得一提的是，案例中的教师能够敏锐地捕捉到幼小衔接教研成果中的精髓，将其衔接至日常教学之中，转化为具体而生动的教学行为。这种理论与实践的深度融合，需要教师对幼小衔接进行深刻的理解与把握，也只有这样才能充分验证教研路径的有效性和实用性。

本案例中的教师不仅深入理解了幼小衔接教研成果的运行机制，还充分研究了课程内容，利用业余时间不断磨课、练课，通过反复实践与反思，不断优化教学策略，主动创设有利于教研成果转化的教育环境，最终取得了明显成效。不过，在将教研成果转化为实际教学行为的过程中，教师不应仅仅作为执行者，更应成为创造者。教师可以在遵循"四个准备"核心理念的基础上，融入个人的教育智慧与创意，为教学活动增添新的活力与色彩。这种基于教研成果的个性化创新，不仅能够更好地满足幼儿多样化的学习需求，还能够进一步验证并丰富幼小衔接教研路径的有效性与实用性。

问题 60

如何避免教师为了获得奖励而进行有目的的行动?

　　激励机制是管理者围绕管理目标运用多种激励手段和方式，开展各类激励活动，旨在调动教师的主观能动性，促使教师全身心投入工作，以确保目标顺利达成的过程。合理的激励机制在管理中起着至关重要的作用，能激发教师的积极性与创造力，引导教师行为与园所目标一致，吸引和留住人才，促进团队的合作与凝聚力，最终提升园所整体教育教学水平。

　　在激励机制运行中，往往存在着机制的落实与建立机制的目标相矛盾的情况，部分教师为了"奖励"而做表面功夫，导致激励机制未能落到实处，未达到预期的激励目的。这种现象可能由多种原因导致，以下是一些影响教师激励机制落实的原因（见表 35）。

表 35　影响教师激励机制落实的原因

维度	因素	具体内容
幼儿园层面	评估体系不合理	如果幼儿园的评估和奖励体系主要侧重于短期成果和表面现象，而不是教育质量和幼儿的实际发展，教师可能会倾向于采取能够迅速体现成效的措施来获取奖励

续表

维度	因素	具体内容
幼儿园层面	奖励机制设计不当	如果奖励仅仅基于可量化的指标，如活动的数量和多样性，而不是质量和幼儿的参与度，教师可能会优化这些容易的量化指标来获取奖励
	管理监督不到位	如果幼儿园的管理和监督不到位，教师可能没有足够的动力去深入实施教学计划，而选择更容易的表面工作
教师层面	缺乏专业发展支持	若教师缺乏足够的培训和专业发展机会，他们可能不了解如何实施深入有效的教学，从而只能停留在表面工作
	资源限制	在资源有限的情况下，教师可能无法实施他们所知道的最佳实践，因此只能根据现有的资源，做一些工作以应对现状
	个人动机	有些教师可能更关注个人利益，如职业晋升、薪资增长等，而忽视幼儿的发展，这与园所的发展目标背道而驰

针对园所应如何避免出现教师为了获得"奖励"而有目的地去做表面功夫，可以采取以下策略保障教师激励机制的有效落实（见表36）。

表36 教师激励机制有效落实的策略

策略	具体做法
明确激励机制的目的	在制定激励机制时，应明确其目的不仅仅是为了奖励教师，更是为了鼓励教师提升教学质量、促进专业发展、更好地服务幼儿。要将这一目的清晰地传达给所有教师，确保他们理解奖励背后的真正意图
设定多元化的评估标准	不要仅仅基于单一的、易于量化的指标来评价教师，如幼儿能力水平、出勤率等。要引入多元化的评估标准，如教学创新、活动参与度、幼儿反馈、同事评价等，以全面评估教师的教学表现
加强过程监督与评估	定期对教师的教学过程进行监督和评估，确保他们不仅关注结果，也注重过程。鼓励教师分享自己的教学方法和策略，促进教师之间的学习和交流
激发教师的内在动机	激发教师的内在动机，发挥主观能动性，提升教学水平，而不仅仅是为了获得奖励。通过提供专业发展机会、鼓励参与学术研究、组织教学研讨会等方式，增强教师的职业认同感和成就感
调整奖励方式	将奖励与教师的长期表现和发展挂钩，而非仅仅基于短期成果。引入一些非物质的奖励方式，如表彰、荣誉证书、专业进修机会等，以满足教师不同层面的需求

续表

策略	具体做法
加强沟通与反馈	与教师保持密切的沟通，了解他们的需求和困惑，及时提供反馈和支持。鼓励教师提出自己的意见和建议，共同参与激励机制的制定和改进
营造积极的文化氛围	在幼儿园或教研组内营造一种积极、健康的文化氛围，鼓励教师相互学习、共同进步。倡导诚信、务实的工作态度，让教师明白只有真正提升教学质量才能获得认可和尊重
建立惩罚机制	对于那些只做表面功夫、不真正落实教学工作的教师，应建立相应的惩罚机制。惩罚措施可以包括取消奖励资格、限制专业发展机会等，以起到警示作用

案例 60

教师激励机制的改革

幼儿园管理者在一次日常巡班中意外地观察到一种现象：当幼儿沉浸在绘画的世界里时，教师频繁地举起手机，捕捉下幼儿每一个专注与灵感产生的瞬间。起初，这似乎是一种创新的观察方式，旨在为后续的教学分析与成效评估积累素材。然而，随着活动接近尾声，一幕不和谐的场景引起了管理者的注意——教师催促着还未完成作品的幼儿放下画笔，排队前来展示作品，仅仅为了那一刻的拍照留念。

面对此景，管理者不禁心生疑问："为何非要在这创造过程的尾声，将原本自然流畅的绘画活动打断？"教师回答："我们这是为了期末的汇报比赛，想要提前准备好，展现出我们的教学成果。"管理者意识到："看来，我们期末汇报的方式要调整了！还有什么方式可以更好地做评估？"

为扭转这一局面，园长迅速行动起来，策划了一场旨在重塑教学评估体系的改革。新学期伊始，教师工作的评估标准迎来了根本性的调整。除了保留原有的激励政策外，更增添了对幼儿个性化发展、教师个人成长轨迹、创新教学方法以及团队合作精神的全面考量。特别设立了"最佳进步奖"与

"最佳创新奖",旨在鼓励教师将重心从外在的成果展示转移到内在的能力提升与自我超越上。

同时,幼儿园搭建了多样化的展示平台,让每位教师都能在这个舞台上绽放独特的光彩,从而增强他们的职业归属感与成就感,进一步激发其对教育事业的内在热情与动力。此外,通过实施日常教学反思日志制度及月度教师观察案例分享,不仅加强了教学过程中的监督与指导,也确保了教师能够及时调整教学策略,精准把握幼儿成长的每一个关键节点。

通过重新明确激励目的、丰富评估标准、调整奖励方式、加强过程监督与评估等一系列改革措施,教师们逐渐转变了教育观念,注重活动结果的同时,也开始关注活动过程,关注每个幼儿的成长与发展。这些变化如同春风化雨,润物无声地改变着幼儿园的教育教学氛围,让教育回归其最本真的目的——关注每一个幼儿的成长,陪伴他们快乐而充实地走过每一段学习旅程。

案例来源:成都市双流区东升丰乐幼儿园

【案例说明】

本案例中,在原来的激励办法中,园长的初衷是希望借助竞赛的形式激发教师的积极性与进取心,鼓励他们主动投身于教育创新与实践之中,力求在各自领域内脱颖而出。然而,单纯依赖外在结果作为评判标准的做法,不可避免地诱发了教师群体中的结果导向倾向,忽视了教育过程中更为宝贵的探索、实践与成长经历。这一现象深刻揭示了以评价为导向的激励机制对于教师个人及整体教育环境发展的深远影响。因此,管理者在设计与实施教师激励机制时,需考虑其科学性,高度重视其公正性与可持续性,既要确保竞争能够激发正能量,又要避免过度竞争带来的压力与负面效应,保障每位教师都能在健康、和谐的环境中成长与发展。

参考文献

[1] 冯婉桢，席晋阳.幼儿园教师亲师关系定位偏差与调整：基于家园合作的分析 [J] 教师发展研究，2024，8（3）：96-101.

[2] 秦冉，郭欣.学校肺炎支原体肺炎症状监测预警与管理 [J].中国学校卫生，2024，45（4）：593-594，598.

[3] 何婧云.促进幼儿主动学习策略的教学路径分析 [J].知识文库，2023（17）：159-162.

[4] 凌慧锋.STEM 教育活动中教师培养幼儿学习主动性的个案研究 [D].昆明：云南师范大学，2022.

[5] 马丽阳.中班幼儿运动核心经验发展现状研究 [D].南充：西华师范大学，2018.

[6] 吴梅.关于"托班生活化科学区域"的几点思考 [J].幼儿 100（教师版），2013（3）：17-21.

[7] 李印东，王全意，李玉堂，等.学校因病缺课监测预警阈值的研究 [J].首都公共卫生，2008，2（3）：112-115.

[8] 刘昊.走向常态化的幼儿园评价机制：渗入式自评的本质内涵及实

施途径 [J]. 学前教育，2024（9）：21-25.

[9] 李季湄，冯晓霞.《3—6 岁儿童学习与发展指南》解读 [M]. 北京：人民教育出版社，2013.

[10] 潘苏彦，黄春明. 儿童社区护理与健康管理 [M]. 北京：人民军医出版社，2010.

[11] 刘焱. 儿童游戏通论 [M]. 北京：北京师范大学出版社，2004.

[12] 董旭花，韩冰川，阎莉，等. 自主游戏：成就幼儿快乐而有意义的童年 [M]. 北京：中国轻工业出版社，2021.

[13] 虞永平. 物质材料与幼儿园课程 [J]. 幼儿教育（教育版），2006（1）：10-13.

[14] 王振宇，程洁. 什么是游戏：儿童发展与游戏理论探析 [J]. 学前教育，2016（9）：3-7.

[15] 顾筠. 在师幼互动中坚持儿童立场 [J]. 江苏教育，2022（58）：26-28.

[16] 邱学青. 关于儿童的自主性游戏 [J]. 学前教育研究，2001（6）：36-37.

[17] 卢迎新. 幼儿园自主游戏中教师有效介入研究 [D]. 济南：山东师范大学，2016.

[18] 卢丹丹，李安琴. 自主游戏活动中良好师幼关系的建立 [J]. 学园，2023（36）：84-86.

[19] 易小娟，刘红花. 我国学前特殊儿童教育研究现状、热点和未来趋势 [J]. 教育观察，2023，12（3）：116-119.

[20] 王梓儒. 学前特殊儿童家长对融合教育的态度研究 [D]. 长春：东北师范大学，2021.

[21] 霍力岩，樊婷婷，万素冰，等. 学前特殊需要儿童的支持维度与要素研究：基于六国学前教育课程指南的比较分析 [J]. 中国特殊教育，2023

（8）：65-75.

[22] 赵成佳，邵蕾，俞国良 . 幼儿教师心理健康问题的特点、影响因素与发展趋势 [J]. 中国人民大学教育学刊，2024（2）：152-166.

[23] 郑林飞 . 幼儿教师心理健康影响因素及提升策略研究 [D]. 洛阳：洛阳师范学院，2024.

[24] 张媛媛，陈亚飞，苏旭东 . 心理危机防范视域下高校教师心理健康工作体系构建策略与实践 [J]. 北京教育（高教），2024（1）：91-93.

[25] 单瑞，雅帆 . 关于"双减"背景下完善制度措施守护教师心理健康的提案 [N]. 华兴时报，2023-11-07（003）.

[26] 仲云香，赵李华，周炎根 . 归属感对幼儿教师离职倾向的影响：工作满意度的中介作用 [J]. 连云港师范高等专科学校学报，2024（1）：93-96.

[27] 王琪 . 农村幼儿教师职业认同、工作满意度与职业倦怠的调查研究 [D]. 黄石：湖北师范大学，2017.

[28] 李洪冰 . 中学生的教师支持、学校归属感和生活满意度的关系：个人主义和集体主义的作用 [D]. 重庆：西南大学，2022.

[29] 陈露，陈方婧，李克建 . 幼儿园教师队伍建设质量提升的现实困境与对策：基于《幼儿园保育教育质量评估指南》"教师队伍"模块内容的分析 [J]. 幼儿教育（教育科学），2023（11）：42-46.

[30] 刘思言 . 实施"1+6+N"员工帮助计划 全面推进关心关爱工作 [J]. 企业文明，2021（12）：87-88.

[31] 贺小琼 . 老师，能"听听"我吗？：5—6 岁农村儿童在园表达现状与问题研究 [D]. 成都：四川师范大学，2013.

后 记

自 2023 年 12 月成都市双流区成功申报全国幼儿园保育教育质量提升实验区并成立自我评估研究项目组以来，项目组各试点园积极投身于保育教育质量自我评估的实践研究。起初，面对"自我评估"这一研究主题，大家感到迷茫，不知从何开始。幸运的是，区领导、四川师范大学鄢超云教授和首都师范大学刘昊教授给予了我们极大的鼓励和支持。区领导经常关心我们的研究进展，并提出了宝贵的研究建议；鄢超云教授和刘昊教授则通过多次实地指导和线上会议，帮助我们明确了自我评估的方向和重点。在他们的指导下，我们从解读《评估指南》开始，从幼儿园的日常保育教育工作入手，通过细致的观察和分析，尝试采用刘昊教授提出的"萤火虫"式教研方法，逐步梳理并形成了自己的评估标准和评估方法。

在保育教育质量自我评估的实践过程中，各试点园管理者和一线教师发现的问题接踵而至。这些问题不仅反映了我们对自我评估的认识与理解，也揭示了我们在实施自我评估过程中的诸多问题。最初，我们形成了 100 个问题，但随着实践的深入，我们发现一些问题不够深刻，甚至提问本身就存在问题。于是，各试点园经过反复讨论和提炼，最终保留了现在大家看到的这 60 个典型问题。

面对挑战，我们没有退缩。在项目组一次又一次的研讨中、日复一日的反思改进中，60 个问题的答案也逐渐成形。这些解答代表了各项目组园所中一线教师和管理者对自我评估的见解，虽然不是标准答案，但凝聚着大家的智慧。在整个实践过程中，管理者和教师对自我评估的认识和态度也经历了从"浅层"到"深层"、从"怕评"到"敢评"、从关注"结果"到关注"过程"的转变。

同时，我们深知，保育教育质量的提升不是一朝一夕之功，需要持之以恒、久久为功。因此，我们将继续加强自我评估的实践研究，积极探索常态化自我评估的实施路径，为提升双流区甚至全国幼儿园保育教育质量贡献我们的力量。我们相信，在区领导的关怀下，在专家的指导下，在各试点园的共同努力下，我们一定能够在保育教育质量自我评估的道路上越走越远。

最后，由于编写者的水平、时间、精力有限，本书在撰写过程中难免存在不足之处，恳请各位读者、同人及专家批评指正！